Signos que Curam

Ronnie Gale Dreyer

Signos que Curam

*Guia Astrológico para o Bem-Estar
e a Realização Interior*

Tradução
ZILDA HUTCHINSON SCHILD SILVA

EDITORA PENSAMENTO
São Paulo

Título do original: *Healing Signs.*

Copyright © 2000 Ronnie Gale Dreyer.

Publicado mediante acordo com a Doubleday, uma divisão da The Doubleday Bradway Publishing Group, uma divisão da Random House, Inc.

Todos os direitos reservados. Nenhuma parte deste livro pode ser reproduzida ou usada de qualquer forma ou por qualquer meio, eletrônico ou mecânico, inclusive fotocópias, gravações ou sistema de armazenamento em banco de dados, sem permissão por escrito, exceto nos casos de trechos curtos citados em resenhas críticas ou artigos de revistas.

O primeiro número à esquerda indica a edição, ou reedição, desta obra. A primeira dezena à direita indica o ano em que esta edição, ou reedição, foi publicada.

Edição	Ano
1-2-3-4-5-6-7-8-9-10	02-03-04-05-06-07

Direitos de tradução para a língua portuguesa
adquiridos com exclusividade pela
EDITORA PENSAMENTO-CULTRIX LTDA.
Rua Dr. Mário Vicente, 368 – 04270-000 – São Paulo, SP
Fone: 272-1399 – Fax: 272-4770
E-mail: pensamento@cultrix.com.br
http://www.pensamento-cultrix.com.br
que se reserva a propriedade literária desta tradução.

Impresso em nossas oficinas gráficas.

PARA BERNICE,
MARSHA
E CAROLYN
PELA AMIZADE DURADOURA,
PELA FRATERNIDADE E, PRINCIPALMENTE,
PELAS NOSSAS SAÍDAS NOTURNAS
"SÓ PARA MULHERES"

Agradecimentos

Eu gostaria de agradecer às seguintes pessoas pela sua inestimável contribuição ao livro *Signos que Curam*: ao meu agente, Bob Silverstein, pela sua persistência e estímulo; à minha editora na Editora Doubleday, Jennifer Griffin, pela sua atenção aos detalhes, pela sua ajuda amável porém firme e, principalmente, pela sua capacidade de me motivar até eu atingir meus limites; à Madalyn Hillis-Dineen e Ray White da Astrolabe, Inc., por marcarem um horário para mim em sua agenda tão cheia de compromissos, fornecendo e formatando os mapas e as efemérides usados neste livro; à Randi Jurgens, por responder a muitas das minhas perguntas relativas à medicina; ao meu marido, Ken Irving, pelo aconselhamento editorial, pelo amor, pelo apoio e por acreditar em mim; e à Fran Dreyer, por editar e revisar o livro e por me ajudar em tudo o que foi preciso, muitas vezes em cima da hora, desde a pesquisa até me oferecer consolo. Sem sua ajuda, este livro nunca teria sido publicado. Como sempre, quero agradecer aos meus amigos, familiares, alunos e clientes, com quem continuo aprendendo todos os dias e, finalmente, aos agentes de cura, médicos, terapeutas, astrólogos e mestres com quem trabalhei e que venho consultando ao longo dos anos. São numerosos demais para mencionar. Tenho uma dívida de gratidão especial para com o falecido Ira Progoff, cujo método do *Intensive Journal* me ensinou, e a muitas outras pessoas, um novo modo de dialogar com o eu interior. Se aprendi alguma coisa com meus mentores, foi continuar questionando, desfrutar a vida ao máximo e, acima de tudo, conhecer-me e me curar sempre que possível.

Sumário

	INTRODUÇÃO	13
Capítulo 1:	COMO OS ASTROS AFETAM A SUA SAÚDE	17
Capítulo 2:	ÁRIES: *O grande conquistador que se esquece de descansar*	33
Capítulo 3:	TOURO: *A chave da alegria é ter moderação*	46
Capítulo 4:	GÊMEOS: *Lembre-se de relaxar e respirar fundo*	58
Capítulo 5:	CÂNCER: *Não oculte os sentimentos*	71
Capítulo 6:	LEÃO: *Cuide do seu coração generoso e extenuado*	84
Capítulo 7:	VIRGEM: *De boa índole, crítico e uma pilha de nervos*	99
Capítulo 8:	LIBRA: *Preguiçoso e indulgente; no entanto, a vaidade pode conquistar tudo?*	114
Capítulo 9:	ESCORPIÃO: *Controle demais faz mal à saúde*	128
Capítulo 10:	SAGITÁRIO: *Busque as estrelas, mas não se esqueça do seu corpo*	141

Capítulo 11:   CAPRICÓRNIO:
              O audacioso alpinista com ossos de pedra   153

Capítulo 12:   AQUÁRIO:
              O humanitário sensível   166

Capítulo 13:   PEIXES:
              Mantenha os pés firmes no chão   178

Capítulo 14:   OS CICLOS PLANETÁRIOS
              Há tempo para tudo sob o Sol   194

Apêndice I: COMO CALCULAR O SEU ASCENDENTE   208

Apêndice II: TÉCNICAS DE CURA HOLÍSTICA   210

              SUGESTÃO DE LEITURAS   227

              NOTAS BIBLIOGRÁFICAS   231

Este livro não pretende ser um substituto para a consulta ao médico. O leitor deve consultar regularmente um médico para esclarecer questões relacionadas com a saúde, principalmente antes de tomar qualquer medicamento ou suplemento vitamínico, natural ou não. Nem o editor nem o autor serão responsáveis por quaisquer conseqüências causadas ao leitor pelo uso de qualquer tratamento, medicamento, suplemento ou prática apresentados neste livro.

Introdução

A cura holística, ou o tratamento da pessoa como um todo e não apenas dos sintomas, tornou-se um hábito nos Estados Unidos. Os tratamentos antes considerados alternativos, inclusive os que não passam de charlatanismo, estão sendo adotados pela população em geral e, lentamente, infiltrando-se nos hospitais. Cada vez mais médicos, enfermeiras e terapeutas estão concordando com o fato de que as técnicas não-tradicionais de cura são benéficas e as estão recomendando juntamente com a medicina ortodoxa. A acupuntura, a yoga, a massagem terapêutica e as sessões de quiroprática são apenas algumas das técnicas que agora são pagas por muitos seguros de saúde norte-americanos; e livros cujos temas vão desde o poder da mente até a aromaterapia e a cura espiritual estão sempre no topo da lista dos mais vendidos. Para dar crédito ao crescente interesse pela medicina holística, foi criado o National Center for Complementary and Alternative Medicine (NCCAM), que faz parte dos National Institutes of Health, para informar o público norte-americano sobre os métodos de cura alternativa. Cada vez mais pessoas estão explorando a grande variedade de opções que a medicina natural e alternativa oferece.

Embora algumas pessoas achem esses métodos de cura revolucionários, na verdade as culturas mais antigas usaram métodos de cura natural para curar as doenças e aliviar o sofrimento, em sua busca por uma vida saudável. Os chineses praticam a acupuntura há mais de cinco mil anos. Os nativos norte-americanos e os egípcios sempre confiaram nas potentes ervas nativas para curar doenças físicas e mentais. Na Índia, a yoga, a massagem e a medicina ayurvédica foram essenciais para a cura durante séculos e são muitas vezes mencionadas nos Vedas, o equivalente hindu da Bíblia. Os europeus sempre acreditaram na medicina homeopática, seguindo a crença comum de que a doença é psicossomática, ou seja, o estado mental influencia a condição física.

Segundo os profissionais de medicina holística, a chave para manter a boa saúde é fortalecer o sistema imunológico, o mecanismo de defesa do corpo, evitando o *stress* mental, emocional e físico, para que o organismo não seja atacado por vírus, bactérias e outros invasores. Você já observou que, independentemente da quantidade de vitamina C que tome durante a estação fria do inverno, você ficará doente assim mesmo se estiver esgotado de tanto trabalhar e sem energia? Afinal, a ansiedade, a fadiga e a depressão diminuem a capacidade de combater as doenças — e esse é o modo de o corpo dizer que o sistema imunológico está fraco e requer um descanso para se fortalecer outra vez. A medicina holística pode restaurar a saúde e evitar a doença. A massagem, por exemplo, uma técnica de redução do *stress* que não é cara e é relativamente segura, pode evitar dores nas costas, pois relaxa e alonga os músculos. Se você já estiver se sentindo mal e com dores, a massagem pode diminuir a dor nas articulações e nos músculos, aumentando o fluxo sangüíneo e oxigenando as áreas afetadas.

Quando a sua resistência emocional e física está em boas condições, o seu corpo produz endorfinas, substâncias químicas que proporcionam uma sensação de bem-estar. Você pode chegar a esse estado elevado usando você mesmo uma série de técnicas ou recorrendo à ajuda de um profissional. O praticante de medicina holística fará um exame físico completo em você, questionando-o em seguida sobre seu estado de espírito, seus hábitos, suas preferências e aversões, para saber se a indisposição está diretamente ligada ao seu estado mental. Não é raro que ele faça perguntas sobre suas preferências quanto a climas quentes ou frios, alimentos picantes ou suaves, etc.; desse modo, ele classifica o tipo da sua personalidade.

Aprender a relaxar a mente e o corpo num ambiente livre de tensões ajuda você a evitar indisposições como indigestão, dor de cabeça, fadiga, tensão muscular e dores nas costas, para citar apenas algumas. Doenças crônicas, como a asma, a artrite, o câncer e a colite, também podem ser tratadas tanto pela medicina tradicional quanto pelas técnicas holísticas. A acupuntura, por exemplo, já é reconhecida como um método eficaz para aliviar a dor causada pela artrite. Embora não seja uma panacéia completa, a acupuntura tem se mostrado eficaz ao tornar suportável e até mesmo produtiva a vida de pessoas que sofrem de artrite, reduzindo a dor e restaurando a mobilidade.

Os problemas cardíacos são um exemplo muito bom de doenças para as quais você pode ter uma predisposição natural, mas que podem ser tratadas antes que representem um risco de vida. Você pode preservar a saúde do seu coração alterando seu estilo de vida de modo a incluir uma alimentação com baixo teor de gordura, exercícios aeróbicos e técnicas de redução do *stress*, ou seja, usando o poder da mente para controlar as reações do seu corpo. Se você já sofre do coração, a preocupação em manter a saúde e as mudanças no estilo de vida não são só recomendadas, mas exigidas pelos cardiologistas, juntamente com a medicação tradicional.

Em todo este livro usaremos a astrologia, o inter-relacionamento entre a atividade celeste e os acontecimentos mundanos, para melhorar nossa capacidade de prevenir as doenças antes que elas se manifestem. Como os nossos signos são a chave da nossa constituição física e psicológica, quanto mais soubermos sobre nossas forças e fraquezas por meio da astrologia, tanto mais fácil será tratar a doença.

Os capítulos seguintes são classificados pela ordem dos signos, para que você possa julgar o melhor modo pelo qual cada signo pode prevenir e combater as doenças para as quais você pode ter propensão.

Capítulo 1

Como os Astros Afetam a sua Saúde

O Momento Mágico do Nascimento: seu Horóscopo Pessoal como um Marcador Genético

Se alguém houvesse tirado um instantâneo do céu no momento da sua primeira respiração, você teria uma fotografia do Sol, da Lua e dos oito planetas* contra um fundo composto das doze constelações em que nossa galáxia está dividida (vista da Terra). Conhecido como cinturão zodiacal ou, mais habitualmente, como os doze signos do zodíaco, esses agrupamentos foram citados e nomeados pela primeira vez pelos antigos babilônios, que viam o céu como uma série de quadros que as estrelas pareciam formar. O primeiro grupo de estrelas lhes recordou um carneiro, ao qual deram o nome de Áries, seguido por outros grupos pitorescos que eles chamaram de Touro, Gêmeos, Câncer, Leão, Virgem, Libra, Escorpião, Sagitário, Capricórnio, Aquário e Peixes (Fig. 1.1).

O Sol, a Lua e os planetas, que transitam pelo cinturão zodiacal, eram adorados pelos antigos como divindades celestes. Com as magníficas constelações ao redor, os céus da antigüidade devem ter parecido um grande palco onde, noite após noite, eram dramatizados diante dos seus olhos as escaramuças e os romances dos seus deuses e deusas.

Se você tiver a felicidade de observar o céu numa noite clara com a ajuda de um telescópio, ou até mesmo a olho nu, poderá ver a forma e o tamanho das constelações tão nitidamente quanto os antigos babilônios, egípcios, hindus,

---

* Como vemos o movimento dos astros da perspectiva da Terra, os oito planetas são Mercúrio, Vênus, Marte, Júpiter, Saturno, Urano, Netuno e Plutão. Para fins astrológicos, o Sol e a Lua, conhecidos pelos antigos como "luminares", também são vistos como planetas.

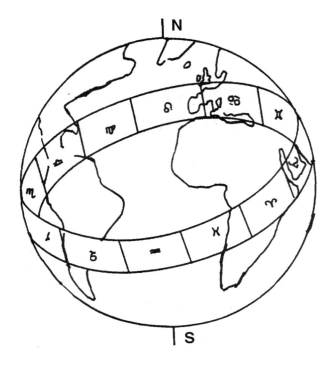

Figura 1.1. Os doze signos do Zodíaco

persas e gregos. Como o Sol só é visível durante as horas do dia e as estrelas só aparecem à noite, é impossível ver o Sol no mesmo cenário das suas constelações, a menos que o céu seja observado ao nascer ou ao pôr-do-sol, quando o Sol e as estrelas estão igualmente visíveis. No entanto, você poderá ver a Lua e alguns dos planetas em seus signos zodiacais na maioria das noites. Naturalmente, a época do ano e o local em que você está determinarão quais planetas poderão ser vistos a olho nu e quais serão vistos somente com a ajuda de um telescópio.

A posição de cada planeta em seu signo zodiacal e seu relacionamento com os outros planetas no momento do nascimento formam a base do horóscopo. Derivado da palavra grega *hora*, que significa "hora", e de *scopo*, que significa "quadro" ou "visão", o horóscopo é uma imagem do céu no exato momento e lugar do nascimento de uma pessoa e o que os astrólogos acreditam determinar a história da vida dela.

Assim como a hereditariedade define grande parte do que você é antes de ser condicionado pelo ambiente familiar, pela escola e pela sociedade, pode-se dizer que a astrologia serve ao mesmo propósito. Como cada planeta representa um aspecto diferente da natureza humana, os planetas podem ser vistos como marcadores genéticos que, com base em sua posição e no relacionamento que têm entre si, predispõem você a certos traços característicos, condições físicas e, em última análise, doenças.

Alguns cientistas e astrônomos corroboram esse conceito, teorizando que no momento do nascimento somos afetados pelos campos magnéticos da Terra e do Sol, "os quais estão ligados à posição e ao movimento dos planetas. É como se o sistema solar — o Sol, a Lua e os planetas — estivesse tocando uma complexa sinfonia nas linhas de força do campo terrestre".[1] A maioria dos metafísicos e dos "crentes verdadeiros" não exige explicações científicas; eles sustentam com firmeza que cada planeta simboliza qualidades psicológicas e físicas e que, além disso, o signo em que ele está localizado modifica ainda mais o modo como ele será representado. Naturalmente, você pode dizer que não dá para aceitar algo que não tem comprovação nenhuma. Mas se deixar a descrença de lado, você talvez possa descobrir que a astrologia não só é racional, mas surpreendentemente precisa.

Como o seu Signo Determina a sua Vitalidade Geral

Devido à proliferação de colunas diárias e mensais de horóscopos nos jornais e revistas, a maioria das pessoas identifica facilmente seu signo solar, isto é, o signo do zodíaco que o Sol ocupava no dia em que a pessoa nasceu, em sua jornada anual pelos doze signos (Tabela 1.1).

Assim sendo, se você nasceu no dia 28 de janeiro, será um aquariano, visto que o Sol passa pelo signo de Aquário de 20 de janeiro a 18 de fevereiro. Seguindo um passo adiante, é fácil ver o grau em que está o seu Sol; basta avançar um grau por dia. Como 20 de janeiro representa 0° de Aquário, seu Sol estará situado a 8° de Aquário, se você nasceu no dia 28 de janeiro.

Embora a Lua, Mercúrio e os planetas restantes estejam em determinados signos no dia em que você nasceu, eles podem ou não estar posicionados no mesmo signo ocupado pelo seu Sol. Como o Sol, os planetas estão constantemente em movimento, ainda que em diferentes velocidades. Portanto, suas posições exatas mudam diariamente. Enquanto o Sol leva um ano inteiro para transitar através dos doze signos, ou dos 360° do zodíaco, a Lua leva apenas vinte e nove dias e meio para empreender a mesma jornada. Se você é um aquariano que tem três planetas em Capricórnio, você pode, na verdade, ter mais características capricornianas do que de Aquário.*

---

* As efemérides, que podem ser encontradas na maioria das livrarias, mostram as posições diárias dos planetas em seus signos zodiacais. Se quiser um horóscopo mais exato, que inclua o signo e o grau exatos de seu ascendente e dos planetas, você pode obter uma cópia do seu horóscopo pela Internet ou encomendando-o a uma empresa que o mande pelo correio.

Tabela 1.1 ♦ Os Doze Signos do Zodíaco

SIGNO ZODIACAL	GLIFO	DATA	PLANETA REGENTE E GLIFO		ELEMENTO	MODALIDADE
Áries	♈	de 21 de março a 19 de abril	Marte	♂	Fogo	Cardinal
Touro	♉	de 20 de abril a 20 de maio	Vênus	♀	Terra	Fixo
Gêmeos	♊	de 21 de maio a 22 de junho	Mercúrio	☿	Ar	Mutável
Câncer	♋	de 23 de junho a 22 de julho	Lua	☽	Água	Cardinal
Leão	♌	de 23 de julho a 22 de agosto	Sol	☉	Fogo	Fixo
Virgem	♍	de 23 de agosto a 20 de setembro	Mercúrio	☿	Terra	Mutável
Libra	♎	de 21 de setembro a 22 de outubro	Vênus	♀	Ar	Cardinal
Escorpião	♏	de 23 de outubro a 22 de novembro	Plutão Marte	♇ ♂ (co-regente)	Água	Fixo
Sagitário	♐	de 23 de novembro a 20 de dezembro	Júpiter	♃	Fogo	Mutável
Capricórnio	♑	de 21 de dezembro a 19 de janeiro	Saturno	♄	Terra	Cardinal
Aquário	♒	de 20 de janeiro a 18 de fevereiro	Urano Saturno	♅ ♄ (co-regente)	Ar	Fixo
Peixes	♓	de 19 de fevereiro a 20 de março	Netuno Júpiter	♆ ♃ (co-regente)	Água	Mutável

PALAVRAS-CHAVE PARA OS SIGNOS E PLANETAS

A Tabela 1.2 mostra as palavras-chave referentes a cada planeta e a cada signo. Se o seu Sol, que representa a vitalidade básica, a saúde e a personalidade, estiver em Capricórnio, é provável que você seja disciplinado, estruturado e calculista em sua escalada para o topo. Se a sua Lua estiver nesse signo, suas emoções, caracterizadas pelos traços do signo de Capricórnio, serão expressas com reserva. Mercúrio em Capricórnio dá a você uma mente disciplinada e um discurso reticente. Vênus em Capricórnio indica que você é leal e digno de confiança no campo amoroso, mas tende a não demonstrar os sentimentos, ao passo que Marte em Capricórnio dá ambição e uma tendência para o trabalho compulsivo, o que o ajudará na escalada do sucesso. Em poucas palavras, você atribui as características de um determinado signo às qualidades representadas pelo planeta que o ocupa. Se alguns planetas do seu mapa estão em signos diferentes ao do seu Sol, talvez você descubra que se identifica mais com a descrição desses signos. Se for esse o caso, veja a descrição do seu signo solar e a dos signos nos quais estão os outros planetas.

Tabela 1.2 ♦ Palavras-chave dos Planetas e dos Signos

PLANETAS	PALAVRAS-CHAVE
Sol	*vitalidade, individualidade, ego*
Lua	*emoções, hábitos, condicionamento*
Mercúrio	*comunicação, inteligência*
Vênus	*amor, beleza, criatividade*
Marte	*energia física, agressividade, coragem*
Júpiter	*expansão, abundância*
Saturno	*limitação, disciplina, medo*
Urano	*originalidade, independência, rebeldia*
Netuno	*espiritualidade, imaterialidade, imaginação*
Plutão	*intensidade, poder*

SIGNOS	PALAVRAS-CHAVE
Áries	*direto, aventureiro, impaciente, agressivo*
Touro	*prático, estável, sensual, teimoso*
Gêmeos	*loquaz, esperto, inquieto, versátil*
Câncer	*emotivo, protetor, evasivo, controlador*
Leão	*orgulhoso, ostensivo, criativo, dramático*
Virgem	*analítico, digno de confiança, dedicado ao trabalho, crítico*
Libra	*amante da beleza, indiferente, harmonioso, justo*
Escorpião	*passional, intenso, destrutivo, inflexível*
Sagitário	*idealista, arrogante, otimista, filosófico*
Capricórnio	*ambicioso, perseverante, estruturado, intolerante*
Aquário	*sociável, excêntrico, nervoso, objetivo*
Peixes	*gentil, sensível, imaginativo, suscetível a vícios*

O Seu Signo Ascendente

Visto que os planetas se movem relativamente devagar ao longo do dia, é a hora e o local exatos do nascimento que distinguem você de todas as outras pessoas nascidas no mesmo dia do outro lado do globo terrestre. Quando o seu horóscopo, ou a imagem do céu no momento do nascimento, é traduzido num diagrama bidimensional, ele é representado por um círculo dividido em doze setores, que representam os signos zodiacais. Para personalizar o mapa, o círculo é dividido por uma linha, representando o horizonte em que o céu e o mar se encontram. O signo zodiacal que aparece no horizonte leste no momento preciso do nascimento é chamado de signo ascendente ou ascendente. O ponto leste, que significa a hora exata do nascer do sol, é chamado de signo em ascensão ou grau ascendente.

Se você nasceu no dia 3 de junho às 5h30min na cidade de Nova York, Gêmeos, signo pelo qual o Sol passa entre o dia 21 de maio e 20 de junho, será o seu signo ascendente, bem como o seu signo solar, visto que o Sol está justamente aparecendo no horizonte (Fig. 1.2). Por outro lado, se você nasceu nessa mesma data, por volta do meio-dia, o seu Sol em Gêmeos está exatamente em cima, situado no ponto mais elevado do diagrama. Esse ponto é conhecido como Meio do Céu ou MC. Com Gêmeos nessa posição, o signo ao leste será Virgem. Portanto, Gêmeos será o seu signo solar e Virgem o seu signo ascendente (Fig. 1.3). Quando o Sol em Gêmeos está para se pôr, ele ficará no descendente, o ponto oposto ao ascendente no diagrama, que será Sagitário, o signo que está a 180° de Gêmeos e do local do nascimento do Sol (Fig. 1.4). E, em algum momento entre a meia-noite e 1h00 (nesse dia em particular é 0:58), o Sol em Gêmeos estará no ponto mais baixo do céu (conhecido como nadir), e o ascendente, o signo que surge no horizonte, será Aquário (Fig. 1.5). Seguindo as regras acima, se você souber a hora do seu nascimento, é fácil ter uma idéia da área do mapa em que o seu Sol está localizado. Se você nasceu às 10h00 da manhã, por exemplo, o seu Sol estará entre o ascendente (posição do nascer do Sol) e o Meio do Céu (posição ao meio-dia). (Veja a Fig. 1.6.) Você será capaz de adivinhar qual é o seu signo ascendente, embora, para ter certeza, convenha consultar as tabelas do Apêndice 1.

Depois de calcular o ascendente, os planetas são colocados em seus próprios signos zodiacais ao redor do mapa, que apresenta uma visão bidimensional da aparência do céu no momento exato do nascimento, como é visto da Terra. Todos os planetas ficarão acima ou abaixo da linha do horizonte. O horóscopo então é dividido em doze casas, ou setores arbitrários, com o grau ascendente marcando a primeira casa. Alguns sistemas usam doze casas eqüiláteras de 30°, medidas a partir do ascendente, ao passo que outros sistemas dividem o mapa em casas desiguais, com base em certos fatores astronômicos. Como os planetas, cada casa representa uma área diferente da vida e, ao colocar os luminares em seus setores apropriados, o horóscopo, ou imagem do céu, torna-se a representação personalizada não apenas do dia, mas da hora e do lugar em que você nasceu.

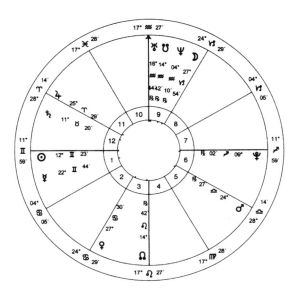

Figura 1.2. Mapa natal ao nascer do Sol

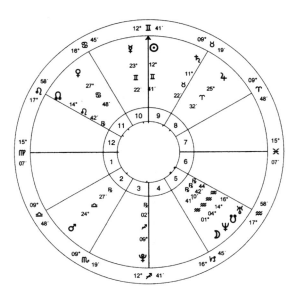

Figura 1.3. Mapa natal ao meio-dia

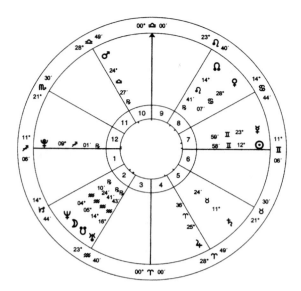

Figura 1.4. Mapa natal ao pôr-do-sol

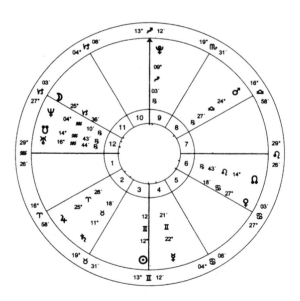

Figura 1.5. Mapa natal à meia-noite

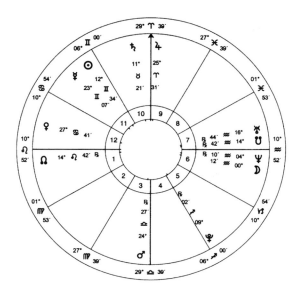

Figura 1.6. Mapa natal às 10 horas da manhã

Os Signos do Zodíaco:
Doze Chaves para a Saúde e a Felicidade

A descoberta de mais informações sobre cada signo do zodíaco nos permite entender plenamente todas as facetas de nós mesmos. Especialmente significativos no que diz respeito à saúde são o Sol e o signo ascendente, que descrevem o tipo físico, as partes vulneráveis do corpo, as enfermidades a que se está sujeito e os remédios que podem prevenir, melhorar ou reverter a situação (Tabela 1.3).

Cada signo do zodíaco é classificado de acordo com o seu elemento — Fogo, Terra, Ar ou Água — e a sua modalidade ou temperamento — cardinal, fixo ou mutável — e deriva seus atributos, em parte, dessas categorias. (Veja a Tabela 1.1.) Os elementos descrevem a essência do signo e como ele atua. A modalidade diz respeito ao temperamento da pessoa e o seu modo de expressão. Observar o seu signo solar ou ascendente no contexto do seu elemento e da sua modalidade, permitirá que você tenha uma idéia da sua saúde física e mental. Essas qualidades (os elementos e modalidades) lhe fornecerão informações importantes no que diz respeito à suscetibilidade de cada signo a certas doenças, bem como sua capacidade de recuperação e de cura.

Pelo fato de o zodíaco ser dividido em quatro grupos de três elementos, essas divisões são conhecidas como triplicidades, como se segue: signos de Fogo — Aries, Leão e Sagitário; signos de Terra — Touro, Virgem e Capricórnio;

Tabela 1.3 ♦ Partes do Corpo Regidas pelos Planetas e Signos

PLANETAS	PARTES DO CORPO
Sol	*coração, vitalidade geral*
Lua	*seios, sistema linfático*
Mercúrio	*sistema nervoso*
Vênus	*pele, olhos*
Marte	*nível de força, sistema muscular, sangue*
Júpiter	*capacidade de cura, tumores, fígado*
Saturno	*ossos, articulações*
Urano	*sistema nervoso*
Netuno	*sistema circulatório*
Plutão	*órgãos sexuais, sistema reprodutor*

SIGNOS	PARTES DO CORPO
Áries	*cabeça, face, olhos, nariz, orelhas*
Touro	*pescoço, glândulas*
Gêmeos	*ombros, pulmões, braços*
Câncer	*seios, peito, estômago*
Leão	*coração, espinha*
Virgem	*intestino, baço*
Libra	*rins, abdômen, pâncreas*
Escorpião	*cólon, próstata, órgãos reprodutores*
Sagitário	*quadris, coxas, fígado, vesícula biliar*
Capricórnio	*joelhos, dentes, ossos*
Aquário	*tornozelos, canelas*
Peixes	*sistema circulatório, pés, sistema linfático*

signos de Ar — Gêmeos, Libra e Aquário; e signos de Água — Câncer, Escorpião e Peixes.

As quadruplicidades consistem em três grupos de quatro modalidades, como segue: signos cardinais — Áries, Câncer, Libra e Capricórnio; signos fixos — Touro, Leão, Escorpião e Aquário; signos mutáveis — Gêmeos, Virgem, Sagitário e Peixes.

Os Elementos — Fogo, Terra, Ar, Água

Signos de Fogo

Áries, Leão e Sagitário são caracterizados pela sua vitalidade, constante atividade física e a necessidade de brilhar muito para que sua presença seja notada. Os nativos de Áries são extrovertidos, enérgicos e não toleram nenhum momento de inatividade. Embora a modalidade distinga os signos de Fogo um do outro, cada um deles corre o risco de chegar à total exaustão, visto que não se concedem os períodos necessários de relaxamento para equilibrar a extroversão. Impelidos pelo grande entusiasmo, pelo vigor e por uma constituição física forte, os signos de Fogo parecem ter energia ilimitada e a capacidade de se manter com pouco sono. Em outras ocasiões, seu excesso de entusiasmo pode resultar num colapso e, por fim, na mais completa exaustão. Os signos de Fogo precisam aprender a moderar o ritmo, visto que suas enfermidades muitas vezes são ocasionadas pela incapacidade de equilibrar o excesso de trabalho e a possibilidade de cair exaustos com o descanso e a descontração.

Signos de Terra

Touro, Virgem e Capricórnio são práticos, lentos e produtivos, no entanto, inteiramente confiáveis e materialistas. Se quiser que um trabalho seja feito correta e eficientemente e no prazo, confie na persistência dos signos de Terra para ver o projeto florescer. Enquanto os signos de Fogo são impulsivos e não gostam de ser incomodados com os detalhes, os signos de Terra esforçam-se por qualidade e perfeição, independentemente do tempo que terão de gastar. Diferentemente dos signos de Fogo, eles não se preocupam tanto em se afirmar mas em fazer simplesmente seu trabalho. Os signos de Terra muitas vezes ficam satisfeitos em permanecer nos bastidores e por trás da cena, deixando que o fruto do seu trabalho fale por si mesmo. Metódicos e donos de muitos talentos, assim que definem seus objetivos e estabelecem um curso de ação, esses nativos vão em frente a todo vapor. No nível físico, os nativos dos signos de Terra são os mais estáveis, os mais fortes e, em geral, os mais resistentes a doenças, devido a sua surpreendente vitalidade. Enraizados e estáveis, eles acham muito difícil mudar padrões e hábitos arraigados, a menos que fiquem doentes ou, na pior das hipóteses, temporariamente incapacitados. Nesse caso, eles são forçados a alterar seu modo de vida. Se, no entanto, um nativo de Touro, Virgem ou Capricórnio for impedido de trabalhar e de ganhar seu sustento, esse será o incentivo suficiente de que precisará para modificar seu estilo de vida.

Signos de Ar

A principal preocupação de Gêmeos, de Libra e de Aquário é a comunicação e a transmissão de idéias. Fanáticos pela informação, apreciadores da mídia e muito conversadores, os nativos dos signos de Ar nunca se fartam da palavra escrita e falada. Sua motivação básica é a socialização e se sentem mais felizes quando estão cercados de amigos, colegas e outras pessoas com a mesma capacidade intelectual. Na verdade, eles farão quase tudo para evitar ficar sozinhos. Encantadores e divertidos, os nativos dos signos de Ar ficam tão absortos com o mundo das idéias e dos relacionamentos, que chegam a negligenciar a própria saúde. De fato, eles gostariam de não ter de pensar em limitações físicas ou mesmo de ponderar sobre os assuntos práticos da vida. No entanto, apelando tanto para o intelecto quanto para a sua capacidade de raciocínio, os signos de Ar acabam atendendo às suas necessidades relativas à saúde. Assim que analisam e compreendem as conseqüências de uma vida desregrada, os geminianos, librianos e aquarianos assumem a responsabilidade pelos seus atos.

Signos de Água

Câncer, Escorpião e Peixes, os signos de Água, são emotivos, intuitivos e espontâneos, raramente dedicando tempo para planejar e analisar suas ações ou para refletir sobre elas. Regidos pelos sentimentos, os nativos dos signos de Água anseiam ser amados e protegidos e estão dispostos a retribuir na mesma medida. Seu desejo de se sentir bem vai desde a atração por atividades prazerosas e sensuais, pela dança e pelas bebidas, até o sexo. Em resultado, eles praticamente não toleram sofrimento e têm uma enorme dificuldade para enfrentar obstáculos. Criativos, artísticos e, em geral, compassivos, os nativos dos signos de Água gastam tanta energia tecendo fantasias sobre os objetivos que querem alcançar que sobra pouco tempo para persegui-los ativamente e concretizá-los. Devido à tendência para a indulgência e, pior ainda, para os vícios, eles precisam aprender a ser menos reativos, a melhorar a objetividade e a usar técnicas que fortaleçam sua resolução mental. Quando surge uma crise emocional, os signos de Água podem começar a comer ou beber demais, na tentativa de se automedicar e amenizar o sofrimento. Não é raro os nativos desses signos terem excesso de peso, sofrerem de distúrbios digestivos, beberem demais ou se tornarem viciados em drogas. Emocionalmente sensíveis e fisicamente vulneráveis, os nativos dos signos de Água se resfriam facilmente, têm predisposição para alergias e, como seu elemento indica, retêm líqüidos.

As Modalidades — Cardinal, Fixo e Mutável

Signos Cardinais

Se você pertence ao signo de Áries, Câncer, Libra ou Capricórnio, provavelmente foi o primeiro a levantar a mão na sala de aula ou a se apresentar como voluntário para atividades extracurriculares. Os nativos dos signos cardinais são pessoas extrovertidas e impulsivas, que sempre tomam a iniciativa e que se frustram facilmente, embora empenhem-se para fazer as coisas, levando-as à sua conclusão lógica. Em busca de constante estimulação, esses nativos participam de projetos com grande entusiasmo e fervor, apenas para abandoná-los no meio do caminho devido ao tédio e à perda do interesse. Aplicando essas qualidades à saúde, os nativos dos signos cardinais ficam doentes subitamente, mas se recuperam com a mesma rapidez. Embora suas enfermidades muitas vezes se relacionem com o excesso de trabalho, sua aversão pela idéia de ficar de cama ou de se tornar dependentes de outras pessoas em geral faz com que se recuperem muito depressa. No entanto, eles podem ser impacientes demais para tomar medidas preventivas ou usar remédios naturais, preferindo em vez disso a medicina tradicional, no desejo de se recuperar rapidamente.

Embora todos os signos cardinais tenham essas qualidades, o modo de expressão de cada um deles difere, dependendo do elemento do signo. Áries é o mais determinado dos signos de Fogo; Câncer, o que tem mais iniciativa entre os signos de Água; Libra é o signo de Ar mais direto e afeito a relacionamentos e, dos signos de Terra, Capricórnio é o mais empreendedor.

Signos Fixos

Os nativos de signos fixos tendem a ser teimosos, intratáveis, determinados e donos de uma boa dose de força de vontade e de autocontrole. Se o seu signo solar é Touro, Leão, Escorpião ou Aquário, você insiste em manter sua autonomia na vida. Assim que lhe derem respeito e autoridade para tomar decisões, você estenderá a mesma consideração àqueles que ama. Os nativos de signos fixos são, em geral, os mais robustos e, como resultado, os mais resistentes à doença. No entanto, visto que são menos aptos a mudar seu estilo ou padrão de vida, também são provavelmente os que mais sofrem por causa de doenças crônicas. Quando se aborrecem com os sintomas demorados e irritantes ou quando sentem que estão perdendo o controle sobre seu corpo, os nativos dos signos fixos finalmente admitem que são obrigados a fazer uma mudança — não importa o quanto seja difícil admitir isso.

Entre os signos de Terra, Touro é o mais estável, enraizado e preso aos hábitos; dos signos de Fogo, Leão é o mais ditatorial e concentrado; entre os signos de Água, Escorpião é o mais obstinado e emocionalmente controlado; e Aquário é o mais temperamental e inflexível dos signos de Ar.

Signos Mutáveis

De todas as modalidades, os nativos dos signos mutáveis são os mais flexíveis, calmos e inconstantes. Os geminianos, os virginianos, os sagitarianos e os piscianos compartilham um sentimento de humildade e uma necessidade quase compulsiva de servir aos outros. Embora o signo mutável possa ser o menos concentrado de seu elemento particular, também é o mais maleável, amigável e disposto a se adaptar a novas circunstâncias. Os nativos de signos mutáveis não costumam ter um sistema nervoso forte e são vulneráveis às doenças. Justamente por isso, é mais provável que alterem seus hábitos e experimentem remédios alternativos e abordagens diferentes, para melhorar a saúde.

Dos signos de Ar, Gêmeos é o mais temperamental, versátil e liberal, ao passo que Virgem é o mais sensível, introvertido e inibido dos signos de Terra. Sagitário, o mais auto-indulgente dos signos de Fogo, concentra sua energia em aventuras pelo mundo e no conhecimento mais elevado. Peixes é o mais emotivo, flexível e inseguro dos signos de Água e, como tal, o menos disciplinado e perseverante.

Conserve Sua Saúde Conhecendo a Si Mesmo

Resultado da combinação das qualidades do seu elemento e da sua modalidade, os traços característicos, os atributos psicológicos e os padrões de comportamento do seu signo predispõem você a certas fraquezas e enfermidades. Como os taurinos tendem a comer demais, eles estão sujeitos a distúrbios como diabete e hipoglicemia, que são agravados ou causados pela alimentação não-balanceada. A consciência dessa suscetibilidade talvez não baste para eliminar essas tendências, mas ter uma alimentação saudável e equilibrada, além de exercitar-se regularmente, pode certamente "cortá-las pela raiz". Visto que Áries rege a cabeça, é lógico deduzir (mesmo sem conhecer as características de Áries) que esse signo é impulsivo e teimoso. Por causa da sua precipitação, os nativos de Áries estão sujeitos a acidentes. Se você está consciente dessa propensão, convém ir mais devagar e dar um passo de cada vez.

O mais importante é que cada signo zodiacal corresponde a uma parte da anatomia, tornando você suscetível aos problemas associados à debilidade ou disfunção dessa parte do corpo. Por exemplo, um dos pontos vulneráveis dos nativos do signo de Leão é o coração. Embora os leoninos não tenham necessariamente mais problemas cardíacos do que os outros signos, eles gostam de comer alimentos que aumentam o colesterol, o que só agrava os problemas do coração. Além disso, os leoninos, orgulhosos e arrogantes, não acreditam na própria mortalidade e, em vez de aderir às regras de moderação, que lhes proporcionariam uma vida mais longa, eles na verdade assumem mais riscos. Isso é uma ironia do destino, uma vez que os leoninos amam a vida mais do que qualquer outro signo.

Os Planetas Regem os Signos e Influenciam o Nosso Corpo

Cada signo também é regido por um planeta, cujas qualidades são compartilhadas por esse signo. (Veja a Tabela 1.1.) Assim como cada signo zodiacal corresponde a uma parte ou órgão do corpo, tornando você vulnerável às enfermidades relacionadas com esse signo, os planetas fazem a mesma coisa. Conseqüentemente, o planeta que rege o seu signo solar ou ascendente também o alertará para certas fraquezas. Suponha que você seja de Libra, isto é, que tenha nascido entre o dia 23 de setembro e 24 de outubro, quando o Sol atravessa o signo de Libra. Visto que Vênus rege Libra, o seu signo de nascimento, as partes do corpo regidas por Libra (rins) e por Vênus (olhos, pele) serão mais sensíveis. (Veja a Tabela 1.3.) Áries é o seu ascendente, então Marte é considerado o seu planeta regente. Além da cabeça e do rosto, que são regidos por Áries, os músculos e o sangue, que estão sob os auspícios de Marte, também podem ser fracos e/ou vulneráveis.

Corte os Males pela Raiz, Conhecendo o seu Signo

Ao determinar que partes do corpo são mais fracas ou predispostas à doença, é possível analisar os modos de fortalecer esses órgãos por meio de técnicas de alteração de comportamento que sejam adequadas à constituição psicológica de cada signo. Esse procedimento pode prevenir o surgimento da doença, evitando que seja preciso tratá-la depois que ela já tenha se manifestado. Ao avaliar seus pontos fracos e fortes e as doenças às quais pode ser sensível, você pode refletir se é possível alterar seu estilo de vida ou não.

Classificar cada signo segundo as ervas, as vitaminas e os tipos físicos da medicina ayurvédica a ele relacionados é outro modo pelo qual o seu horóscopo pode mostrar os alimentos, as atividades físicas e os remédios mais apropriados para você. Se, por exemplo, você quiser fazer uma dieta ayurvédica para aumentar seu bem-estar emocional e físico, analise o *dosha*, ou temperamento, relacionado com seu signo e siga o regime alimentar associado a esse dosha. Embora a maioria das pessoas seja uma combinação de um ou mais doshas, o seu signo solar costuma dar uma boa indicação do seu tipo físico. (Veja o Apêndice II.) É importante notar que as descrições que acompanham cada signo são bastante generalizadas, e que os médicos ayurvédicos sempre investigarão exaustivamente a constituição emocional e física do paciente — o que vai além do seu signo solar.

Durante a leitura deste livro, você pode descobrir que se identifica com a descrição de um signo que não é o do seu signo solar ou ascendente. Por exemplo, seu Sol ou ascendente podem ser Áries, mas talvez você tenha alguns planetas em Touro. Além disso, Vênus, o planeta que rege Touro, pode estar em proeminência no horóscopo. A menos que você faça uma interpretação profunda do horóscopo, não terá consciência dos detalhes do seu mapa, exceto quanto ao signo solar. Seja como for, tire vantagem das sugestões contidas em todos os capítulos que apresentem uma descrição que se ajuste a você, visto que pode ter planetas posicionados nesse signo. Se descobrir, por exemplo, que se identifica com as características de Virgem, siga as instruções de alimentação recomendadas para os virginianos, mesmo que nunca tenha sofrido de úlceras ou de problemas intestinais — doenças típicas de Virgem. Além disso, certos exercícios e remédios podem ser úteis para vários signos. Por exemplo, Leão rege a coluna, Libra rege a parte inferior das costas e Sagitário rege o nervo ciático. Muitos exercícios de alongamento e posturas da yoga fortalecerão essas áreas do corpo.

Independentemente do seu signo solar, certas recomendações, como manter o equilíbrio dos nutrientes e exercitar-se regularmente, melhoram a saúde de qualquer pessoa. Se você é do signo de Áries, por exemplo, talvez esteja sempre em movimento e seja capaz de queimar calorias sem esforço. No entanto, isso não significa que você deva entupir suas artérias com comidas gordurosas. Não importa qual seja o seu signo, cortar os males pela raiz é a prova de que prevenir é melhor do que remediar.

Os capítulos seguintes descreverão os atributos físicos e psicológicos associados a cada signo zodiacal, além das técnicas de cura que serão mais benéficas para esses signos. Preste muita atenção aos seus signos solar e ascendente.* Se, por exemplo, o seu signo solar e o ascendente pertencerem ao mesmo elemento ou modalidade, você pode ter certeza de que a descrição desse signo terá a maior relevância. Também pode enfatizar padrões de comportamento representados por esse signo. Além disso, se um planeta ocupa lugar de destaque num dos ângulos do seu mapa, o signo que rege esse planeta é vital para determinar a sua própria condição física e emocional.

---

* O Apêndice I explica como encontrar o seu ascendente ou signo em ascensão. Se quiser ter certeza absoluta, encomende seu mapa a um astrólogo profissional.

Capítulo 2

Áries

**O Grande Conquistador
que se Esquece de Descansar**

**Áries (de 21 de março a 19 de abril)
Planeta Regente: Marte
Elemento: Fogo
Modalidade: Cardinal**

Traços e conceitos positivos de Áries: pioneiro, ambicioso, positivo, vigoroso, independente, entusiasmado, líder, cheio de vitalidade, ousado, inovador, inspirado, determinado, empreendedor, excitante, ambicioso, corajoso e apaixonado.

Traços e conceitos negativos de Áries: egoísta, rude, agressivo, colérico, ganancioso, indelicado, descuidado, impulsivo, insensível, egocêntrico, impaciente, entedia-se com facilidade, deixa as coisas por terminar, distraído, temperamental e infantil.

Partes do corpo regidas por Áries: olhos, cabeça, nariz, boca, ouvidos, testa e cérebro. Seu planeta regente, Marte, rege o sangue, os músculos e as glândulas supra-renais.

Problemas de saúde: febre, calafrios, resfriado, dor de cabeça, enxaqueca, dor de ouvido, vista fraca, problemas nos dentes, hemorragia nasal, hiperatividade, sinusite e alergias relacionadas com ela, que podem provocar espirros e obstruções nasais.

Profissões que destacam os traços arianos da iniciativa, da coragem, da atividade física e/ou da excitação: cirurgião, médico, ator, dançarino, carpinteiro, atleta profissional, militar, caçador, soldador e empresário.

Áries:
Impaciente e Agressivo, no Entanto, Ousado e Inovador

Primeiro signo de Fogo do zodíaco, o nativo de Áries é impulsivo, impaciente, no entanto, extremamente criativo, com ânimo e entusiasmo infinitos por tudo o que faz. Como o seu símbolo, o carneiro marrudo que conduz com os chifres, você age primeiro e pensa depois. Extrovertido e eloqüente, no entanto, ingênuo e pouco amável, você muitas vezes se arrepende de seus momentos de impulsividade depois que as palavras jorraram da sua boca. Você acredita na honestidade, mas acha difícil equilibrar a franqueza com a sensibilidade, especialmente no auge de uma discussão acalorada ou quando há diferenças de opinião. Às vezes, você está tão concentrado em si mesmo que só vê suas necessidades e não tem consideração pelos outros. Mas, assim que compreende que seus comentários foram cortantes, imediatamente assume a responsabilidade pelos seus atos, pede desculpas e jura que aprendeu alguma coisa com seus erros. Infelizmente, em geral você não faz isso. A característica que o salva é o fato de gostar de diversão; você é generoso e um bom amigo, portanto, os seus súbitos ataques de entusiasmo e de aspereza logo são perdoados. Você não se apega ao passado, raramente se arrepende e avança diretamente para a reta final.

Extremamente espirituoso, passional e fisicamente ativo, Áries, um signo cardinal de Fogo, nunca está contente, a menos que exista um novo desafio no horizonte. Mais interessado pela excitação do jogo do que no domínio deste, você muitas vezes perde o interesse muito tempo antes de atingir seus objetivos. Se sai vitorioso, você busca imediatamente outra atividade, dificilmente reservando um tempo para apreciar os frutos de suas realizações. Você vê a vida como uma série de desafios, competições e batalhas a vencer. Seu gosto pela atividade física e o desejo de se superar abrangem os esportes competitivos e atividades arriscadas como escalar montanhas, enquanto sua natureza tempestuosa e apaixonada lhe dá um forte apetite sexual que parece nunca ser saciado. Absolutamente espontâneo, muitas vezes você assume riscos e busca excitação apenas pela adrenalina que isso provoca. A sua vida pode ser excitante, mas pode levá-lo a um comportamento descuidado e leviano.

Áries pode ser inovador, brilhante e, às vezes, até inspirador, mas com freqüência deixa de ver os detalhes importantes. Visto que está sempre de olho no próximo projeto antes mesmo que o atual dê frutos, você sempre é pego na armadilha do tempo, atuando sob enorme *stress*. Embora possa parecer que os arianos achem desafiador trabalhar sob pressão, na verdade, o mal-estar físico e a agitação mental que muitas vezes acompanham seu estilo de vida finalmente cobram seu preço. Você pode seguir seu coração, mas corre o risco de se esgotar muito antes de terminar a tarefa. Se fizer uma pausa para relaxar e contemplar a paisagem em volta, mesmo a tarefa mais mundana lhe parecerá interessante e prenderá sua atenção.

Nunca se deixe levar pela depressão. Quando a decepção se materializar, simplesmente a classifique como uma experiência e continue a viver normalmente. Não deixe projetos e relacionamentos pessoais pela metade. Comece o dia com uma corrida matinal, deixe a bicicleta ergométrica ao seu alcance e matricule-se numa academia de ginástica perto do seu escritório. O bem-estar físico é vital para transformar a agressividade e a hostilidade em segurança e criatividade.

Fisionomia e Tipo Físico

Em geral, o nativo do signo de Áries é mais alto do que a média, é flexível, embora tenha uma constituição grande, e tem traços bem definidos — maçãs do rosto proeminentes, olhos profundos e uma testa pronunciada, queixo grande e boca firme. Um metabolismo ativo, aliado à prática de exercícios físicos, ajudará você a eliminar alguns quilos indesejados, caso haja um ocasional aumento de peso. Jejuar durante dois ou três dias também dará resultados rápidos e satisfará sua impaciência.* É importante lembrar que, se você passou dos quarenta, reduzir somente a ingestão de calorias não dará certo. A menos que faça um programa rigoroso de exercícios algumas vezes por semana, além da redução calórica, talvez tenha de aceitar o fato de que seu estômago protuberante e seu abdômen dilatado estão aí para ficar. Se, no entanto, você combinar a dieta com o exercício, será capaz de enfrentar esse desafio sem muitas dificuldades.

Com Áries regendo o cérebro, a cabeça e o rosto, você talvez tenha tendência a febres, calafrios, resfriados, dores de cabeça, vista fraca ou outras enfermidades que afetam essas áreas. As queixas de Áries também incluem problemas nos dentes, hemorragia nasal, hiperatividade, sinusite e alergias relacionadas a esse problema, que podem provocar espirros e obstrução nasal.

O seu planeta regente, Marte, lhe dá destreza e agilidade, visto que rege os músculos, o sangue e o sistema circulatório. As cãibras musculares que podem atormentá-lo de vez em quando podem ser aliviadas com um banho quente com os óleos aromáticos apropriados, que relaxam e promovem a circulação da energia. A regência de Marte sobre as glândulas supra-renais explica a falta de controle dos impulsos, o que faz com que você entre de cabeça em tudo e lhe confere a fama de ser desajeitado, descuidado e até mesmo propenso a acidentes. Para evitar toda uma vida de cortes, queimaduras e ferimentos, vá mais devagar, concentre-se no que está fazendo e respeite os faróis vermelhos.

---

* Se tiver um problema cardíaco, hipertensão ou outras doenças crônicas, consulte o médico antes de fazer jejum.

Convém ter sempre um estojo de primeiros-socorros à mão, bem como remédios alternativos que possam ser imediatamente aplicados em caso de traumas. O floral de Bach Rescue, antídoto perfeito para tensão emocional ou trauma físico, é composto de cinco essências florais e está disponível em creme ou em tintura homeopática. Se você sofrer um trauma, cortar-se ou se queimar, tome o Rescue para poder evitar que seu corpo entre em estado de choque. Muitas pessoas acreditam que o choque, uma condição em que a pressão do sangue é muito reduzida, só acontece por ocasião de um acidente ou trauma graves. Na realidade, qualquer abalo que o organismo sofra, desde a extração de um dente até uma queimadura, pode levar o corpo a um estado de choque, pois o organismo tem aversão a mudanças súbitas. Pingando na língua algumas gotas de Rescue você pode aliviar os efeitos secundários de qualquer trauma. Se sofreu uma queimadura ou um inseto o picou, a aplicação tópica do creme Rescue suavizará a dor e acelerará o processo de cura.

Dor de Cabeça e Enxaqueca

Como Áries rege a cabeça e o rosto, você provavelmente está acostumado com dores de cabeça provocadas pela tensão ou, pior ainda, com a temida enxaqueca. Embora a maioria das dores de cabeça provenha da tensão muscular, do *stress*, do fato de pensar demais, da má iluminação, da tensão ocular ou do fato de pular as refeições, o que diminui a taxa de açúcar do sangue e os níveis de potássio, alguns estudos atribuíram a causa das dores fortes de cabeça e outros tipos de dor crônica à incapacidade do corpo de produzir endorfinas – analgésicos naturais que dão uma sensação de bem-estar.

Além de procurar uma aspirina no armário de remédios ou de aumentar o nível de endorfinas por meio de exercícios físicos vigorosos, saiba que existem muitos remédios que podem aliviar a dor de cabeça. Se a sua dor de cabeça for provocada pelo baixo nível de potássio, às vezes tudo de que você necessita é repor o potássio tomando pílulas de sais minerais, comendo uma banana ou bebendo um copo de suco de laranja. Outros alimentos ricos em potássio são milho verde, laranja, banana, toranja, pêssego, abacaxi, ameixa, abricó, pêra, vagem, nabo, repolho, couve-de-bruxelas, couve-flor, couve, alface, agrião, aspargo, cenoura e aipo. Mesmo que a dor de cabeça não seja resultado do baixo nível de potássio, comer essas frutas e vegetais é um modo excelente de manter esse nível equilibrado. Entre os alimentos a serem evitados estão os alimentos processados e os embutidos (inclusive salsicha), que contêm nitrato de sódio e outros conservantes e aditivos alimentares. O glutamato de monossódio (GMS), um conservante encontrado nos amaciantes de carne e também muito usado na cozinha chinesa, é famoso por provocar dores de cabeça e até mesmo graves reações alérgicas. Muitos restaurantes não usam mais o GMS ou preparam os pratos sem ele, caso seja esse o desejo do cliente.

Além da falta de potássio (encontrado nos alimentos mencionados anteriormente) e do cálcio (encontrado nos lacticínios e nas verduras de folhas) certas dores de cabeça podem ser o resultado de deficiências de niacina, ferro e ácido pantotênico. Na verdade, vitaminas do complexo B, contidas no fermento, nos pães, no cereal, etc., fortalecem os nervos e aliviam a tensão que muitas vezes é responsável pelas dores de cabeça. Recomenda-se que você comece tomando uma colher bem cheia de lêvedo de cerveja, uma das melhores fontes de vitamina B. Disfarce o seu gosto misturando-o com seu cereal ou iogurte e adicione mel e/ou frutas. Você não sentirá o gosto do lêvedo de cerveja se fizer essa mistura, pois, puro, ele tem um gosto horrível. (Veja Apêndice II para informar-se sobre os alimentos que contêm determinados nutrientes.)

Há dores de cabeça que são causadas pela tensão pré-menstrual (TPM) no caso das mulheres, ou pela depressão, que se instala durante períodos de inatividade. O nativo de Áries nunca deve ficar parado por muito tempo e, muitas vezes, o antídoto para a dor de cabeça causada pela tensão é ar fresco e bastante exercício.

Os especialistas ainda não sabem apontar as causas das dores de cabeça; continuam tentando descobrir como tratá-la e, em última análise, como evitar que aconteça. É importante evitar situações estressantes e relaxar a parte superior do corpo, especialmente a cabeça e o pescoço. Pode-se aliviar a tensão leve da cabeça e do pescoço todas as manhãs por meio dos movimentos a seguir:

1. Fique de pé ou sente-se ereto numa cadeira de espaldar reto.
2. Abaixe e relaxe a cabeça de modo que seu queixo encoste no peito.
3. Faça um movimento circular bem lento com a cabeça, no sentido anti-horário. Primeiro, gire a cabeça para a direita de modo que possa olhar atrás do ombro direito; depois gire a cabeça para trás até ver o teto, gire para a esquerda tanto quanto puder para ver atrás do ombro esquerdo; e depois volte para o centro, deixando que a cabeça encoste mais uma vez no peito.
4. Repita o mesmo movimento, agora no sentido horário. Gire a cabeça para a esquerda tanto quanto puder, a fim de ver atrás do ombro esquerdo; gire a cabeça para trás de modo que possa ver o teto, gire para a direita até conseguir ver atrás do ombro direito; e volte para o centro, encostando-a no peito.
5. Repita o exercício cinco vezes, alternando o sentido do movimento. Gire a cabeça lentamente, fazendo uma pausa de alguns segundos no ombro direito, atrás da cabeça, e no ombro esquerdo.

Outro exercício simples é mover a cabeça para cima e para baixo e da esquerda para a direita, para alongar os músculos do pescoço e relaxar o rosto e a cabeça.

O exercício a seguir, se repetido dez vezes, relaxará os músculos do rosto e da cabeça e poderá aliviar a dor de cabeça.

1. Levante rapidamente as sobrancelhas e depois relaxe.
2. Tensione os olhos e relaxe.
3. Erga a sobrancelha direita, faça uma pausa e relaxe.
4. Erga a sobrancelha esquerda, faça uma pausa e relaxe. Dê um grande bocejo e relaxe.
5. Boceje amplamente.
6. Abra bem a boca como se estivesse prestes a gritar. Feche-a devagar.
7. Franza o nariz, como se estivesse sentindo mau cheiro.
8. Faça caretas.

Para reduzir a dor, primeiro tente massagear as têmporas aplicando acupressura com o polegar e o dedo indicador. Em seguida, use ambos os polegares, para aplicar pressão nos ossos atrás do pescoço.

Se a dor de cabeça continuar, for freqüente e/ou estiver acompanhada de outros sintomas como náusea, tontura, perturbação visual ou dormência, vá imediatamente ao médico.

Embora a dor de cabeça possa deixá-lo incapacitado por pouco tempo, pois em geral uma aspirina é suficiente para eliminá-la, a enxaqueca pode durar de algumas horas até alguns dias e pode ser inteiramente debilitante, a ponto de o paciente apenas conseguir fugir da dor por meio do sono. As enxaquecas são caracterizadas por uma intensa dor latejante em um dos lados da cabeça ou em ambos, e podem ser acompanhadas de náusea, vômitos, tontura e tremores. Existem muitas teorias sobre o que causa as enxaquecas, mas nenhuma foi comprovada. Como essas dores de cabeça são agravadas pela tensão ou pelo *stress*, tente os remédios para dor de cabeça mencionados anteriormente e os exercícios de relaxamento generalizado como um tentativa de controlar a dor excruciante.

Como é melhor detectar certas mudanças físicas antes que elas de fato aconteçam, o *biofeedback* pode ajudar as pessoas que sofrem de enxaquecas a reconhecer o primeiro sinal de que essas terríveis dores de cabeça estão se aproximando. Conseqüentemente, certas técnicas de redução do *stress* como a yoga, a meditação e o tai chi podem trazer algum alívio, embora não aliviem todos os sintomas. Evitar certos alimentos também pode prevenir a enxaqueca e, às vezes, controlar as crises de enxaqueca e outras dores de cabeça vasculares.

Atividades ao ar livre que propiciem aos nativos de Áries bastante ar fresco e vento frio no rosto, como escalar montanhas, andar de bicicleta, nadar e fazer vigorosas caminhadas, podem diminuir o *stress*, reduzindo assim a gravidade e a freqüência da enxaqueca. Se você está no auge de uma crise de enxaqueca, pode obter alívio temporário usando compressas frias ou pressionando a artéria protuberante localizada na frente da orelha, no lado dolorido da cabeça. Infelizmente, nenhuma dessas alternativas representa uma cura. Embora medicamentos fortes já tenham recentemente sido desenvolvidos para combater essas dores de cabeça debilitantes, não existe de fato nenhuma droga milagrosa que resolva esse problema.

Resfriados e Febres

Com a cabeça no comando, os arianos também são propensos a resfriados, febres e sinusites. As febres não são consideradas doenças propriamente ditas, mas sim uma defesa contra a doença. Como suamos profusamente quando estamos febris, é importante repor o líqüido do corpo bebendo muita água, suco de beterraba, sucos, suco de cenoura e chás de ervas. O chá de camomila reduz a inflamação, o chá de tília promove a sudorese e a casca de salgueiro contém salicilato (o ingrediente ativo que dá à aspirina seu poder antiinflamatório). Se você não tolera substâncias que contenham aspirina, talvez o chá de sabugueiro-negro possa ajudar. Usar compressas de água fria na testa, nos pulsos e na barriga da perna, enquanto chupa um cubo de gelo, ajuda a reduzir a temperatura do corpo, diminuindo a febre.

Quem de nós não teve um resfriado? Embora não existam curas ou medicamentos "oficiais" para o resfriado comum, existem remédios que podem diminuir os espirros, a tosse e a dificuldade de respirar, que às vezes podem tornar a vida temporariamente insuportável. Tomar vitamina C diariamente é a melhor prevenção e, assim que sentir que vai se resfriar, uma dose cavalar (2.000 miligramas) a curto prazo provavelmente não causará transtornos. No entanto, é uma boa idéia falar com seu médico, visto que grandes doses de vitamina C podem ter efeitos adversos. Entre as fontes ricas em vitamina C estão o limão, a laranja, a toranja, o oxicoco, o tomate – que podem ser comidos crus ou em forma de suco – e o chá de roseira-brava em pó. Se optar pelo chá de roseira brava fresco, certifique-se de filtrar bem o chá – como as rosas, as roseiras-bravas têm espinhos. Além da vitamina C, a roseira-brava contém vitaminas A, E, B_1, B_2, K, niacina, cálcio, fósforo e ferro.

Se tudo isso falhar, as propriedades terapêuticas da canja de galinha devem ser levadas em conta. A canja quente de galinha pode diluir o catarro nas vias nasais. Afinal, as milhares de mães e avós judias que preparam e servem esse líqüido quente aos filhos não devem estar erradas!

Equinácia e Hidraste

Algum tempo atrás, ervas silvestres como a equinácia e a hidraste eram vendidas como remédios milagrosos para o resfriado comum. Nativas da América do Norte, essas duas ervas "mágicas" têm sido utilizadas há séculos pelos nativos norte-americanos para curar dores de garganta, gripes e resfriados. Na Europa, onde a medicina homeopática, a fitoterapia, os balneários e outros tratamentos alternativos são mais bem aceitos do que nos Estados Unidos, uma tintura homeopática de equinácia muitas vezes é prescrita para glândulas inchadas, faringite ou dificuldade para engolir. Chamada hidraste (*goldenseal*, foca dourada em inglês) devido às ranhuras parecidas com uma foca na sua raiz dourada, essa erva que pode ser inalada em forma de pó, limpa as vias nasais e os brônquios. Tanto a equinácia quanto a hidraste também podem ser encontradas em comprimidos. Como ocorre com muitas outras ervas, os efeitos dessas duas são fortes, portanto elas não devem ser tomadas em grandes doses se você estiver grávida, tiver pressão alta ou sofrer de hipoglicemia. Elas também não devem ser tomadas por períodos prolongados. A espirulina, o pólen de abelha e a geléia real também são bons suplementos de proteína, que fortalece o sistema imunológico. Os chás de sálvia, de hortelã-pimenta e de hortelã-verde têm um efeito calmante e podem ajudar a abreviar o resfriado.

Obviamente, as dores no corpo e a febre ocasionadas pelo resfriado podem ser aliviadas por medicamentos como a aspirina e o Tylenol. Os anti-histamínicos podem evitar os espirros e ajudar a acabar com a coriza e o lacrimejamento dos olhos, os descongestionantes podem desobstruir o nariz. Procure usar sempre lenços descartáveis ao tossir ou espirrar, lave as mãos com freqüência e tente impedir que os germes se espalhem para a família e os amigos.

É mais provável que os germes ataquem um sistema imunológico fraco e debilitado. No final das contas, o melhor antídoto para impedir que resfriados comuns se transformem numa doença mais grave, como bronquite, gripe ou pneumonia, é o paciente ficar de cama. Nem toda a vitamina C e equinácia do mundo serão suficientes para evitar resfriados e gripes, se o corpo estiver cansado ou esgotado, visto que o sistema imunológico não estará apto a combatê-los. Como qualquer outra doença, se um resfriado durar mais de uma semana ou dez dias, procure imediatamente o médico.

Sinusite

A sinusite ataca quando as cavidades nasais deixam de filtrar as bactérias. Ela se evidencia quando essas vias nasais se inflamam e apresentam secreção amarela ou verde, ou quando inchaço, dor forte e/ou dores de cabeça se seguem. Essa doença pode ser o resultado de uma infecção que passou do trato respiratório superior para a membrana de revestimento dos seios da face ou é o resultado de uma reação alérgica ao pó, a pêlo de animal e/ou fumaça.

Se você sofre de sinusite crônica, é importante procurar um alergologista para ver se o problema é provocado por alergia. Se for, é aconselhável não ter animais de estimação em casa. Um purificador de ar ajudará a manter os aposentos frescos e limpos, pois removerá do ar as partículas que causam irritação. Se você se mudar para uma nova casa, certifique-se de pintar as paredes e de fumigar os carpetes, visto que o pêlo de animais (especialmente de cachorros, gatos e coelhos) permanecem no ambiente, mesmo depois que os animais de estimação já foram embora. Além disso, mantenha o ambiente livre de fumaça e aspire regularmente o pó com o aspirador para eliminar a poeira da casa. (Veja "Como Conviver com a Asma" no Capítulo 4.)

A umidade também alivia a sinusite. Sempre que sentir falta de ar, tome um banho de chuveiro quente com vapor ou incline a cabeça sobre uma tigela de chá de camomila, com uma toalha cobrindo a cabeça para forçar o vapor a entrar pelas narinas. Um vaporizador a frio no quarto impedirá o ressecamento das vias nasais e possibilitará uma boa noite de sono. Procure manter o aparelho limpo, visto que o próprio vaporizador é um bom lugar para a cultura de bactérias.

Esfregar um óleo com vitamina E no nariz diminui o inchaço ou a dor. A vitamina C combate a infecção, a proteína ajuda a restaurar o tecido danificado das vias nasais, e a vitamina A fortalece as mucosas do nariz e da garganta. Uma solução salina composta de uma colher de chá de sal e uma pitada de bicarbonato de sódio dissolvido em duas xícaras de água quente pode ser inalada através de cada narina, a fim de expelir as secreções nasais.

RESPIRAÇÃO YOGUE

O pranayama, ou respiração yogue, consiste em respirar através das narinas para absorver o *prana*, palavra sânscrita que significa "sopro da vida", e usá-lo para abrir as vias nasais e purificar o organismo das toxinas ingeridas diariamente. Em seu livro *Perfect Health*, Deepak Chopra recomenda que comecemos e encerremos o dia praticando o Pranayama, durante cerca de dez minutos. Segundo Chopra, comece a respiração sentando-se com a espinha muito reta e os pés firmemente apoiados no chão. Feche os olhos e tente livrar a mente de todos os pensamentos. Começando com a expiração e terminando com a inspiração, expire e inspire através da narina esquerda enquanto pressiona, ao mesmo tempo, o polegar contra a narina direita. Feche delicadamente a narina direita com o polegar e, lentamente, expire através da narina esquerda; em seguida inspire suavemente pela narina esquerda. Alterne o exercício, fechando a narina esquerda com o dedo médio e anular, enquanto expira e inspira através da narina direita. Depois de cinco minutos, relaxe os braços, deixando-os soltos ao lado do corpo, relaxe as costas e sente-se confortavelmente de olhos fechados.[2]

Embora as pílulas descongestionantes ajudem a contrair os vasos sangüíneos, para que o ar possa entrar no nariz, não as use sempre nem a esses *sprays* nasais encontrados no balcão da farmácia, a não ser que seu médico tenha lhe dado o sinal verde. Conquanto eles possam inicialmente contrair as paredes das fossas nasais, posteriormente eles causam mais inchaço. Se tudo falhar, consulte um médico que possa tratar a sinusite com antibióticos.

A respiração profunda também pode ajudá-lo a controlar seus impulsos. Da próxima vez que sentir que vai ter um ataque de nervos, evite o surto de raiva e frustração. Em vez disso, tente relaxar e praticar a respiração Pranayama. Depois de cinco ou dez minutos, você já terá se acalmado e se sentirá cheio de energia e pronto para voltar ao trabalho.

Sais Minerais

O corpo humano contém doze sais minerais bioquímicos essenciais que são constantemente eliminados do organismo e repostos por meio da alimentação. Cada sal está associado a um signo zodiacal cuja parte do corpo ou órgão correspondente colhe seus benefícios. O fosfato de potássio (Kali. phos.), o sal associado ao signo de Áries, previne o nervosismo, a insônia e as rachaduras na pele e alivia as dores de cabeça, especialmente aquelas provenientes da falta de potássio. Entre os alimentos ricos em fosfato de potássio estão a batata, as verduras, a cebola, a noz, a laranja, o tomate, o limão, o abacaxi, a maçã, a uva-passa e o leite.

Medicina Ayurvédica

Embora a maioria das pessoas não seja um tipo ayurvédico puro, Áries, um signo cardinal de fogo, adapta-se ao perfil da personalidade Pitta, a quem Deepak Chopra, em seu livro *Perfect Health*, descreve como uma pessoa de temperamento explosivo, que gosta de desafios, reage com irritação e indelicadeza sob tensão excessiva, tem uma mente aguçada e força física. O fato de ser uma pessoa impulsiva, de comportamento áspero e um temperamento irascível, pode ocasionar rachaduras de pele, febres e inflamações. É importante recuperar o equilíbrio e a moderação através da serenidade, da atenção ao lazer, da exposição à beleza natural, da diminuição de estimulantes e, o mais importante, do descanso e do relaxamento. Quando estiver se sentindo sereno, suas emoções negativas serão expressas por meio da atividade em vez da agressão.

Você é impaciente por natureza e, portanto, os seus hábitos de alimentação não são diferentes. Se o nível de açúcar do sangue diminuir e gritar por comida, você concorda, sem perder tempo, preparando uma refeição saudável. Diferentemente de outros signos, você não vê o preparo das refeições como uma arte; você vê os alimentos simplesmente como um combustível necessário. Você não sente o desejo de passar muito tempo cozinhando e engolirá tudo o que estiver disponível. Para evitar maus hábitos de alimentação, mantenha frutas e saladas na geladeira durante todo o tempo. Isso funciona perfeitamente bem, segundo o Ayurveda, que recomenda alimentos frios e amargos como verduras amargas, chicória, endívia, rabanete e alface romana para os tipos Pitta. Vegetais ricos em fibras e grãos são recomendados, assim como beber água tônica antes das refeições. Não coma alimentos ácidos como picles, iogurte, vinagre, creme de leite azedo e queijo, ou qualquer coisa que seja fermentada, como bebidas alcoólicas. O café da manhã deve consistir em cereais frios, torradas com canela e suco de maçã. Especiarias adstringentes como cardamomo, folhas verdes de coentro, canela, sementes de coentro, endro, funcho, hortelã, açafrão ou açafrão-da-índia são bons. Gengibre é um remédio para todos os fins e pode ser usado em chás e na cozinha. A cozinha asiática, que utiliza o gengibre e muitas outras especiarias Pitta, é altamente recomendável para os arianos.

Em geral, os tipos Pitta sentem muito calor e, sendo assim, sentem-se mais à vontade no clima frio e ventoso para diminuir o calor natural que geram. Exercícios fortes e revigorantes ao ar livre, como escalar montanhas, esquiar, caminhar em passo acelerado, correr, andar de bicicleta e nadar, são perfeitamente adequados para você. O levantamento de pesos, a ginástica e os esportes competitivos também podem atraí-lo, embora tenha de tomar cuidado com a sua impaciência, temperamento explosivo e a tendência para levar o jogo demasiadamente a sério. Tente viver segundo o adágio que sugere que o importante não é vencer ou perder, mas sim o modo como você joga. Assumir riscos e um gosto pela velocidade podem levá-lo à corrida automobilística, ao *bunjee jumping*, ao vôo de asa delta e outras atividades satisfatórias, emocionantes (e talvez perigosas). Somente certifique-se de que não está bancando o tipo que é sempre do contra e seja cauteloso ao fazer julgamentos. Visto que a sua mente trabalha mais depressa que o seu corpo, o exercício mental tem de incluir a leitura voraz e a pesquisa.

Ervas e Especiarias

As ervas e especiarias a seguir podem ser usadas como condimento ou na forma de chá. O manjericão é uma erva aromática usada na cozinha e para curar feridas. O chá de borragem, uma erva comum de jardim que contém potássio, acalma os nervos e é altamente recomendável para baixar a febre e reduzir a inflamação e o inchaço. O chá de confrei previne os resfriados e, se aplicado externamente, pode suavizar picadas de insetos ou feridas ou ser usado como compressa para distúrbios dos olhos e terçóis. O pó de pimenta-caiena, uma especiaria muito quente em forma de um pó vermelho, é um grande estimulante e purificador do corpo. Embora possa prevenir resfriados, ele causará vermelhidão da pele, se usado em demasia. O alho, um remédio magnífico, combate as infecções e resfriados. Pode ser usado na cozinha, ingerido cru ou tomado em cápsulas uma vez por dia. As outras ervas relacionadas com Áries incluem a bergamota, para relaxamento mental; o sabugueiro, para abaixar febres e suavizar queimaduras; o tomilho, para combater a febre, as dores de cabeça e a enxaqueca; a lavanda, para as dores de cabeça e enxaquecas; e o sassafrás, como um chá saboroso e purificador do sangue que pode prevenir resfriados. Ele também pode ser usado para lavar os olhos inflamados. O chá de alcaçuz, de hortelã-pimenta e de menta são muito calmantes para os arianos hiperativos. A camomila é uma panacéia para tudo, mas é especialmente benéfica para aliviar dores de cabeça, insônia e dores de ouvido.

Os chás de ervas com um efeito tranqüilizante são os de valeriana (a mesma raiz usada no Valium), de hidraste, de camomila, de confrei, de dente-de-leão (que contém fosfato de cálcio), de ginseng, de alcaçuz, de hortelã-pimenta, de menta e qualquer chá industrializado para induzir o sono (cujo principal ingrediente seja a camomila). Se tomados no final do dia ou antes de se deitar, qualquer um desses chás ajudará você a relaxar e adormecer.

Aromaterapia e Óleos Essenciais

Como os nativos de Áries têm tendência para dores de cabeça e enxaquecas, certos óleos essenciais podem acalmar os seus nervos e controlar sua agressividade. Esfregue doze gotas de óleo de limão, de camomila, de juníperо ou de manjerona no plexo solar, o centro emocional do corpo, ou acrescente-as à água do banho. Um aroma muito fragrante e particularmente agradável como o do jasmim, da rosa ou da flor de laranjeira pode fazer milagres. Aromas doces e frios como o sândalo, a rosa, a menta, a canela e o jasmim são ótimos para clarear os pensamentos e desobstruir os seios nasais. Eles podem ser usados em forma de incenso, usados como óleo de banho ou inalados. Para a conjuntivite e os olhos doloridos, embeba compressas de algodão numa solução de camomila e água fervente e coloque-as sobre os olhos depois que esfriarem.

O óleo de eucalipto é fantástico para tratar febres, dores de garganta, inflamação das membranas do nariz, asma e difteria. O eucalipto é o principal ingrediente de muitos cataplasmas para o peito, *sprays* nasais e pastilhas para tosse e dores de garganta. Inalar o vapor de folhas e óleo adicionados à água fervente, com uma toalha sobre a cabeça, é eficaz para aliviar a congestão.

Terapia com Pedras e Cores

Se você nasceu entre 21 e 31 de março, sua pedra natal é a água-marinha, uma bela pedra semipreciosa azul. Se nasceu entre os dias 1º e 19 de abril, sua pedra natal é o diamante, uma pedra preciosa branca, de preço elevado e associada ao planeta Vênus. O metal que rege Áries é o ferro, mas essas pedras preciosas sempre devem ser engastadas em ouro. A cor vermelha é associada a Marte, o planeta afirmativo, orientado para a ação. Como planeta regente de Áries, portanto, pedras como o coral, o heliotrópio, a cornalina e outras lhe darão energia quando estiver cansado, e coragem em épocas de incerteza.

Capítulo 3

Touro

A Chave da Alegria é Ter Moderação

Touro (de 20 de abril a 20 de maio)
Planeta Regente: Vênus
Elemento: Terra
Modalidade: Fixo

Traços e conceitos positivos de Touro: trabalhador, digno de confiança, estável, pragmático, determinado, independente, gentil, sensual, sereno, criativo, com talento para música, tolerante, frugal, carinhoso, hospitaleiro e generoso.

Traços e conceitos negativos de Touro: indolente, obstinado, auto-indulgente, extravagante, guloso, perdulário, impetuoso, moroso, avarento, vil, severo, exagerado, inflexível, possessivo, ciumento, espírito controlador, materialista, arrogante e espírito obsessivo.

Partes do corpo regidas por Touro: garganta, pescoço, glândulas linfáticas, tireóide e sistema linfático. Seu planeta regente, Vênus, governa os olhos, a pele e os rins.

Problemas de saúde: obesidade, pedras da vesícula, diabete, problemas cardíacos, dor de garganta, inchaço e nódulos nas glândulas linfáticas, mononucleose, distúrbios da tireóide, rigidez do pescoço, laringite, tonsilite e rachaduras na pele.

Profissões que exemplificam a afinidade dos taurinos com os investimentos, os negócios, a criatividade e/ou o planejamento a longo prazo: desenhista de modas, escultor, nutricionista, cantor, artista, paisagista, decorador, arquiteto, horticultor, economista, investidor, financista, corretor, corretor de imóveis, comerciante e ourives.

Touro: A Determinação e o Caráter Obstinado Afastam as Doenças

Sendo o signo mais obstinado, persistente, próspero e inflexível do zodíaco, Touro, um signo fixo de Terra, dedica-se a manter o total controle sobre a vida, agindo devagar e deliberadamente. Uma combinação surpreendente da vaca indolente e do touro determinado, você muitas vezes fica zangado com seus amigos íntimos que constantemente o aconselham a ir mais depressa ou a abandonar um projeto a longo prazo e começar um novo. Embora você seja conhecido pelo seu hábito de procrastinar, se existe alguém determinado a lutar até o fim é o nativo de Touro. Pouco inclinado a abandonar qualquer coisa conquistada ou "adquirida", você pode ser um homem de negócios inexorável, um parceiro possessivo e ciumento (pessoal e profissionalmente), e/ou um pai superprotetor e controlador. Por outro lado, seu planeta regente é Vênus, que tem o mesmo nome da deusa romana do amor e da beleza e, como tal, você é criativo, gentil, amoroso e sensual.

Embora você seja nativo de um dos signos mais pragmáticos, responsáveis e estáveis do zodíaco, as suas paixões, instintos e apetite sensual podem, às vezes, ser excessivos. Mais justo e altruísta do que se pode dizer com palavras, você valoriza as amizades, no entanto, exige em troca exatamente o que dá — devoção e confiança. Se, porém, for ferido, menosprezado ou se sentir traído (embora demore bastante tempo para você chegar a esse ponto), o bovino gentil se transforma num touro bravo, e você rompe o relacionamento mais íntimo sem sequer olhar para trás.

Sua constituição forte e vigorosa, aliada a uma intensa obstinação e uma aversão pela dependência, impedem que você fique gravemente doente. Quando fica indisposto, você evita ir ao médico ou pedir ajuda — mesmo se estiver se sentindo fraco ou doente. Justamente por isso, se ocorrer uma enfermidade, sua autoconfiança obsessiva lhe dá a força e a vontade necessárias para uma rápida recuperação. Assim que se decide a fazer alguma coisa, a letargia e a complacência assumem um segundo plano e surge a mais laboriosa, produtiva e sincera personalidade sob o Sol.

A placidez e a determinação feroz que o impelem através da vida, no entanto, com freqüência ocultam uma insegurança profundamente arraigada que pode culminar numa necessidade quase obsessiva de ser amado. Quando se sentem inadequados e inseguros ou se deparam com o que parecem ser obstáculos insuperáveis, os taurinos muitas vezes caem numa depressão da qual não conseguem se livrar com facilidade. Para diminuir a tensão, você costuma buscar consolo e alívio para o seu sofrimento por meio da promiscuidade, dos gastos exagerados e/ou comendo demais. Embora possa, de fato, encontrar uma gratificação temporária, esses padrões exagerados e indulgentes de comportamento o atormentarão durante toda a vida, afetando tanto a sua saúde mental quanto a física.

Fisionomia e Tipo Físico

Com freqüência, os taurinos são caracterizados por um rosto redondo, bochechas rosadas, olhar penetrante, nariz arrebitado, queixo proeminente, pescoço grosso e corpo robusto. A maioria tem uma altura abaixo da média, estrutura física sólida e, em geral, uma silhueta roliça. O seu estilo de vida sedentário e o gosto por bons pratos tornam muito mais difícil você manter o que considera o peso ideal. Você até mesmo pode se achar mais pesado do que é de fato, o que leva a enormes problemas de auto-imagem e inclusive a comer demais para mitigar a dor emocional. Na realidade, os atributos físicos pelos quais luta podem ser irrealistas com relação à estrutura do seu corpo. Aprenda a valorizar a beleza interior, a ter orgulho das suas realizações e, o mais importante de tudo, a não ceder à pressão dos seus pares adaptando-se às expectativas da sociedade.

Como Vencer a Batalha Contra o Excesso de Peso

Como tem problemas com a sua imagem e uma baixa auto-estima, que freqüentemente acompanham o estigma de ser ligeiramente obeso ou de não ser magro como um esqueleto, você já deve ter enfrentado, uma vez ou outra, distúrbios alimentares como a anorexia ou a bulimia, no esforço de manter o seu peso "ideal". (A bulimia, caracterizada pelo hábito de comer exageradamente e depois vomitar ou evacuar com a ajuda de laxativos, e a anorexia, marcada pela recusa em se alimentar, são sintomas do desejo de ser magro e da necessidade de estar no controle total da própria vida.) No entanto, mais comum entre os nativos de Touro é o vício crônico de comer demais. Além de afetar o bem-estar físico e mental da pessoa, a obesidade é um fator que contribui para o mau funcionamento dos rins, provocando cálculos biliares, diabete, doenças cardíacas e certos tipos de câncer do estômago e do cólon. Alguns estudos até mesmo associam certos tipos de câncer de mama à alta porcentagem de gordura corporal.

Portanto, se a obesidade é nociva tanto à saúde mental quanto à física, por que é tão difícil para os taurinos ter bons hábitos alimentares e praticar exercícios físicos que os livrem de quilos indesejados? E por que a maioria dos taurinos passa a vida com excesso de peso ou fazendo regimes com efeito "sanfona", isto é, perdendo e recuperando o peso repetidas vezes?

Além da predisposição genética ou dos distúrbios glandulares, uma resposta a essa pergunta pode estar na necessidade do taurino de equilibrar uma autonomia total com o sufocante desejo de se sentir bem e de ser amado. Quando está emocionalmente estressado, ressentido, zangado ou triste, o alimento muitas vezes é usado para aliviar o sofrimento e/ou como recompensa por suportar uma época difícil. Infelizmente, assim que o taurino se habitua com maus padrões alimentares ou usa os alimentos como substituto para o contentamento ou o amor, isso passa a ser uma constante batalha e um padrão extremamente difícil de mudar.

O taurino pode se valer da obstinação e determinação que tem para adotar uma dieta equilibrada e um plano regular e moderado de exercícios. Parecer mais bonito e sentir-se melhor consigo mesmo lhe dará a auto-estima necessária para ter sucesso nos relacionamentos, nas amizades, nas oportunidades de emprego e nas promoções. O taurino, metódico e afoito aos hábitos, precisa seguir um plano alimentar predeterminado, que estabeleça com exatidão que alimentos devem ser consumidos diariamente e quais devem ser evitados. Recomenda-se um programa de exercícios personalizado, que se adapte ao seu ritmo lento e, ao mesmo tempo, acelere seu metabolismo, de modo a queimar o excesso de calorias.

Dietas que Realmente Funcionam

Por mais difícil que seja, é imperativo que você mude para sempre seus hábitos diários, fazendo três refeições balanceadas com poucos petiscos nos intervalos e bebendo oito copos de água por dia. Limite a ingestão de sal e o consumo de alimentos salgados, para evitar a retenção de líqüidos. Se você eliminar os alimentos gordurosos, que têm um elevado valor calórico e aumentam o colesterol, e concentrar-se nas proteínas, nas frutas, nos vegetais e nos carboidratos, você se sentirá mais leve e ficará mais saudável. Segue-se um plano nutritivo recomendável, bem equilibrado, e de baixas calorias,* que dá ênfase às proteínas, frutas, vegetais e carboidratos.

- Não coma mais do que aproximadamente 200 gramas de carne magra crua ou de peixe cru ou 150 gramas de carne vermelha, aves ou peixe cozidos, diariamente. Tire toda a pele e gordura visíveis. Ao cozinhar a carne, retire a gordura depois do cozimento. Se quiser cozinhar a carne, faça cozidos, sopas ou molhos, retirando toda a gordura. De preferência ferva, asse ou grelhe em vez de fritar. O peixe pode ser fresco, congelado ou enlatado em água (se for enlatado em óleo, lave bem). Limite bastante o consumo de miúdos de frango, timo de vitela ou cordeiro, coração e miolos, pois são ricos em colesterol. A carne de fígado, uma ótima fonte de ferro, também é rica em colesterol, portanto não coma mais do que 100 gramas por mês.
- Uma xícara de feijões, ervilhas ou lentilhas, cozidos, ou 100 gramas de tofu podem substituir uma refeição composta de 100 gramas de carne, ave ou peixe.
- Não coma mais do que três ovos por semana.

---

* Esta é a dieta recomendada pelos National Institutes of Health dos Estados Unidos.

- Beba diariamente de seis a oito copos de água.
- Tome diariamente duas xícaras de leite desnatado ou com baixo teor de gordura, ou iogurte desnatado.
- Coma cinco porções ou mais de frutas e vegetais por dia, entre as quais pode incluir um pedaço de fruta, meia xícara de suco de frutas ou de vegetais, e de meia a uma xícara de vegetais crus ou cozidos. Coma apenas uma porção de vegetais com amido, como milho, batata, feijão, ervilha, abóbora e batata-doce. Azeitona, abacate e coco são ricos em gordura e devem ser consumidos com moderação.
- Coma diariamente seis porções ou mais de pão, cereais, macarrão e vegetais com amido. As quantidades a seguir equivalem a uma porção:
uma fatia de pão (opte por pães que contenham grãos de trigo, centeio ou uvas-passas), pão branco, bolo, biscoitos, baguetes feitas com água (sem ovos), pão sírio ou tortilhas (sem que sejam fritas);
um quarto de xícara de sucrilho, meia xícara de cereal quente, ou uma xícara de cereal em flocos;
uma xícara de arroz ou macarrão cozido;
um quarto de xícara ou meia xícara de vegetais com amido, como os citados anteriormente (apenas uma porção por dia);
algumas colheres de chá de óleo e manteiga.

Dicas de Alimentação

Embora seja extremamente difícil para o taurino mudar seus hábitos, ele é determinado, perseverante e teimoso, especialmente em situações que requerem grande tenacidade e resolução. Planeje refeições apetitosas, não pule nenhuma das categorias citadas anteriormente e varie os alimentos de cada grupo. Para tornar sua dieta interessante, procure substituir algumas receitas de baixo teor de gorduras e de baixas calorias por refeições com muitas calorias. (Veja o Capítulo 6.) Lembre-se de que, se pular uma refeição, pode ficar tão faminto que isso o fará comer em dobro mais tarde.

Adquira o hábito de beber de seis a oito copos de água por dia, junto com outras bebidas descafeinadas. Os chás de ervas especialmente recomendados são os de amora-preta e de sabugueiro. O café feito de raiz torrada de chicória, um substituto feito de ervas, tem um sabor especial que agrada muitos taurinos, que precisam da cafeína para ajudá-los a enfrentar o dia. Embora a chicória não seja descafeinada, ela pode satisfazer o desejo psicológico de tomar café. Se você tem uma centrífuga ou um liqüidificador, faça sucos de frutas ou vegetais frescos, ou leite desnatado maltado, que são nutritivos e saciam a fome. Embora o nativo de Touro ache um sofrimento eliminar velhos hábitos, convença-se de que precisa alterar seus padrões de alimentação para vencer definitivamente a batalha contra o excesso de peso.

Por sorte, a vaidade e uma firme determinação — se desejar contar com elas — podem lhe dar a força de vontade necessária para mudar o seu estilo de vida. Se você for incapaz de fazer isso por conta própria, não tenha vergonha de consultar um profissional que seja especializado em distúrbios alimentares ou de participar de um grupo para perda de peso, como os Vigilantes do Peso, ou de um programa em doze passos destinado a pessoas que comem compulsivamente, que são sistemas de apoio para ajudar quem faz dieta. Esse último programa oferece a oportunidade de contarmos com a ajuda de um "padrinho" — alguém com quem podemos entrar em contato e obter apoio incondicional sempre que sentirmos vontade de comer. Por uma pequena taxa, os Vigilantes do Peso oferecem estímulo em reuniões semanais em que você é pesado e ouve os outros membros falarem sobre planos de dieta, programas de exercício e revisões permanentes no estilo de vida. Esse tipo de grupo pode lhe dar a inspiração de que precisa, visto que valerá o investimento — principalmente quando você começar a perder peso. Embora talvez não goste de divulgar suas dificuldades, talvez você venha a admitir que lutar sozinho não costuma dar muito resultado.

Outras dicas incluem olhar para si mesmo no espelho — em vez de evitar isso — e pesar-se várias vezes por semana. Se você nunca teve um problema de peso antes, isso pode parecer absurdo, mas asseguro-lhe de que esta taurina aqui passou longos períodos fugindo dos espelhos e da balança, para não ter de encarar a verdade. No entanto, se você não conseguir entrar nas roupas da estação passada e precisar fazer mais um furo no cinto, convém encarar a situação e pegar o touro pelos chifres. Se você está um ou dois quilos acima do peso ideal, tome agora mesmo uma providência. Comece imediatamente a reduzir seu consumo de calorias e a aumentar a atividade física diária. Para perder apenas meio quilo, você tem de queimar 3.500 calorias a mais do que ingeriu. Portanto, se ingerir 500 calorias a menos por dia ou 3.500 calorias a menos por semana, você perderá um quilo por semana. Há uma profusão de livros sobre o assunto no mercado, os quais contêm listas de contagem de calorias e várias recomendações de exercícios, acompanhadas por um esquema das calorias gastas em cada um deles.

Para os taurinos que estão acostumados a se fartar nas refeições, esse plano alimentar pode parecer rigoroso demais. De início, sentir-se leve e faminto pode levar à irritação e ao mau humor, como se estivesse faltando algo. Não desanime. Em vez de procurar comida, pratique uma atividade física que lhe permita liberar a agressividade reprimida. Será ótimo caminhar, dançar, jogar golfe, nadar, correr ou andar de bicicleta.

Exercícios de Visualização

Tente fazer o seguinte exercício de visualização assim que acordar pela manhã, antes mesmo de se levantar da cama.

1. Sente-se ereto, feche os olhos e imagine que está subitamente sem peso, flutuando na água ou no ar.
2. Fique nessa posição cerca de cinco a dez minutos, tirando todos os outros pensamentos da sua mente.
3. Mantenha essa sensação de ausência de peso e os olhos fechados, começando a imaginar qual seria sua aparência se tivesse o corpo ideal.
4. Mantenha essa imagem na mente, imagine todas as coisas que poderia fazer se fosse mais magro, como correr um quilômetro sem perder o fôlego ou usar uma determinada roupa que não lhe serve mais.

Se você começar o dia imaginando que é esbelto e magro, pode ser mais fácil ajustar seus hábitos alimentares para que se adaptem a essa sensação. Assim que reconhecer as vantagens de ser magro e desejar atingir seu objetivo de perder peso, talvez você consiga interiorizar essas imagens e causar mudanças surpreendentes.

Exercícios Físicos

Não basta mudar seus hábitos alimentares sem pensar num plano de exercícios para sua vida diária, especialmente se você tem mais de quarenta anos e o seu metabolismo precisa trabalhar duas vezes mais do que antes, para queimar essas calorias extras. Além de queimar calorias, o exercício funciona como o maior moderador de apetite, uma vez que aumenta o nível de endorfinas — substâncias químicas que dão uma sensação de bem-estar e até mesmo de euforia. Quando a ansiedade e a depressão são amenizadas, você se sente mais sereno. Você não precisará de comida para se acalmar ou para preencher qualquer vazio. Assim que começar a eliminar alguns quilos, sua auto-estima aumentará automaticamente.

Antes de iniciar um plano de exercícios, consulte seu médico para ver quais são os melhores para sua faixa etária e condicionamento físico. Se está inativo há algum tempo, comece com movimentos mais leves assim como caminhar, fazer jardinagem, trabalhar no quintal ou dançar. Exercícios aeróbicos mais extenuantes como nadar, correr, andar de bicicleta ou dar caminhadas ligeiras três ou quatro vezes por semana por ao menos trinta minutos melhorarão o condicionamento do coração e dos pulmões, bem como queimarão o excesso de calorias. Lembre-se de não exagerar nas atividades físicas.

Ir a uma academia de ginástica em horários determinados todas as semanas pode ajudá-lo a estabelecer uma rotina. Pense em comprar equipamento de ginástica para usar em casa, caso se sinta envergonhado ao fazer exercícios numa academia. Encontrar um parceiro de exercícios para estimulá-lo pode ser o incentivo de que necessita para alterar hábitos sedentários de vida. Como os taurinos preferem o calor, entre as atividades de inverno devem constar natação e tênis, que não têm de ser praticados ao ar livre e o ajudarão também a evitar resfriados e gripes.

Como Tratar os Problemas de Garganta e Pescoço

Embora seja fácil atribuir a incapacidade de perder peso a uma disfunção da tireóide, a maioria dos nativos de Touro ganha peso por comer demais, pura e simplesmente, e por não se exercitar suficientemente para combater o excesso de calorias. Como Touro rege a glândula da tireóide, localizada na base do pescoço, as pessoas nascidas nesse signo podem sofrer de hipotireoidismo, o que resulta num metabolismo lento e na incapacidade de queimar as calorias depressa. Se lhe diagnosticarem disfunção da tireóide, saiba que ela pode ser causada pela falta de iodo.

Uma das melhores fontes de iodo é a *kelp*, uma variedade de alga marinha usada como substituto do sal e que você pode ingerir fresca, em saladas, ou na forma de pílulas. Além disso, essa alga também contém o complexo de vitamina B, vitaminas D, E, K, cálcio e magnésio. (Veja Apêndice II — "Vitaminas".) O iodo também é encontrado nos frutos do mar (especialmente nos mariscos), em forma de suplemento alimentar e no óleo de peixe. (Eu pessoalmente não recomendo óleo puro de peixe, cujo sabor é muito desagradável.) Se nada disso ajudar, o seu médico pode prescrever medicamentos para regularizar a tireóide e regularizar a taxa metabólica.

Os taurinos também se queixam de rigidez do pescoço, especialmente durante o inverno, quando são vulneráveis ao vento e aos arrepios de frio. Quando parecer que você está carregando o mundo nas costas, o seu pescoço responderá à tensão sentindo-se mais pesado e assumindo uma posição desconfortável, o que torna difícil movê-lo de um lado para o outro. Para combater a rigidez, tente fazer o exercício seguinte:

1. Sente-se ou fique em pé com a cabeça erguida, para alongar o pescoço tanto quanto possível.
2. Lentamente, flexione o pescoço para baixo até onde conseguir. Não o force demais.
3. Mova-o lentamente para trás, até onde for possível.
4. Lentamente, vire a cabeça em direção ao ombro e depois para o lado oposto, mantendo o pescoço esticado e os ombros relaxados.

5. Gire o pescoço até aliviar a tensão.
6. Balance vigorosamente a cabeça de um lado para outro e da frente para trás.

Além desse exercício, faça uma massagem leve no pescoço todos os dias, especialmente abaixo dos lóbulos das orelhas. Se sentir rigidez, aplique uma compressa quente, óleo de eucalipto ou um ungüento mentolado, como bálsamo de tigre (uma combinação de cânfora e mentol), que aquecerão essa área.

Por se sentirem constrangidos com seu corpo, os nativos de Touro muitas vezes têm má postura, o que também pode aumentar a tensão e causar dor no pescoço e nos ombros. A Técnica Alexander, na qual você alonga o pescoço e corrige a postura enquanto imagina que é um belo e gracioso cisne, beneficiará seu corpo e aumentará sua auto-estima. (Veja o Capítulo 6.)

Como Touro rege o pescoço e a garganta, seria raro alguém nascido sob o signo do Touro não sentir ao menos uma vez rigidez no pescoço, dores de garganta, laringite, amigdalite, ínguas (nodos linfáticos no pescoço) ou mononucleose.

Com seu planeta regente, Vênus, regendo os olhos, a pele e os rins, você também pode ter propensão para a miopia, as lesões na pele e retenção de líqüidos. Muitos taurinos têm uma linda voz. Mas, assim como as cordas vocais são uma dádiva, elas também são o ponto mais vulnerável dos taurinos. Quando a estação das gripes se aproximar, certifique-se de incluir chapéus, cachecóis, blusões de gola alta no seu vestuário, que impeçam o vento de bater no seu rosto e pescoço. Os primeiros sinais de que os germes estão em alvoroço podem ser garganta arranhando e as ínguas no pescoço, que aparecem quando o corpo está combatendo uma infecção.

Remédios Caseiros

A dor de garganta pode causar grande sofrimento e indicar que um resfriado ou uma gripe estão se aproximando. Ela pode preceder uma invasão de vírus ou de bactérias, ou pode significar que você usou sua voz mais do que o necessário. Os *sprays* ou pílulas para a garganta contendo fenol ou zinco oferecem alívio a curto prazo. Fazer gargarejo com chá de camomila é um remédio popular que aliviará a dor caso a área afetada pegue na parte superior da garganta.

Outro remédio simples para dor de garganta ou dificuldade de engolir é o gargarejo com sal e água morna. Suco de limão diluído em água morna, com ou sem mel, também é um bom remédio caseiro. Como o limão é um remédio para todos os males, não há nenhum mal em passar no peito óleo essencial de limão.

Uma xícara de chá de salva, feito com a infusão das folhas e depois coado, é outro remédio muito usado para aliviar a dor de garganta. Se não conseguir salva fresca, compre-a na forma de chá em saquinhos. Se quiser usar óleo de salva, lembre-se de que ele é destilado diretamente das folhas e tem um alto nível de toxicidade. Portanto, é aconselhável diluir apenas algumas gotas num copo de água, quando for usá-la para lavar a boca.

A dor de garganta também pode ser causada pelo hábito de dormir de boca aberta. Se for esse o caso, um umidificador de ar vaporizará umidade no ar, fazendo o mesmo efeito que encher o banheiro de vapor e inalar esse vapor várias vezes por dia. São benéficos tanto o vapor de água quente quanto de água fria. Se você tem problemas respiratórios ou de pele, pergunte ao seu médico qual umidificador é melhor para você. Uma obstrução no nariz pode ser outro motivo para você respirar pela boca, o que seca a garganta. Se a culpa é do nariz tampado, tente usar um *spray* descongestionante. Embora os líquidos umedeçam a garganta, os sucos cítricos são irritantes e os laticínios produzem muco. A vitamina C e as pílulas de alho combaterão os germes, mas se a dor e a secura persistirem, procure um médico, pois você pode ter uma infecção na garganta causada por bactérias, o que requer medicação.

Aromaterapia e Óleos Essenciais

Como os taurinos têm predisposição para dores de garganta e inflamação das glândulas, muitos óleos essenciais podem ser usados para lavar a boca, gargarejar ou fazer chás calmantes. Gargarejos com água morna misturada a gotas de gerânio, limão, eucalipto, lavanda ou mirra — óleos essenciais que correspondem a Touro e seu planeta regente, Vênus — são eficazes para dores de garganta, aftas e gengivas doloridas e inflamadas. Faça uma massagem na garganta, no peito e nas glândulas do pescoço com o doce aroma do gerânio, do eucalipto e da mirra — o óleo essencial produzido a partir da resina da árvore, proveniente do Oriente Próximo e do Oriente Médio. No antigo Egito, a mirra era famosa por suas propriedades rejuvenescedoras e por isso usada no processo de embalsamação. Segundo a mitologia grega, Mirra, a filha do Rei de Chipre, foi transformada numa árvore por Afrodite/Vênus, a deusa greco-romana do amor e da beleza. Em sua nova forma, Mirra deu à luz o belo Adônis, cujo caso de amor obsessivo com a deusa foi fatal. Até hoje, as noivas gregas usam coroas feitas de folhas de mirra para celebrar o amor entre Afrodite e Adônis.

Sais Minerais

Também conhecido como sulfato de soda, o sulfato de sódio (nat. sulph.), o sal mineral recomendado para os nativos de Touro, previne a retenção de líqüidos, regula sua quantidade no organismo e elimina o excesso. A deficiência desse mineral pode causar suores, fadiga e uma tendência para a inquietação e a depressão. Entre os alimentos ricos em sulfato de sódio estão a alface, a cebola, a beterraba, a couve-flor, o espinafre, o pepino, o aipo, o morango e a maçã.

Medicina Ayurvédica

Assim como os nativos de Áries se encaixam no perfil da personalidade Pitta, os taurinos são quase exclusivamente tipos Kapha, cujos maiores dons incluem a estabilidade, a serenidade, a idoneidade, a paciência e o contentamento. Quando desequilibrados, ou sob tensão excessiva, "eles podem ser teimosos, obtusos, letárgicos, propensos a excesso de peso, gulosos, além de reter água e gordura nas coxas e nádegas".[3] Além disso, a digestão é lenta e o metabolismo preguiçoso. As personalidades Kapha podem se sentir deprimidas e frias porque em geral não se preocupam com a alimentação nem se exercitam regularmente.

Para acelerar o metabolismo e restaurar a vitalidade, o corpo Kapha precisa de calor e estimulação, sem o uso de estimulantes artificiais como o açúcar e a cafeína. Substitua o café que toma de manhã por chá de cacau ou de gengibre e acrescente ao seu café da manhã uma tigela de farinha de aveia, panquecas e bolinhos de milho, ou torradas. Aumente o consumo de alimentos amargos como a alface romana, a endívia e a água tônica, que facilitam a digestão, bem como de alimentos picantes e ervas como a pimenta-caiena, a pimenta-malagueta, a cebola, o alho, a couve-rábano e o gengibre, que aquecem o corpo e estimulam a eliminação de líqüidos, diminuindo assim a retenção de água. Acrescente alimentos adstringentes e ricos em fibra, como aipo, aspargo, couve-flor, maçã, brócoli, repolho, feijão, lentilha, pêra, damasco, cenoura, alface, cogumelo e batata, para estimular a atividade intestinal, aumentar os níveis de energia e melhorar a concentração. Uma alimentação apropriada ajudará a diminuir a procrastinação, a inércia, o excesso de sono, a possessividade, a intolerância ao frio e à umidade, os gases e o aumento de peso.

Elimine alimentos oleosos, salgados e doces (veja Apêndice II), de que os tipos Kapha gostam, bem como os alimentos que formam catarro, como produtos à base de trigo (pães e macarrão), laticínios (leite, manteiga e queijo) e açúcar até você perder peso e o catarro ser expelido dos seios nasais e dos pulmões. Esses alimentos podem ser acrescentados depois, porém, só em pequenas quantidades. Evite frituras e vegetais como tomate, abobrinha, pepino e batata-doce.

Terapia com Pedras e Cores

Se você nasceu entre o dia 20 e 30 de abril, sua pedra natal é o diamante. Não é de admirar que o diamante, que está sob os auspícios de Vênus, planeta regente de Touro, represente o amor e o casamento. Se você nasceu entre o dia 1º e o dia 20 de maio, sua pedra natal é a esmeralda. Outras gemas associadas a Touro são o zircão (imitação do diamante), o jade, a turmalina e a turquesa — pedras azuis e verdes, as cores associadas a Touro. O lápis-lazúli, uma bela pedra azul semipreciosa, é uma pedra de Vênus com a qual foi construída a caverna de Inanna, a deusa suméria do amor e da fertilidade. Dizem que usar uma lâmpada azul ou pedras com matizes azuis abre a garganta, o que permite que você se comunique mais livremente, especialmente com a pessoa que ama. Os diamantes e o zircônio também afetarão essa área da sua vida de forma positiva.

Capítulo 4

Gêmeos

Lembre-se de Relaxar e Respirar Fundo

♊

Gêmeos (de 21 de maio a 22 de junho)
Planeta Regente: Mercúrio
Elemento: Ar
Modalidade: Mutável

Traços e conceitos positivos de Gêmeos: versátil, atraente, insinuante, espirituoso, encantador, comunicativo, tem talento para escrever, adaptável, amigável, jovial, inteligente, brilhante, racional, gosta de ter uma rede de contatos profissionais, lógico, engenhoso, fraternal, amante da paz, inquisitivo e alegre.

Traços e conceitos negativos de Gêmeos: instável, nervoso, tenso, inquieto, bilateral, inconsistente, desonesto, irresponsável, imaturo, leviano, pouco emotivo, frívolo, superficial e quer abarcar o mundo com as pernas.

Partes do corpo regidas por Gêmeos: ombros, braços, mãos, peito e pulmões. Seu planeta regente, Mercúrio, governa o sistema nervoso e o sistema respiratório.

Problemas de saúde: asma, bronquite, problemas na clavícula, distúrbios nervosos, ataques de pânico, pneumonia, problemas respiratórios, problemas nos braços, nos ombros e nas mãos, pleurisia e tuberculose.

Profissões que demonstram o talento de Gêmeos para a comunicação verbal e escrita, para os relacionamentos humanos e/ou para as vendas: redator de discursos, jornalista, especialista em mídia, consultor de relações públicas, assistente administrativo, tradutor, ator, comediante, artista de circo, digitador, executivo da área de propaganda, importador/exportador, varejista, negociante e instrutor.

GÊMEOS
ENCANTADOR E SOCIÁVEL, NO ENTANTO, IDEALISTA E ARREDIO

Gêmeos, um signo mutável do elemento Ar, é maravilhosamente espirituoso, inteligente e sociável, no entanto, é também dispersivo e se entedia facilmente. Versátil, carismático e diletante por natureza, o geminiano geralmente puxa conversa com quase todas as pessoas que encontra. Sempre bem-informado sobre tudo, você sempre consegue defender muito bem sua opinião, dando até mesmo a impressão de que conhece bem qualquer tema que esteja sendo discutido.

Com o nome derivado do mensageiro greco-romano dos deuses, o planeta Mercúrio dá ao nativo de Gêmeos destreza, rapidez, velocidade e uma inclinação para a tagarelice. Como seu símbolo, os gêmeos, os geminianos são imprevisíveis e capazes de se contradizer no mesmo momento. Você é extremamente agitado, não consegue ficar muito tempo no mesmo lugar e muitas vezes tem tantas idéias passando pela sua cabeça de uma só vez que os pensamentos parecem lhe fugir. Embora possa parecer que você planeja as suas ações, pesquisas e réplicas inteligentes, isso raramente acontece. Você, na verdade, age por inspiração e sua originalidade e inventividade são absolutamente espontâneas.

Os geminianos podem ser encantadores e ter facilidade para se expressar, mas são bem menos honestos com suas emoções. Quando se trata de falar com sinceridade, eles podem ficar silenciosos como um rato de igreja. Como sentimentos represados somente aumentam sua agitação natural, já bastante acentuada, convém que você desabafe com alguém ou faça terapia para expressar seus sentimentos. Abrir portas numa atmosfera de confiança e descontração é o primeiro passo rumo à franqueza e à honestidade. A chave, no entanto, é ser primeiro honesto consigo mesmo; abrir-se para os outros é a seqüência natural dos fatos.

Erudita e brilhante, a personalidade de Gêmeos é também superficial e, com freqüência, não se pode contar com ela numa emergência. No entanto, você tem a qualidade surpreendente de se ajustar a qualquer situação que exija uma decisão imediata ou determinado padrão de comportamento. Pelo lado positivo, se as circunstâncias ou a situação se tornarem desagradáveis, você não pensará duas vezes antes de se afastar delas ou de eliminar o tédio dedicando-se paralelamente a um outro projeto. Isso não significa que você seja incapaz de manter um emprego permanente ou de se dedicar a um relacionamento duradouro. Significa simplesmente que, para evitar mudanças de humor e a depressão, você precisa ter vários interesses e válvulas de escape para sua energia mental. No entanto, é importante que se dedique integralmente a cada um deles — sem dispersar sua atenção. Às vezes existe a incapacidade de atender aos compromissos a tempo, o que deixa seus amigos furiosos, no entanto, você nunca perde o senso de humor. Você é sempre a alma da festa e atrai um amplo círculo de amigos.

Como os geminianos não se concentram por muito tempo mas têm de estar sempre ocupados, em geral estão envolvidos com várias atividades ao mesmo tempo. A variedade pode ser o tempero da vida, mas os nativos de Gêmeos muitas vezes querem abarcar o mundo com as pernas para serem os melhores em todos os empreendimentos. Na verdade, se você conhece alguém que consegue passar roupa, falar ao telefone, alimentar os filhos, tudo de uma só vez, pode apostar que se trata de um geminiano regido por Mercúrio — o chamado pau para toda obra, que se dedica a várias atividades sem dominar nenhuma.

Fisionomia e Tipo Físico

Facilmente reconhecível pelas sobrancelhas bem definidas, olhar sonhador, nariz e queixo pontudos e um rosto angular, os geminianos são, quase sempre, de altura mediana e bastante magros. Sempre em movimento, você normalmente parece agitado e inquieto; não é de admirar que os geminianos se destaquem na multidão.

Sua capacidade de queimar calorias depressa e sem esforço permite que você nunca se preocupe com o aumento de peso. Sem gordura excessiva, com uma pele sem rugas mesmo em idade avançada e uma figura naturalmente flexível, os geminianos continuam jovens de corpo e espírito, muitos anos depois que tiraram o diploma da faculdade. Se você não quiser ficar deprimido, evite seus colegas de classe geminianos em todas aquelas reuniões de ex-alunos.

Dicas para uma Alimentação Saudável

Apesar desses dons naturais, os geminianos não cuidam muito bem de si mesmos e raramente reservam um tempo para preparar refeições nutritivas ou para se exercitar regularmente. Dado o fato de que eles nunca têm tempo suficiente para cumprir sua agenda lotada, não é de causar espanto que seus hábitos de alimentação sejam igualmente extravagantes e as refeições sempre desequilibradas. Não seria uma surpresa descobrir que o *fast food* [comida rápida] foi realmente inventado por um geminiano que não tinha tempo para fazer uma pausa apropriada para o almoço.

Se, no entanto, você precisa comer e sair correndo, algumas refeições rápidas são melhores do que outras. Em vez de abocanhar um frango frito ou um hambúrguer com batatas fritas, opte por um bufê de saladas, que ofereça, além de verduras cruas, frutas, peixe e frango ensopado. Evite frituras ou pratos cheios de molho ou de qualquer outro líquido irreconhecível. É melhor usar molho para saladas sem maionese, como óleo e vinagre ou um vinagrete leve.

Embora um metabolismo acelerado e um estilo de vida "frenético" evitem que você acumule quilos indesejados, sobrecarregar seu corpo com gordura e colesterol desnecessários pode aumentar a pressão sangüínea e causar danos aos seus órgãos vitais. Diminua o sal usando uma variedade de substitutos para o sal ou ervas aromáticas como alecrim, manjericão, endro e tomilho. Conquanto seja demais esperar que você faça três refeições regulares por dia, cinco ou seis pequenas refeições ao longo do dia podem lhe proporcionar a variedade de que você tanto precisa.

Como nativo de Gêmeos, seu maior dilema é aprender como fortalecer sem sobrecarregar um sistema nervoso sensível e delicado. Por causa de uma propensão natural para festas e outros eventos sociais onde há excesso de cafeína e nicotina, os geminianos acham difícil evitar esses ou outros estimulantes, cujo uso é associado às atividades que avançam noite adentro. Acaso já não assistimos aos velhos filmes em que o repórter ou escritor (profissões geminianas) está sentado atrás de uma máquina de escrever (agora, um computador) com uma xícara de café na escrivaninha e um cigarro pendurado no canto da boca? Embora essa imagem possa ser romântica, o que ela representa é total e completamente nocivo à saúde e ao bem-estar emocional a longo prazo. A cafeína pode ser um estimulante que reduz a fadiga a curto prazo, mas, seja como for, ela desperta o sistema nervoso central, acelera o batimento cardíaco e a respiração, além de ser diurética. Ela acarreta mudanças nocivas do ritmo cardíaco, o que por sua vez resulta em aumento do nervosismo, dores de cabeça, inquietação, irritabilidade, depressão e insônia — distúrbios aos quais os geminianos já estão naturalmente predispostos.

Como Vencer a Insônia

Se você não adormece com facilidade ou se não consegue dormir a noite inteira, seu problema pode ser insônia. Embora a maioria das pessoas tenha períodos em que se vira de um lado para outro na cama, os geminianos são insones naturais, cuja mente faz horas extras até mesmo enquanto eles dormem. Para combater essa tendência, você deve tentar regular o seu relógio biológico indo para a cama e despertando à mesma hora todos os dias. É uma boa idéia evitar estimulantes, como café, coca-cola, chocolate (todos contêm cafeína) e cigarros, que estimularão demais o sistema nervoso. Lembre-se de que, se não tiver uma boa noite de sono, você acordará mais cansado do que estava antes de dormir e sua produtividade acabará diminuindo. Em vez de comer besteiras tarde da noite, beba um copo de leite morno e tome um banho quente para induzir o sono. Exercícios de visualização, respiração profunda, yoga, música suave e até mesmo o sexo podem ajudá-lo a relaxar e a ter uma boa noite de sono.

Quando você eliminar a cafeína da sua vida, lembre-se de que ela é considerada uma droga, e, se você elimina ou reduz seu consumo, provavelmente terá sintomas leves relacionados com a carência, como inquietação e dor de cabeça. Em vez de ser radical a ponto de evitar não só o café, mas também cacau, chá, refrigerante e chocolate, tente cortá-los aos poucos. Tome uma xícara de café pela manhã e depois passe para café descafeinado, chás de ervas ou bebidas que não tenham cafeína. Essas bebidas não provocarão a mesma sensação, mas podem ser substitutos aceitáveis. Recomendo enfaticamente chá de ginseng, um magnífico estimulante fitoterápico que ajuda a circulação sangüínea e fortalece o sistema nervoso sem apresentar efeitos colaterais como cansaço e irritabilidade, devido à falta de cafeína.

Doenças Respiratórias

Como Gêmeos rege os pulmões e o sistema respiratório, existe uma tendência para a bronquite, os resfriados, a asma e, em casos extremos, a pneumonia e o enfisema. Embora ar fresco e exercício físico sejam essenciais para qualquer pessoa com problemas nos brônquios, os geminianos se sentem mais à vontade no mundo das idéias do que no universo físico. Mas eles têm de aprender que o exercício e o ar fresco são essenciais para prevenir e, em alguns casos, para aliviar os efeitos da asma e de outros problemas respiratórios. A maioria dos geminianos chegará à conclusão de que os problemas físicos limitam sua liberdade ou capacidade de ser produtivos. Se persistirem em se exercitar mentalmente continuando fisicamente inativos, os geminianos podem acabar tendo cansaço visual, dores de cabeça e até mesmo enxaquecas.

Como Conviver com a Asma

A asma é uma doença crônica que surge quando os brônquios se contraem, provocando rigidez no peito e dificuldade para respirar, seguidos de tosse e respiração ofegante. Os acessos de asma resultantes da incapacidade de controlar a respiração muitas vezes são causados por reações alérgicas a fatores ambientais como árvores, plantas, grama, pólens, pêlos de animais, poeira e mofo. Os surtos também podem ser causados por exercícios pesados, vírus ou qualquer tipo de tensão. Se você é asmático, pare de fumar e evite lugares em que haja fumantes. Se não for absolutamente necessário, não saia quando estiver ventando muito ou muito frio; se sair, use um cachecol para cobrir a boca. Houve uma época em que os médicos aconselhavam uma mudança para um estado seco como o Arizona. Então os asmáticos se mudaram para lá em massa. No entanto, mudanças no ambiente e nas condições atmosféricas do Estado causaram um aumento de poeira no ar e mudar-se para lá já não é uma boa alternativa para os asmáticos.

Leite, ovos, nozes e frutos do mar também costumam provocar reações alérgicas que podem levar a acessos de asma. Outros estimulantes são aditivos usados na comida, como o metabissulfito e o glutamato de sódio, mais conhecido por MSG. Antes de comer num restaurante convém perguntar se usam algum desses aditivos e, se for o caso, peça que não sejam usados na sua refeição.

Para alívio rápido, muitos asmáticos usam inaladores. É aconselhável que os asmáticos os usem sob prescrição médica, em vez de comprá-los indiscriminadamente. Os médicos podem dar instruções sobre o uso correto. A vitamina B_6, que acalma o sistema nervoso, também pode ser eficaz, mas seu uso tem de ser aprovado e supervisionado por um médico. Se descobrir que você sofre de asma, procure se familiarizar com os sinais de alerta, de modo que possa identificar o acesso antes que ele chegue ao auge.

Se os ataques de asma persistirem, procure um médico imediatamente. Livre também sua casa de todos os fatores ambientais mencionados anteriormente e renove a pintura das paredes. Se sintomas relacionados à respiração (inclusive tosse, falta de ar, respiração ofegante e catarro) interferirem em suas atividades diárias, dificultarem o sono ou persistirem por muito tempo, consulte um médico, visto que você talvez precise tomar medicamentos por algum tempo ou permanentemente. Se forem prescritos remédios, isso não dispensa as medidas preventivas mencionadas anteriormente, que devem ser tomadas em conjunto com a medicação.

Se você sofre de asma, a boa notícia é que a doença pode ser totalmente controlável caso você tome as medidas preventivas necessárias e use a medicação prescrita.

Exercícios de Respiração Profunda

A incapacidade de controlar o medo, os ataques de pânico ou um acesso de asma podem provocar hiperventilação, uma condição marcada por respirações rápidas, sem intervalo entre elas. Isso faz com que a pessoa expire uma quantidade muito grande de dióxido de carbono, o que pode provocar zumbido nos ouvidos, tontura, adormecimento das extremidades e até mesmo desmaios. Se você tem tendência à hiperventilação, em resposta à tensão, elimine estimulantes como cafeína e produtos à base de cafeína como café, chá, coca-cola e chocolate. No momento em que perceber que uma hiperventilação é eminente, ou seja, palpitações cardíacas e respirações rápidas, respire num saco de papel para que o dióxido de carbono possa ser reposto rapidamente.

O melhor método para aliviar a falta de ar ou a hiperventilação provocados por tensão, ansiedade, asma ou outros distúrbios respiratórios é a prática de Pranayama, a ciência yogue do controle da respiração (veja o Capítulo 2). Com a respiração profunda, o Pranayama abre as vias nasais e limpa os pulmões, aliviando assim tanto a ansiedade física quanto a mental. Domine essa técnica freqüentando aulas de yoga. Embora de início pareçam resistir ao aprendizado de uma disciplina que acalma, em vez de estimular a mente e o corpo, os nativos de Gêmeos se beneficiarão muito com as aulas. Se você não se sentir motivado ou se não tiver tempo para freqüentar as aulas, reserve dez minutos assim que levantar e/ou antes de dormir para fazer uma respiração profunda e regular.

A respiração profunda do diafragma é outro método útil de relaxamento. Sempre que estiver ansioso ou começar a hiperventilar, tente o seguinte exercício que ensina você a respirar profundamente a partir do diafragma. (Esse exercício é semelhante aos praticados pelos cantores para controlar a respiração.)

1º Passo. Fique em pé, com as costas eretas, os pés ligeiramente separados e os braços soltos ao lado do corpo. A cabeça, o pescoço e o corpo têm de estar relaxados. Sacuda as mãos para aliviar qualquer excesso de tensão.

2º Passo. Coloque as mãos sobre o baixo-ventre com quatro dedos apontando para o umbigo. Desse modo você pode sentir seu diafragma fazendo as respirações profundas.

3º Passo. À medida que inspira lentamente pela boca, você expande o diafragma e enche os pulmões de ar. Ao mesmo tempo que faz isso, levante os braços para os lados lentamente, formando um arco completo, até que estejam em cima da cabeça, com as palmas das mãos juntas e o peito inflado.

4º Passo. Retenha o ar nos pulmões pelo tempo que for confortável.

5º Passo. À medida que expira lentamente pelo nariz, vire a palma das mãos para fora, abaixe os braços para os lados do corpo e sinta seu peito e abdômen se contraírem.

6º Passo. Repita o processo cinco vezes.

Se você não tiver certeza da sensação que deveria sentir no diafragma à medida que ele se expande e se contrai, coloque as mãos sobre o baixo-ventre com os quatro dedos apontando para o umbigo, da primeira vez em que fizer o exercício. Quando você inspirar, empurre o diafragma para fora, contra a palma das mãos. Quando estiver pronto a expirar, contraia o diafragma.

Como os geminianos precisam de estimulação mental e de intensa vida social, você tende a ficar deprimido, inquieto e até mesmo ansioso quando fica só. Além de controlar a respiração e relaxar o corpo, este exercício em particular e a yoga em geral podem ser usados para aquietar a mente e aliviar a ansiedade.

A Importância da Boa Postura

Se você faz a maior parte do seu trabalho sentado, é imperativo que tenha uma cadeira confortável, visto que a má postura pode deixá-lo com os ombros caídos e dores crônicas nas costas. A má postura não é apenas antiestética (lembre-se da sua mãe mandando você andar ereto), ela pode causar mal-estar constante e interferir no processo respiratório. Quando o corpo chega a um certo ponto de relaxamento, ele "se acostuma à má postura porque os músculos ficam mal posicionados. Ocorreram profundas mudanças fisiológicas, de modo que você não consegue mais realinhar as articulações e corrigir a postura sem ajuda exterior. Quando a má postura chega a esse ponto, é difícil reverter o processo. Você vê isso em pessoas cuja postura habitual está fora de alinhamento: elas têm um ombro mais alto do que o outro, as costas abauladas, ou não conseguem ficar eretas por muito tempo sem um esforço considerável".[4]

A dor nas costas e nos ombros pode ser amenizada se você usar uma cadeira extremamente confortável, que faça com que você mantenha as costas retas e os ombros relaxados. Quiroprática, massagem e manipulação dos tecidos profundos são métodos destinados a realinhar o corpo. É bastante fácil manter uma boa postura durante alguns dias depois que se faz uma sessão de trabalho corporal. No entanto, muitas pessoas acham que têm de fazer terapia corporal constantemente para se lembrarem de qual é a sensação.

Além disso, os geminianos são hábeis com as mãos e tendem a digitar ou datilografar depressa demais ou a pressionar as teclas com muita força. Sua atração natural pelos computadores faz com que precisem ajustar seus hábitos de trabalho a fim de descansar os olhos ou os dedos. Se tiver de ficar longas horas diante da tela do computador, faça intervalos de cinco minutos a cada meia hora. Levante-se, deixe os braços caírem ao lado do corpo e sacuda as mãos a partir dos pulsos. Caso contrário você acabará ficando incapacitado para o trabalho. Além de se sentar numa cadeira confortável, certifique-se de que sua escrivaninha tenha uma bandeja retrátil para colocar o teclado. Se não tiver, você corre o risco de desenvolver tendinite e outros problemas conhecidos como LER (lesões por esforço repetitivo).

Lesões Causadas por Esforço Repetitivo

LER é um termo usado para denominar alguns distúrbios cumulativos traumáticos (inclusive a tendinite) causados pelo uso excessivo da mão e do braço. Segundo o dr. Emil Pascarelli, do Centro Médico Presbiteriano de Columbia, esses movimentos constantes da mão, feitos diariamente, acabam causando tensão e, em última análise, danos aos músculos e tendões dos antebraços, dos pulsos e dos dedos, ao provocar rompimentos microscópicos, bem como dano aos tendões, ao revestimento dos tendões, aos músculos, aos ligamentos, às articulações e aos nervos da mão, aos braços, ao pescoço e aos ombros. Embora LER já exista há muitos anos, afligindo muitos operários de fábricas que fazem o mesmo movimento repetitivo hora após hora (depenando galinhas, por exemplo), esse mal se tornou um risco ocupacional em empresas de jornalismo, firmas de advocacia e escritórios profissionais ou domésticos nos quais os computadores são usados regularmente. Como os geminianos já são sujeitos à tensão nos ombros, é uma boa idéia seguir as seguintes recomendações do dr. Pascarelli.

1. Use uma cadeira de qualidade, na qual possa se sentar confortavelmente com os joelhos num ângulo de 90° e com os pés firmemente apoiados no chão. Para isso, o assento tem de subir e descer com facilidade e sua coluna deve ficar ereta e totalmente apoiada no encosto da cadeira. As orelhas, na mesma linha dos ombros e dos quadris. Os ombros, para trás e os braços sustentando as mãos sobre o teclado, sem que nenhuma parte do corpo fique sob tensão.
2. Use um teclado que você possa alcançar com as mãos em linha reta, diante de você. Os braços devem se curvar até formar um ângulo de 90° com os cotovelos, enquanto os dedos médios têm de ficar alinhados com os pulsos. Se sua escrivaninha não permitir que você mantenha essa posição, ela não é adequada. Em vez de comprar uma nova escrivaninha, você pode subir sua cadeira ou deixar o teclado numa bandeja móvel.[5]
3. Certifique-se de que o monitor do seu computador esteja no nível dos olhos, para que você não tenha de forçar o pescoço para olhar para ele.

Se estiver inseguro quanto à melhor postura, fique em pé ou sente-se de lado, na frente de um espelho grande, para verificar sua posição. Quando você digita, lembre-se de que os pulsos, os cotovelos e os antebraços nunca devem se apoiar na borda da escrivaninha. Sempre faça intervalos de cinco minutos para descansar os pulsos. Esses exercícios também darão alívio, mas não prevenirão completamente os efeitos da artrite, da neurite e de outras doenças degenerativas.

Vitaminas e Minerais

Famoso pela capacidade de fortalecer e manter o sistema nervoso saudável, o grupo de vitaminas do complexo B inclui as vitaminas B_1(tiamina), B_2 (riboflavina), B_3 (niacina), B_6 (pirodoxina), vitamina B_{12} (cianocobalamina), vitamina B_{13} (ácido orótico), ácido pangâmico, biotina, colina, ácido fólico, inositol e PABA (ácido para-minobenzóico). Altamente recomendado para geminianos excessivamente tensos, esse grupo de substâncias solúveis em água, cultivadas a partir de bactérias, fermento, fungos ou bolor, fornece energia ao corpo, convertendo carboidratos em glicose. Por isso, ele é vital para o metabolismo de gorduras e proteínas. A vitamina do complexo B é bastante eficaz para tratar irritabilidade, depressão, falta de apetite e insônia. Mais importante que tudo, as vitaminas do complexo B são necessárias para promover o funcionamento normal do sistema nervoso e podem ser o fator mais importante para a manutenção de nervos sadios. Desse grupo, recomenda-se muito a vitamina B_6 para acalmar os nervos (nunca tome vitamina B_6 com o estômago vazio). Alimentos ricos em vitamina do complexo B incluem pão, cereais integrais, fígado, produtos à base de soja, queijo suíço, queijo *cottage* e batata. O lêvedo de cerveja, que é a mais rica fonte natural do grupo do complexo B, pode ser tomado em pó ou comprimidos. Embora o pó deixe gosto na boca, seu sabor pode ser disfarçado se você o adicionar ao cereal ou iogurte de frutas. Às vezes os geminianos sentem vontade de consumir amido em forma de pães, macarrão e batata, sem compreender que, na verdade, estão buscando algo para acalmar seu sistema nervoso sensível.

Sais Minerais

Dos doze sais minerais bioquímicos essenciais para o corpo humano, o cloreto de potássio (Kali. Mur.), o sal associado a Gêmeos, fortalece o sistema respiratório, previne tosses e resfriados e purifica o sangue ao manter os níveis de coagulação do sangue normais e abaixar a pressão. Alimentos ricos em cloreto de potássio são o milho, a laranja, a banana, a toranja, o pêssego, o abacaxi, a ameixa, o abricó, a pêra, a vagem, o nabo, a couve, a couve-de-bruxelas, a couve-flor, o repolho crespo, a alface, o agrião, o aspargo, a cenoura e o aipo.

Ervas Medicinais

Entre as ervas que fortalecem os pulmões e são, portanto, associadas a Gêmeos, estão o morrião-dos-passarinhos, o açafrão, o anis, o eucalipto, o funcho, a urze, a lavanda, o marroio-branco e o alcaçuz. Algumas dessas ervas podem ser usadas como tempero, enquanto outras podem ser ingeridas na forma de chá.

Se essas especiarias não estiverem dentro do seu orçamento (por exemplo, o açafrão) ou forem exóticas demais para o seu paladar (isto é, o eucalipto), tente acrescentar especiarias de uso diário, como o alho ou o rábano-picante, às suas receitas. E, se tiver coragem, coma um dente de alho cru ou uma colher de sopa cheia de rábano-picante todos os dias. Esse ritual limpa os pulmões e ajuda a prevenir resfriados, febres e gripes. As propriedades antibacterianas do alho são conhecidas desde a antigüidade e seus benefícios têm sido exagerados a ponto de incluir proteção contra os maus espíritos. Em minhas viagens ao longo da costa da Iugoslávia, há alguns anos, fiquei surpresa com as réstias de alho penduradas na porta de entrada de quase todas as casas, a fim de afastar os vampiros, lobisomens e outros espíritos do mal que, supostamente, eram repelidos pelo mau cheiro. Esse tipo de remédio popular foi muito comum em toda a Europa oriental, onde fica situada a Transilvânia (lar do conde Drácula). Em algumas culturas eslavas também se costuma colocar dentes de alho na boca, nas orelhas e no nariz dos cadáveres para impedir que o mal se infiltre no morto. E, na antiga Grécia, as parteiras penduravam alho no berço e nas salas de parto, a fim de proteger o recém-nascido das bruxas.

Os chás feitos de borragem (purificador do sangue e tônico para os nervos), de lavanda, de alcaçuz (diurético e laxativo), de camomila, de verbena e, especialmente, de valeriana são sedativos excelentes e tão eficazes, se não melhores, para a insônia, quanto o leite quente ou contar carneirinhos. Vaporizar o rosto com chá de camomila ou eucalipto limpa o trato respiratório do excesso de catarro e faz maravilhas para os males dos geminianos, que vão desde respiração ofegante até a asma, chegando à bronquite. Esse também é um remédio geralmente eficaz para febres, resfriados e gripe. O processo de vaporização é o seguinte:

1º Passo. Coloque folhas de camomila ou eucalipto ou dez gotas do óleo essencial dessas ervas numa grande tigela com água fervendo. Folhas frescas são preferíveis, mas, se não for possível, use saquinhos de chá.

2º Passo. Cubra a tigela e deixe o chá em infusão por cinco minutos.

3º Passo. Passe o líqüido para uma bacia e a coloque numa superfície plana.

4º Passo. Enrole uma toalha ao redor da cabeça e da bacia, de modo que todo o seu rosto e pescoço sejam envolvidos pelo vapor.

5º Passo. Continue por tanto tempo quanto puder suportar o calor. Depois de uma pausa de cinco minutos, repita o processo.

Aromaterapia e Óleos Essenciais

Fragrâncias e óleos feitos de ervas são especialmente úteis para tratar certos males e distúrbios associados a um determinado signo. O óleo de eucalipto, um ingrediente contido em muitos xaropes e pastilhas para tosse, alivia a congestão do peito e a asma, se for esfregado no peito. Depois de untar essa área do corpo, certifique-se de cobrir o peito com uma toalha quente seca, para manter a pessoa quente. Cinco gotas de óleo essencial de lavanda, camomila ou eucalipto podem ser acrescentadas ao banho, para aumentar o relaxamento.

Para os nativos de Gêmeos, é muito importante cercar-se de fragrâncias quentes e doces, que abrem os pulmões e acalmam os nervos. A lavanda é uma essência incrivelmente doce e faz maravilhas para aliviar as dores de cabeça provocadas pelo *stress*. Outros aromas terapêuticos que vêm na forma de buquê podem ser plantados ao redor da casa, como o manjericão, a laranja, a rosa, o gerânio e o trevo.

Medicina Ayurvédica

Como signo de Ar, intelectual, nervoso, os nativos de Gêmeos em geral se enquadram no perfil da personalidade Vata, ou o dosha do ar. Os sintomas de um desequilíbrio Vata incluem preocupação, falta de concentração, dificuldade para focalizar algo por muito tempo, depressão, insônia, fadiga, dificuldade para relaxar, inquietação mental e física, perda de apetite, impulsividade, pele seca ou áspera, pressão arterial alta e espasmos musculares. Soluços, asma, males respiratórios e dores de cabeça provocadas pela tensão também podem estar presentes. Devido a essa tensão sobre o sistema nervoso, é muito importante que os geminianos aprendam a viver mais moderadamente, a descansar bastante e a reservar tempo para cuidar de si mesmos. Massagens regulares e meditação diária são meios excelentes de relaxar o corpo, silenciar a mente e vencer a insônia. Outras sugestões são evitar correntes de ar, fazer três refeições balanceadas, beber chás de ervas quentes durante o dia, e tomar um banho quente e prazeroso à noite, para acalmar os nervos e induzir o sono. Cada refeição deve começar com gengibre fresco, para estimular o apetite e ajudar a digestão.

Um dos mais importantes elementos da Medicina Ayurvédica é incorporar uma dieta específica para seu dosha particular, que neste caso é Vata, ou do ar. Devido à sua natureza tensa, os geminianos têm um sistema digestivo muito sensível, que, em geral, são agravados com alimentos amargos, de sabor pronunciado ou picante. Essa sensibilidade torna difícil digerir alimentos ricos em fibras, inclusive frutas e vegetais crus. Cozidos, sopas e vegetais quentes bem cozidos são mais benéficos do que saladas. Alimentos que facilitam em vez de dificultar a digestão também aliviarão o sistema nervoso e ajudarão a vencer a batalha contra a insônia. A alimentação deve incluir leite quente, coalhada, sopa, cereal quente e pães integrais. Comece o dia com uma refeição quente. Devido ao calor do óleo, comer frituras é aceitável se não for em excesso. Os temperos como o gengibre, a canela, o funcho e o cardamomo (usados na culinária indiana) ajudarão a digestão e estimularão o apetite.

Terapia com Pedras e Cores

Se você nasceu entre o dia 21 e 31 de maio, sua pedra natal é a esmeralda; se você nasceu entre o dia 1º e 22 de junho, sua pedra natal é a pérola. Outras pedras associadas a Gêmeos são a ágata, o berilo, a opala e o olho-de-tigre. Para que essas pedras em particular tragam benefícios, elas devem ficar em contato com a pele e serem engastadas em prata, o metal associado a Mercúrio, o planeta regente de Gêmeos.

As cores associadas a Gêmeos são o amarelo e o laranja, ao passo que o verde tem relação com o seu planeta regente, Mercúrio. Se você se cercar de verde, a cor que rege o coração, você acalmará os nervos e ficará mais relaxado, compassivo e generoso. Quando você estiver tenso, faça caminhadas pelo campo, ou, se morar na cidade, dê passeios por um parque. Se possível, desenvolva seu talento para jardinagem trabalhando no jardim ou com plantas em vaso. Se puder, faça sessões de cromoterapia, banhando-se com uma luz verde.

Capítulo 5

Câncer

Não Oculte os Sentimentos

Câncer (de 23 de junho a 22 de julho)
Planeta regente: Lua
Elemento: Água
Modalidade: Cardinal

Traços e conceitos positivos de Câncer: imaginativo, intuitivo, tenaz, generoso, maternal, impressionável, compreensivo, sensitivo, emotivo, despachado, protetor, compassivo, amigável, leal, mediúnico e gentil.

Traços e conceitos negativos: enganador, obscuro, hipersensível, melindroso, superprotetor, apegado, controlador, defensivo, auto-indulgente, excessivamente emotivo, nostálgico, dominador e guarda ressentimentos.

Partes do corpo regidas por Câncer: peito, seios, estômago, sistema digestivo e o trato gastrointestinal. Seu planeta regente, a Lua, governa as membranas mucosas e as glândulas mamárias.

Problemas de saúde: dor de estômago, gastrite, azia, indigestão, alergias a alimentos, hérnia de hiato e intolerância à lactose.

Profissões que estimulam a imaginação dos cancerianos, seu dom para a culinária, seu amor pelo lar e pela coletividade e/ou a sua capacidade de ajudar e de cuidar das pessoas: músico, pintor, programador de computador, berçarista, médico, enfermeiro, assistente social, psicólogo, terapeuta corporal, nutricionista, chefe de cozinha, comerciante de antigüidades, lojista, nadador, corretor de imóveis e biólogo marinho.

Cancerianos:
Duros por Fora mas Moles por Dentro

Câncer é um signo cardinal de Água, cuja realização emocional é derivada do fato de ser parte de uma unidade amorosa e coesa, quer em casa, entre amigos ou no local de trabalho. Idealistas, imaginativos e obsequiosos, os cancerianos farão quase tudo por um amigo ou pessoa querida assim que notarem alguma necessidade. Em troca, eles esperam o mesmo, se não mais. Visto que quase ninguém pode atender a essas expectativas, os cancerianos muitas vezes ficam desapontados.

Dotado de um espírito protetor, devotado e atento, seus instintos maternais são muito apreciados, especialmente por aqueles que, ao longo dos anos, passaram a confiar exclusivamente em você. Como você acha muito mais fácil dar do que pedir ajuda, a co-dependência é um modo de você mascarar suas próprias necessidades e vulnerabilidade (suas atitudes e a necessidade de tomar a frente encorajam e muitas vezes levam seu parceiro a depender de você). Conquanto esse padrão de ajudar possa começar de forma inocente, os cancerianos podem facilmente tornar-se superprotetores e dominadores com o passar do tempo. (Veja Capítulo 8.)

Quarto signo do zodíaco, Câncer é temperamental, depressivo e, quando a pressão aumenta e a vida se torna muito difícil de controlar, ele se retrai. Como o caranguejo que se protege sob sua carapaça, você pode parecer duro e áspero por fora, mas, na verdade, é sensível, terno e irremediavelmente sentimental por dentro. Quer seja realidade ou pura imaginação, você muitas vezes se sente perseguido e acha que tem de se defender contra o mundo exterior. Em vez de assumir uma postura agressiva e agir impulsivamente, você pondera sobre suas ações e procederá com cautela enquanto não tiver certeza de que está na trilha correta. Outras vezes, você constrói um muro impenetrável de defesas emocionais e se recolhe até recuperar a confiança. Embora essa postura o faça parecer distante, reservado e até mesmo frio, esse instrumento protetor impede que você seja magoado.

Como seu luminar regente, a Lua, que passa por muitas fases, seu humor varia de amável, suscetível e extrovertido num momento para solitário e meditativo. Em seus momentos de reflexão, você é desnecessariamente duro consigo mesmo. Em vez de superar erros passados com um olho voltado para o futuro, você com freqüência opta por chafurdar no passado.

Devido à sua natureza gentil, você é muitas vezes atormentado pelas contínuas inseguranças, preocupações e pessimismo. Embora você sinta as coisas com muita profundidade, em geral mantém suas verdadeiras emoções ocultas no íntimo. Por um lado, sua fragilidade impede você de expressar qualquer sentimento negativo como hostilidade ou raiva. Ao mesmo tempo, suas inseguranças podem impedi-lo de procurar amor ou amizade — a rejeição seria absolutamente devastadora.

Fisionomia e Tipo Físico

Como a Lua quando está cheia, você tem olhos grandes e redondos, nariz arrebitado, lábios grossos e cheios e um rosto redondo. Devido ao seu rosto redondo e o tórax bem desenvolvido, você em geral parece ser mais pesado do que de fato é. Suas pernas, que podem ser finas e bem torneadas, não são notadas devido à sua figura robusta.

Alguns pesquisadores acreditam que, classificando as pessoas de acordo com o formato de maçã e de pêra, é mais fácil detectar possíveis doenças. Se isso for verdade, os nativos da Lua (como os cancerianos muitas vezes são chamados), tendem a ser mais pesados em cima, portanto pertencem à primeira categoria. As mulheres de Câncer em geral têm seios grandes, ao passo que os homens nascidos nesse signo podem ter um tórax superdesenvolvido. Sempre que houver aumento de peso, os quilos a mais em geral se concentram na região do estômago. Se não prestar atenção nisso no início da vida, com certeza você se queixará da barriga saliente antes mesmo de chegar à meia-idade.

O que o destaca é uma aparência simpática que reflete sua natureza generosa e amável. Por causa da sua imaginação que trabalha dia e noite, você tende a se perder em devaneios — mesmo quando os outros estão falando com você. Embora as pessoas muitas vezes o julguem mal, considerando-o um tanto apático, que não reage, você, na realidade, é cauteloso, tímido e se comunica mais por meio de olhares do que de palavras.

Entenda os Problemas Digestivos

O sistema digestivo, ou trato gastrointestinal (GI), é composto pelo esôfago, estômago, intestino delgado, intestino grosso (cólon) e ânus. Ele transforma o alimento nos nutrientes necessários para a vida. O processo digestivo começa com a mastigação e a ingestão da comida e se encerra quando os alimentos são totalmente quebrados, assimilados e eliminados. O peristaltismo compõe-se das contrações musculares que levam o alimento através do esôfago, do estômago e dos intestinos. Se o estômago não estiver relaxado devido ao *stress* físico e/ou emocional, a comida pode ser regurgitada ou ficar no estômago, causando náusea, azia ou gastrite.

Distúrbios digestivos abrangem uma gama que vai do ocasional enjôo até as desordens do trato gastrointestinal, do fígado, da vesícula e do pâncreas. Isso também inclui as doenças malignas e crônicas como colite, inflamação do intestino delgado e mal de Crohn.*

---

* Como Câncer rege o trato digestivo superior, o esôfago e o estômago, Virgem rege o intestino delgado e o processo de assimilação, e Escorpião rege o cólon e o processo de eliminação, esses

Quando ocorre a depressão do sistema imunológico, devido a um vírus ou bactéria combinados com a tensão emocional, uma ou mais partes do trato digestivo podem ficar irritadas, o que resulta em indigestão, problemas estomacais e dores causadas pela flatulência. Se seus hábitos alimentares não forem alterados, esses males podem se transformar em doenças mais graves e muitas vezes crônicas. A doença mais comum nessa categoria é a gastroenterite, uma inflamação das mucosas que revestem o estômago e os intestinos, resultando num número de sintomas que vão desde a náusea e os vômitos até dores intensas provocadas por gases e diarréia. Conquanto a gastroenterite possa ser o resultado de uma alimentação que contenha alimentos crus em excesso ou outros alimentos de difícil digestão, ela também pode ser provocada por infecções causadas por vírus e parasitas encontrados nos alimentos crus ou mal cozidos.

Comer adequadamente não só eliminará a gastroenterite, mas impedirá que ela volte. Ao comprar laticínios, preste atenção à data de validade, que indica o último dia em que a loja pode vender o produto. A carne deve sempre ser bem cozida e o consumo de alimentos crus ou gordurosos, fritos ou picantes deve ser mínimo. Substitua refrigerantes e café por chá suave de hortelã e/ou menta. O chá de hortelã colocará seu estômago em ordem e, se tomado à noite, ajudará a fazê-lo adormecer. Se você ficar desidratado depois de um surto de gastrite, é muito importante repor imediatamente o líqüido e os eletrólitos perdidos (inclusive o sódio, o potássio e a glicose) bebendo água ou suco de frutas. Se a dor persistir e/ou houver sangue em suas fezes, consulte seu médico imediatamente, pois o problema pode ser mais grave.

Azia

A azia é uma sensação de queimação na boca do estômago (perto do coração) resultante de sucos ácidos que sobem do estômago para o esôfago. Também conhecida como refluxo gástrico, a azia em geral acontece quando comemos demais, rápido demais e em condições de tensão excessiva. Se houver azia mesmo antes das refeições, isso pode ser sinal de uma úlcera péptica, e você deve consultar um médico.

Para prevenir a azia, elimine da sua dieta a cafeína, o chocolate, as bebidas gasosas, a pimenta e a carne gordurosa. O gengibre, a água tônica, a endívia e a alface romana acalmam os males estomacais e estimulam a produção de sucos digestivos. O chá de raiz de genciana pode ser preparado cerca de meia hora antes das refeições, colocando-se em infusão uma colher de chá da raiz

---

males são freqüentes nesses três signos. Geralmente, no entanto, os cancerianos têm tendência a males estomacais, os virginianos a tudo o que afete o intestino delgado e os escorpianos a doenças que afetam o cólon.

picada e seca num copo com água durante vinte minutos. Entre as técnicas de redução de *stress* que ajudam o sistema digestivo e relaxam o estômago estão o *biofeedback*, a yoga, a acupuntura e o tai chi. (Veja o Apêndice II.) A acupuntura e a acupressura podem aliviar a flatulência crônica e a indigestão ao eliminar os bloqueios dos canais de energia e canalizar a energia chi (energia vital) para o sistema digestivo, restaurando o equilíbrio do organismo que sofre com a tensão.

Outros males gastrointestinais são a hérnia de hiato e a doença do refluxo gastroesofágico, que podem ou não causar azia. A causa mais freqüente da hérnia de hiato é o aumento da pressão na cavidade abdominal, produzida por tosse, vômitos, esforço excessivo ou súbito, que faz o estômago "devolver" certos alimentos, fazendo-os subir para o esôfago. Em vez de tomar antiácidos, tome duas colheres de sopa de xarope de coca (que não contenha carbonato, um aditivo que causa irritação) para acalmar seu estômago; esse xarope pode ser encontrado na maioria das farmácias. O chocolate, o álcool, as bebidas gasosas, os alimentos ricos em gordura (especialmente frituras) e a nicotina tendem a acentuar o refluxo e a azia e devem, portanto, ser totalmente eliminados.

Embora os antiácidos vendidos sem receita médica possam proporcionar alívio temporário para a azia, seu uso prolongado pode provocar efeitos colaterais como diarréia, metabolismo alterado do cálcio e retenção de magnésio. (A retenção de magnésio pode ser grave para pacientes com problemas renais.) Como acontece com outras drogas não prescritas, é preciso consultar um médico, caso seja necessário tomar antiácidos por um período prolongado (mais de três semanas).

Se você tem sensibilidade digestiva (como muitos cancerianos), saiba que o álcool, a aspirina, os remédios que contêm aspirina e outros medicamentos (principalmente os usados para a artrite) podem provocar hemorragia, úlceras ou inflamações estomacais. Se você sofre do coração e precisa tomar aspirina, seu médico provavelmente prescreverá Ecotrim*, que não afetará seu estômago. Lembre-se sempre de ler as instruções e as contra-indicações de todos os medicamentos.

Intolerância à Lactose

Como você é extremamente sensível, é recomendável que faça um exame para verificar alergias a alimentos, especialmente se as refeições ou lanches leves provocarem arrotos, gases, prisão de ventre, diarréia, náusea ou cólicas estomacais. Os problemas digestivos muitas vezes são causados pela

---

* Nos Estados Unidos, nome comercial do ácido acetilsalicílico com protetor do estômago.

intolerância à lactose, uma condição que ocorre quando o intestino delgado não produz lactase suficiente, a enzima necessária para digerir a lactose, o açúcar natural contido no leite e seus derivados. Em resultado, a lactose não digerida permanece no estômago, provocando náusea, cólicas, flatulência, gases e/ou diarréia. Os sintomas em geral começam cerca de trinta minutos a duas horas depois de ingerir os laticínios, dependendo do nível de tolerância da pessoa. Embora nem todos os nativos de Câncer tenham intolerância à lactose, não é má idéia limitar a ingestão de leite e derivados se sentir mal-estar depois de consumi-los.

Embora não haja cura, a intolerância à lactose pode ser controlada ingerindo-se substitutos para o leite, que não têm um sabor tão ruim depois que você se acostuma com eles. O leite e o queijo de soja têm muita proteína, sendo substitutos do leite que você pode encontrar em casas de produtos naturais. Eles são altamente recomendados para quem tem intolerância à lactose ou precise reduzir a taxa de colesterol. Existe também um suplemento de enzimas no mercado que ajuda a digestão e a metabolizar a lactose.

Se exames clínicos mostrarem que você precisa eliminar os laticínios da sua alimentação, saiba que será necessário repor o cálcio e a vitamina D, que são vitais para a prevenção de hemorragia nas gengivas, ossos frágeis e pele seca e rachada. Além dos tabletes de sais minerais, o cálcio pode ser reposto comendo-se agrião, alface, brócoli, couve, salmão ou sardinhas. Algumas marcas de suco de laranja contêm cálcio. A vitamina D, que normalmente é encontrada nos produtos à base de leite, também é encontrada nos ovos e no fígado. Visto que a luz solar ajuda o corpo a absorver naturalmente ou a sintetizar a vitamina D, você precisa passar algum tempo ao ar livre, em vez de se preocupar com suplementos alimentares. A vitamina D também pode ser em forma de comprimido, que deve ser tomado diariamente.

Frio na Barriga

Embora seja provocada por uma deficiência do organismo, a intolerância à lactose e outros problemas digestivos são agravados quando o sistema digestivo reage ao *stress*. Quando você passa por um choque emocional, o estômago muitas vezes reage, causando o que comumente é chamado de "frio na barriga". Embora todos tenhamos usado esse termo em uma ocasião ou outra, poucas pessoas compreendem que esse movimento nervoso é um fenômeno muito real, estimulado pela produção de adrenalina.

Quando você sente medo, a adrenalina é liberada no seu organismo, emitindo um sinal para que o sangue saia de órgãos como o estômago para partes do corpo como os músculos, que precisarão de sangue extra numa situação de luta ou fuga.

Como os cancerianos tendem a ocultar os sentimentos, a chave para controlar um estômago nervoso está tanto na ingestão de alimentos saudáveis como na estabilização das reações emocionais. Lembre-se de tratar bem seu estômago em todas as ocasiões. Não inicie uma atividade física exaustiva enquanto a digestão não estiver concluída; convém esperar ao menos uma hora depois de cada refeição. Limite a ingestão de cafeína e de bebidas com gás. Elimine a carne, visto que é difícil digeri-la. Embora uma dieta rica em fibras seja recomendada para evitar a prisão de ventre e fazer uma limpeza geral no organismo, fibras demais podem provocar gases. Observe seu consumo dos seguintes alimentos ricos em fibras: farelo de cereais, cenouras, brócoli, couve-flor e vegetais de folhas verdes como alface e couve. Esses vegetais fibrosos são fontes valiosas de vitaminas, minerais e celulose, mas em grandes doses podem dificultar sua digestão. Em vez de comê-los crus, eles devem ser refogados ou cozidos, para que fiquem macios e sejam digeríveis. Tenha o cuidado de não cozinhá-los demais no entanto, ou as vitaminas e os minerais serão eliminados com a fervura. Saladas de tomate são mais fáceis de digerir e cenouras ou espinafre adicionados ao purê de batatas podem ser saborosos.

ESTABILIZANDO EMOÇÕES

Além de eliminar o *stress* físico causado pela digestão de determinados alimentos, é importante diminuir a ansiedade, que também pode perturbar o funcionamento do aparelho digestivo. Em vez de reprimir seus sentimentos até que eles se transformem em medo, raiva ou hostilidade, aprenda a expressá-los sem apreensão ou culpa. Naturalmente, isso é mais fácil de dizer do que de fazer. Fazer sessões individuais de terapia uma vez por semana é um método comum de lidar com as emoções. Se seu problema envolve um parceiro, um aconselhamento matrimonial pode ser recomendável. Além disso, seu terapeuta (se você optar por seguir esse caminho) está na posição de sugerir um grupo de apoio cujos participantes compartilhem sentimentos sem julgar, de modo amigável e num clima de ajuda mútua. Esses grupos não vão lhe parecer ameaçadores e você não será obrigado a se abrir, a não ser que queira. O objetivo é aprender a se expressar sem medo, criticismo e recriminação.

HIDROTERAPIA

A hidroterapia (da palavra grega *hydro*, que significa água) refere-se a toda forma de trabalho com água que alivie os males acalmando os nervos, eliminando a tensão muscular e restaurando a vitalidade geral. Isso inclui a aplicação de gelo, banhos quentes, sauna, banhos de vapor, natação, turbilhão, hidromassagem, banhos de assento e até mesmo banhos colônicos (um processo especial pelo qual a água elimina resíduos no cólon). Como um nativo de signo de Água, você sente uma forte atração pela praia e pelos esportes aquáticos. Você talvez não tenha compreendido que caminhar ao longo da praia e velejar podem ser terapêuticos ou que a natação trabalha os músculos e alivia o *stress* produzindo endorfinas, que dão uma sensação de bem-estar.

Fontes de Água Mineral

Muitas casas de saúde em todos os Estados Unidos e na Europa (especialmente na Alemanha) foram originalmente construídas em cidades que tinham fontes térmicas de água mineral. Durante séculos, os europeus apreciaram os benefícios terapêuticos das fontes de água naturalmente quente até mesmo em pleno inverno. Franklin D. Roosevelt colocou Warm Springs no mapa da Georgia, quando veio a público que ele freqüentou as fontes de água mineral da cidade para fortalecer suas pernas afetadas pela poliomielite. (Se eu não tivesse experimentado a magnífica sensação das fontes térmicas de água mineral nas montanhas do Novo México durante o inverno, eu não teria acreditado nos seus benefícios.) Além de fontes térmicas, a maioria das casas de saúde e retiros de cura oferecem turbilhões, piscinas, hidromassagem, sauna e banhos colônicos, aos quais as pessoas, especialmente os nativos de Câncer, reagem muito bem.

Um banho quente com óleos aromáticos acalma os nervos e elimina a sensação de frio na barriga. Banhos a vapor e saunas são revigorantes e induzem o suor, que elimina as impurezas. Para relaxar a parte inferior do corpo, pode-se usar um banho de assento, ou seja, colocar a pelve e o baixo-ventre na água quente ou fria, enquanto o tronco e os pés continuam secos. Esse tratamento também é bom para a cistite e para as hemorróidas.

O seguinte exercício fortalece o sistema imunológico e alivia dores causadas pela gastroenterite.[6]

1. Deite-se de costas sobre um lençol ou cobertor. Cubra-se do pescoço até a cintura com duas toalhas quentes bem torcidas.
2. Enrole-se bem num cobertor ou lençol e fique nessa posição durante cinco minutos.
3. Depois, retire o lençol ou cobertor e acrescente outra toalha quente torcida, colocando-a sobre as outras duas.
4. Retire as duas toalhas de modo que a terceira, a toalha quente, fique no lugar, certificando-se de continuar coberto todo o tempo.
5. Coloque uma toalha fria torcida sobre a toalha quente nova, em seguida remova a toalha quente para que a fria fique em contato com a pele.

6. Envolva-se outra vez no lençol ou cobertor. Acrescente outro cobertor, se estiver com frio. Fique nessa posição durante dez minutos.
7. Remova a toalha quente e vire-se de barriga para baixo, repetindo o processo.

Problemas digestivos, muitas vezes temporários em vez de crônicos, podem ser causados por toxinas e impurezas contidas nos alimentos. Na verdade, a diarréia, os vômitos ou a incapacidade de comer devidos à azia, à indigestão e/ou à gastrite muitas vezes são o modo de o corpo dizer que precisa de uma limpeza.

O jejum por um ou dois dias pode limpar o organismo, promovendo a desintoxicação; o processo pode ser classificado como uma forma de hidroterapia. Beba apenas água, chás de ervas, caldos e sucos de frutas frescas e não adoçados, durante todo o dia. É muito importante beber de seis a oito copos de água por dia para que os resíduos e as toxinas de fato sejam eliminados. Quanto mais líqüidos você beber, menos fome sentirá. Procure fazer somente exercícios leves e não beba café, descafeinado ou não, devido ao seu teor de acidez. O jejum também pode eliminar a gripe ou os germes do resfriado. Se puder jejuar um dia por semana ou a cada duas semanas (como algumas pessoas fazem por motivos religiosos), seu organismo terá a oportunidade de se recuperar e de se fortalecer. Coma frutas, legumes, verduras e arroz alguns dias antes de jejuar e, depois, coma alimentos leves durante os primeiros dias. Convém continuar bebendo de seis a oito copos de água por dia para que não se percam os efeitos positivos do jejum. Há muitas clínicas de saúde que oferecem jejuns líqüidos controlados num ambiente de apoio, que vão de um dia a dois até temporadas mais longas para os que têm problemas de peso. Se você está obeso, grávida, tomando medicamentos ou tem uma doença crônica como diabete, úlcera ou colite, não jejue a menos que o médico aprove. Nunca jejue por mais de um dia ou dois sem o consentimento do médico.

SÍNDROME PRÉ-MENSTRUAL

Com seu luminar regente, a Lua, governando os seios e as glândulas mamárias, as mulheres cancerianas e aquelas que têm a Lua em posição de destaque no horóscopo muitas vezes sofrem de doenças fibrocísticas — seios inchados ou com nódulos que, em geral, aparecem de sete a dez dias antes da menstruação. A fibrocística é causada pela elevação dos níveis de estrógeno durante a última parte do ciclo menstrual. Se você tem tendência para isso, elimine alimentos ricos em gorduras e coma mais alimentos fibrosos, que contrabalançam os efeitos negativos do estrógeno. Evite alimentos e bebidas que contenham cafeína, entre eles o chá, o café, os refrigerantes, o chocolate e o cacau, se tiver tendência para esse problema desconfortável.

Outros sintomas comuns da síndrome pré-menstrual que acarretam mudanças hormonais durante os anos férteis são o *stress* emocional, o mau humor e/ou a flatulência. Se você sofre de uma ou de todas essas condições, talvez se beneficie fazendo o seguinte regime pré-menstrual:

1. *Óleo de prímula* — usado para a síndrome pré-menstrual e para seios fibrocísticos, o óleo de prímula, disponível em cápsulas, é extraído das sementes da flor que os nativos norte-americanos costumavam usar para comer. Elas são uma fonte rica de GLA, um ácido graxo que o corpo não produz e que, no entanto, é essencial para a saúde.
2. *Vitamina E* — tome ao menos de 400 a 800 mg por dia, durante a semana anterior à menstruação.
3. *Vitamina B_6* — para acalmar o sistema nervoso, você pode tomar 200 mg, durante a semana anterior à menstruação.
4. *Magnésio* — 500 mg por dia.

Diuréticos fitoterápicos, como folhas de sena e de poejo, que eliminam o excesso de água do organismo e podem aliviar o inchaço pré-menstrual, devem ser usados com parcimônia. Se na forma de chá, uma xícara por dia basta. Do contrário, causarão espasmos e sobrecarregarão os rins e o estômago (veja Capítulo 8).

Ervas Medicinais

Quer na forma de digestivo, para tomar depois do jantar, de chá calmante ou *in natura*, a menta é uma erva maravilhosamente aromática, que cresce na região do Mediterrâneo ou é cultivada em jardim. Sua capacidade de acalmar o estômago e os nervos tornam a hortelã e a hortelã-pimenta os ingredientes principais na mistura de chás calmantes.

A palavra menta (*mint*, em inglês) é derivada do nome da ninfa grega Mintho, que, segundo a lenda, foi transformada numa planta aromática por Perséfone, que ficou com inveja da atração que seu marido Hades, senhor dos infernos, sentia por ela. Qualquer pessoa que já tenha sentido o aroma da menta fresca pode atestar o fato de que só seu odor aromático e refrescante é suficiente para que a pessoa se sinta bem.

Visto que você pode ter tendência à indigestão, a gases e a outros problemas digestivos, é uma boa idéia manter sempre folhas frescas de hortelã no armário da cozinha. Sempre que seu estômago começar a revirar, coloque as folhas em água fervente, coe e tome uma xícara do chá calmante a qualquer momento. Além do seu valor terapêutico, o chá de hortelã é refrescante, não contém cafeína e é saboroso — é uma das minhas bebidas prediletas. Sempre que passo mal do estômago ou desejo uma noite tranqüila de sono, eu recorro ao pote de chá de menta ou de hortelã-pimenta em busca de ajuda.

O óleo de hortelã pode ser massageado nas gengivas, nos dentes e nas têmporas para aliviar a hemorragia, a dor de dente e as dores de cabeça provocadas pela tensão. Inalar o óleo essencial, adicioná-lo a um banho de água quente ou esfregá-lo nas áreas afetadas também pode oferecer alívio (mas não a cura) de dores causadas por nevralgias, artrite e reumatismo, uma vez que acalma e fortalece nervos e músculos. Ungüentos e óleos de hortelã-pimenta são recomendados para aliviar a sensação de ardor e a dor causada por cortes, queimaduras e ferimentos. Esfregar óleo de hortelã-pimenta sobre o estômago ajuda a aliviar problemas digestivos.

Entre as ervas terapêuticas que ajudam a digestão e combatem a retenção de líqüidos estão a araruta, a erva-cidreira, o mirtilo, a alcaravia, o cravo-da-índia , o feno-grego, o funcho, a ligústica, a mostarda e a pulsatila. A raiz e as sementes de angélica estimulam a produção dos sucos gástricos e aliviam a azia e os males do estômago. A araruta, uma substituta comum do trigo, encontrada em forma de pó, é eficaz para acalmar o estômago e aliviar a náusea, especialmente se adicionada ao iogurte, aos cereais, aos pudins ou aos molhos. Usadas em chá de ervas e conhecidas pelas suas suaves propriedades sedativas, as folhas de erva-cidreira acalmam o estômago, facilitam a digestão e aquietam os nervos. A camomila é uma erva maravilhosa para tranqüilizar os nervos, aliviar a congestão nasal e auxiliar a digestão. (Veja Capítulo 4.) Sementes de cravo-da-índia ou o óleo de cravo tiram o *stress* de um longo dia de trabalho. O chá de cravo pode aliviar a náusea e os gases e purificar o organismo. Sementes e brotos de feno-grego podem ser usados em saladas.

Utilizada na medicina chinesa, a raiz de alcaçuz é um dos medicamentos mais usados atualmente no mundo para o tratamento de asma, úlcera e gastrite. Ela é encontrada na forma de chá, em cápsulas e/ou como um ótimo óleo na aromaterapia. No sul da Europa, dizem que beber água com alcaçuz purifica o sangue.

Como o anis e outras mentas, o funcho é um digestivo para depois do jantar e pode evitar a azia e a indigestão. Na Índia, as sementes de funcho são servidas no final das refeições. Se você já foi a um restaurante indiano, se lembrará de que um prato de sementes de funcho é colocado à mesa ao final da refeição ou deixado no balcão perto do caixa. Além da ingestão das sementes, o óleo essencial de funcho pode ser massageado sobre o estômago para relaxar os nervos e facilitar a digestão. Ele também pode ser usado para aliviar soluços, náusea, vômitos e mal-estar geral do estômago. Outros óleos que ajudam a digestão e acalmam o estômago quando inalados, colocados no banho ou esfregados no abdômen são a lavanda (um óleo essencial popular em toda parte), a hortelã, o manjericão, o jasmim e a verbena (mais conhecida como capim-limão).

Sais Minerais

Também conhecido como fluoreto de lima, o óxido de cálcio é o sal mineral associado a Câncer e é essencial para o revestimento dos tecidos, das membranas mucosas e para a conservação dos ossos, da pele e dos dentes. Sem esse sal, os ossos se tornam quebradiços e a pele enrugada e seca. Alimentos ricos nesse sal mineral são o repolho, a couve, o leite, o queijo *cottage*, a ameixa, o agrião, a carne, a gema de ovo, a aveia, a uva, a laranja, o limão, a cebola, o alho-porro e o queijo.

Medicina Ayurvédica

Os cancerianos têm uma propensão para a retenção de líqüidos, o que pode levar ao inchaço do estômago e, se as membranas mucosas retiverem água, à congestão dos pulmões e à asma. Algumas pessoas acham que mesmo que você não tenha intolerância à lactose, uma alimentação que evite a produção de catarro, o que implica eliminar os laticínios, elimina os fluidos excessivos do corpo. Embora outras pessoas achem que os laticínios têm pouco que ver com o muco, aqueles que cultivam uma alimentação com base na medicina ayurvédica discordarão.

Como os taurinos, os cancerianos letárgicos, sonhadores e retentores de líqüidos podem ser classificados como tipos Kapha. Visto que seu metabolismo e sistema digestivo podem ser preguiçosos, elimine alimentos que agravem a condição Kapha, como frituras, carnes pesadas (como a carne vermelha) e alimentos ricos em gorduras e açúcar. No entanto, diferentemente dos taurinos, os cancerianos têm sistemas digestivos extremamente sensíveis e, assim sendo, não se recomenda que comam alimentos picantes ou muitos alimentos crus.

Os cancerianos devem procurar fazer exercícios regularmente. Visto que adoram ficar perto da água, a natação, uma forma muito recomendável de exercício que pode ser praticada durante todo o ano, é o esporte perfeito para queimar o excesso de calorias, ao mesmo tempo que fortalece e relaxa os músculos do estômago. É importante consumir de seis a oito copos de água diariamente, junto com suco de frutas e chás de ervas. É aconselhável ter à mão ervas frescas para fazer chá, bem como uma centrífuga para fazer suco fresco de frutas e vegetais (para dicas sobre dietas e exercícios para tipos Kapha veja o Capítulo 3).

Terapia com Pedras e Cores

As cores associadas a Câncer são prateado, branco, azul-marinho e verde. Se você nasceu entre 23 e 30 de junho, a sua pedra natal é a pérola. Se nasceu entre 1º e 22 de julho, sua pedra natal é o rubi. Outras gemas associadas a Câncer são a pedra-da-lua, a opala e o cristal. Os metais são a prata, o alumínio e a selenita. As flores são os lírios brancos, as papoulas e as rosas. Os cancerianos acham os lugares à beira-mar relaxantes e agradáveis, especialmente os músicos e artistas, que consideram a paisagem inspiradora. Na verdade, conheci alguns músicos nativos de Câncer que usavam o barulho das ondas em suas composições, e pintores cujas telas favoritas eram paisagens marinhas ou pinturas abstratas em cores pastéis.

Capítulo 6

Leão

**Cuide do seu Coração
Generoso e Extenuado**

Leão (de 23 de julho a 22 de agosto)
Planeta Regente: Sol
Elemento: Fogo
Modalidade: Fixo

Traços e conceitos positivos de Leão: diligente, trabalhador compulsivo, extravagante, dramático, criativo, magnânimo, orgulhoso, líder, passional, seguro de si, inovador, original, expressivo, leal, exuberante, ambicioso, digno de confiança e ousado.

Traços e conceitos negativos de Leão: dominador, egocentrista, indolente, egoísta, arrogante, convencido, autoritário, controlador, cruel, rígido, obstinado, excessivo, de mente estreita, hedonista, imprudente e temperamental.

Partes do corpo regidas por Leão: coração, costas, coluna e espinha. Seu planeta regente, o Sol, rege a vitalidade geral e o sistema circulatório. Problemas de saúde: problemas do coração, hipertensão (pressão sangüínea alta), arteriosclerose, edema (retenção de água) e dores crônicas nas costas.

Profissões que destacam o dramatismo, a independência, a organização e o comportamento autoritário ou magnânimo dos leoninos: artista, diretor, desenhista de modas, iluminador, produtor, joalheiro, executivo, gerente de escritório, empresário, educador, conferencista, construtor civil.

A Exuberância de Leão
Ajuda Você a Chegar Aonde Quer

Signo fixo de Fogo, Leão é o mais orgulhoso, dramático, egocêntrico e generoso signo de todo o zodíaco. Há dois tipos de nativos de Leão — o extrovertido e o introvertido. O leonino extrovertido tem um ar de confiança e uma personalidade expansiva que ilumina um aposento. Ele adora ser o centro das atenções e, feliz, aceita as honras que acompanham seus triunfos. O leonino introvertido é um solitário auto-suficiente, que só fala quando tem algo valioso a dizer. O que esses dois nativos de Leão compartilham é a criatividade, a engenhosidade e um gosto infinito pela vida.

Os leoninos fazem questão de ter autonomia no trabalho e de ter controle total sobre a própria vida. Infelizmente, em geral eles pensam que sabem o que é melhor para os outros, que nem sempre apreciam essa supervisão. Em resultado, os leoninos muitas vezes são vistos como mandões, até mesmo como ditadores, embora eles se vejam como pessoas infatigáveis e que não estão dispostas a aceitar derrotas. A despeito dos obstáculos e impasses, os leoninos sempre dão um jeito de se concentrar, voltar aos trilhos e seguir em frente.

Quer você seja um leonino introvertido ou extrovertido, você gosta de parecer magnânimo, mas nunca poderá ser considerado uma pessoa altruísta. A não ser que receba crédito, adulação, lealdade e remuneração financeira, é improvável que se doe sem ganhar nada em troca. Subjetivo, infantil e, às vezes, narcisista, você sempre é motivado pela necessidade de ser notado e, em última análise, de ser amado.

Na verdade, você talvez tenha de sofrer com o fim de alguns relacionamentos até compreender que a vida não tem sentido sem paixão e intimidade. Como o seu regente, o Sol, o seu maior desejo é brilhar e, ao mesmo tempo, ser o centro do sistema solar de alguém.

Como o leão é o rei da selva, você é um líder nato e raramente um seguidor. Perfeccionista convicto, você é atraído para qualquer disciplina que exija originalidade, qualidade e altos padrões. Excepcionalmente criativo, inovador e um verdadeiro visionário, sua capacidade de organização e tendência para guiar os outros tornam você um funcionário valioso. Por outro lado, você acha difícil delegar responsabilidade e trabalhar em equipe.

Como um nativo de signo fixo, você é inflexível e em geral contrário a aceitar ordens. Se tiver de se reportar à autoridade, você descobrirá um modo de colocar seu toque pessoal no que faz enquanto permanece leal aos seus ideais e fiel à sua causa.

Fisionomia e Tipo Físico

Os leoninos têm traços bem definidos, o que contribui para seu ar aristocrático e até mesmo desafiador. Projetando uma imagem de segurança, seu andar é inconfundível e suas roupas elegantíssimas, por isso, será notado quer esteja andando na rua ou em meio a uma multidão. Os leoninos em geral são reconhecidos pelo olhar intenso e profundo, pelo nariz aquilino, pelos lábios grossos e pelo queixo pronunciado. No entanto, é o seu cabelo que o faz se destacar na multidão. Selvagem e rebelde, ele pode ser grosso como a juba de um leão ou fino, mas difícil de tratar e raramente penteado. Você pode ser baixo ou de altura mediana, e seu peso deve estar na média ou um pouco acima devido a uma queda por alimentos ricos em gordura e uma aversão por exercícios físicos. Sua constituição forte e resistente e a aversão por ficar doente lhe dão grande poder de recuperação e de combater infecções — inclusive os resfriados comuns.

Classificado como personalidades do tipo A, os nativos de Leão são diligentes, ambiciosos, responsáveis, muitas vezes maníacos por trabalho e estressados. Você é desconfiado, ressentido e zangado uma grande parte do tempo, como se o peso do mundo repousasse em seus ombros. Se não se acalmar e aprender a não levar tudo tão a sério, as partes do corpo regidas por Leão podem sofrer de tensão na forma de dores crônicas nas costas, deficiências de circulação, hipertensão e/ou males cardíacos.

Problemas nas Costas

As dores nas costas são causadas por uma variedade de problemas nos músculos, nos tendões, nos ligamentos, nos ossos e nos órgãos subjacentes. Essas dores podem ir de torções temporárias nos músculos e deslocamento de disco até a dor crônica e a curvatura da espinha. Além da artrite, da osteoporose, da postura incorreta, do esforço físico excessivo ao levantar objetos pesados, os problemas nas costas com bastante freqüência são o resultado da tensão e do *stress*, o que sua personalidade teimosa, obstinada e indomável parece estimular. Você já notou que as pessoas que sofrem de dor nas costas também são rígidas, exigentes e têm necessidade de estar no controle total das coisas? Isso lhe parece familiar? Se o seu corpo se mantém inflexível, as vértebras não se alongam, causando enormes problemas nas costas e dores crônicas. Leoninos do tipo executivo, que ficam sentados por longos períodos de tempo, podem acordar certa manhã com o pescoço rígido, as costas doendo e, o que é ainda pior, um deslocamento de disco ou uma hérnia. É da mais vital importância que você faça uma pausa, se alongue e se sente numa cadeira extremamente confortável e ergonômica, que o ajudará a alongar e esticar a espinha mesmo na posição sentada.

A Técnica Alexander

Evitar a dor no pescoço e nas costas pode ser tão simples quanto manter uma boa postura enquanto você está sentado ou em pé. A Técnica Alexander, que implica alongar a cabeça, o pescoço, as costas, os braços e as pernas, é um grande método para esticar e alongar partes do corpo que ficaram curvadas por anos. Assim que você dominar essa técnica e começar a manter uma boa postura, poderá até mesmo descobrir que seu corpo atingiu sua altura total, que em geral é maior do que você pensa.

Meu professor da Técnica Alexander sugeriu que eu visualizasse a mim mesma como um cisne gracioso, o que me ajudaria a manter uma postura que se ajustasse a essa imagem, estando sentada ou em pé. Essa técnica, em particular, agrada muito aos leoninos (ou às pessoas que, como eu, têm o ascendente em Leão), pois eles gostam de desempenhar papéis e fingir que são alguém que não são.

Como tenho 1,52m de altura, não consigo me imaginar alta e graciosa, especialmente pelo fato de que sempre me considerei um tanto desengonçada. No entanto, assim que completei o exercício inicial de visualização e olhei no espelho, fiquei surpresa ao descobrir que na verdade, eu tinha um pescoço mais longo do que pensava e conseguia mantê-lo num ângulo de 90° com relação aos ombros. Essa técnica ajudou-me muitíssimo ao longo dos anos, visto que eu costumo ficar sentada à escrivaninha por horas a fio. Naturalmente, é muito fácil voltar aos antigos maus hábitos. Portanto, sempre que começo a relaxar a postura, ouço uma gravação de uma sessão Alexander, como lembrete para me alinhar novamente e mais uma vez me transformar num cisne!

Exercícios de Alongamento

Entre outros, os exercícios simples de yoga e de alongamento praticados diariamente previnem e, por fim, eliminam problemas nas costas alongando a espinha e relaxando todo o corpo. Esses exercícios, entretanto, devem ser feitos como medidas preventivas, antes que apareça a dor forte, constante. Se você já está sentindo dor constante na parte inferior das costas, consulte o médico antes de começar a se exercitar.

Os exercícios seguintes, fornecidos pelo meu osteopata, podem ser feitos diariamente. Lembre-se de alongar apenas até onde puder e de parar imediatamente se sentir dor. Se você fizer esses exercícios durante algumas semanas, aos poucos será capaz de alongar seus membros cada vez mais.

Flexão das Costas

1. Fique em pé ereto, colocando as mãos nas costas, na altura da cintura.
2. Curve-se para trás até onde conseguir sem esforço, mantendo os joelhos tão retos quanto possível.
3. Volte lentamente à posição ereta.
4. Repita dez vezes.

Flexão dos Quadris

1. Fique em pé, com as costas encostadas na parede.
2. Dobre os joelhos e mantenha os pés apoiados no chão, separados na largura dos ombros.
3. Mantendo o resto do corpo relaxado, contraia os músculos do abdômen e arqueie os quadris para trás, deixando as costas encostadas na parede.
4. Contraia os músculos das nádegas.
5. Mantenha-os contraídos durante dez segundos, depois relaxe novamente.
6. Repita dez vezes.

Flexão dos Joelhos

1. Deite-se de costas no chão, com os joelhos dobrados num ângulo de 90° e com os pés pousados no chão.
2. Eleve lentamente os joelhos em direção ao peito, um de cada vez.
3. Abrace gentilmente os joelhos.
4. Abaixe os joelhos, um de cada vez, deixando-os flexionados.
5. Repita dez vezes.

Pressão Parcial

1. Deite-se de barriga para baixo sobre uma superfície macia e firme, com os braços ao lado do corpo e a cabeça virada para a direita ou para a esquerda.
2. Mantenha o corpo imóvel e completamente relaxado.
3. Usando os músculos das costas, e não os braços, levante o tronco o suficiente para apoiar-se nos cotovelos. Fique descansando sobre os cotovelos e deixe a parte inferior das costas e as pernas relaxarem ao máximo.
4. Mantenha essa posição durante trinta segundos de início, aumentando gradualmente até chegar a cinco minutos.
5. Repita dez vezes.

Posturas de Yoga

A Postura do Arado, um conhecido ásana ou postura da yoga, é um fragmento da saudação ao Sol, uma postura mais complexa que os adeptos da yoga praticam para saudar o nascimento do Sol a cada novo dia. Como o Sol é o seu planeta regente, esse ásana pode ser particularmente atraente. Assim como a Postura da Cobra (veja o Capítulo 8), a Postura do Arado é especialmente apropriada para alongar a espinha e relaxar o corpo. Lembre-se de alongar apenas até onde conseguir, inspirando e expirando à medida que faz cada exercício. A prática regular desses ásanas da yoga fará com que você se alongue um pouco mais a cada semana.

Postura do Arado (Fig. 6.1)

A Postura do Arado é vital para alongar a coluna e fortalecer e relaxar as costas, o pescoço e os ombros.

1. Deite-se de costas.
2. Dobre o corpo a partir dos quadris e levante ambas as pernas, até que os pés ultrapassem a cabeça.
3. Mantenha as pernas esticadas, de modo que façam um ângulo reto com o tronco. Alongue a coluna. Lembre-se de respirar normalmente.
4. Estique os braços e coloque-os atrás da cabeça.
5. Leve as pernas para trás até onde possam chegar confortavelmente, sem sobrecarregar a coluna ou o peito. Tenha o cuidado de não esforçar demais o pescoço. (Se sentir dor, lentamente desfaça a postura.)
6. Para encerrar, abaixe as pernas, expire, dobre os joelhos e apóie a parte inferior das costas com as mãos. Endireite a coluna lentamente, deixando os joelhos dobrados, até voltar à posição inicial.
7. Relaxe nessa posição com os olhos fechados por ao menos cinco minutos. Continue inspirando e expirando.

Esses exercícios e ásanas podem realmente diminuir o seu nível de *stress*, alongar seus músculos e prevenir futuras dores nas costas se praticados regularmente. Sugestões adicionais de relaxamento incluem fazer uma massagem algumas vezes por mês. Como você anseia por atenção, gostará muito de ser mimado e confortado, enquanto a circulação melhora e a tensão é aliviada. Amante do teatro, um leonino como você não terá problema para praticar técnicas de imaginação orientada como um meio de relaxar e conquistar a serenidade.

Figura 6.1. Postura do Arado

Outras medidas preventivas para a dor nas costas são: tomar vitamina do complexo B para fortalecer os nervos, dormir num colchão duro, fazer exercício adequado e manter uma boa postura, erguer pesos com os joelhos dobrados, sem dobrar a cintura. Mas, o mais importante de tudo, é evitar o *stress* físico e emocional desnecessário. A acupuntura e a massagem ajudam você a relaxar e a liberar a tensão, de modo que a energia possa fluir livremente, subindo e descendo pela coluna. Analgésicos e antiinflamatórios comprados na farmácia ajudam por tempo limitado. Pare de tomá-los imediatamente se sentir mal-estar estomacal, úlcera ou azia. Como alternativa, a casca de salgueiro-branco é um salicilato natural que pode solucionar o problema.

Se a dor nas costas persistir, pare com todos os medicamentos e com a terapia alternativa, inclusive a acupuntura, a massagem e a quiroprática, e consulte imediatamente o seu médico.

O deslocamento ou hérnia de disco, para o qual os leoninos podem ter tendência, é causado por uma vértebra que realmente se desloca, provocando inflamação do músculo que fica do lado direito ou esquerdo da coluna. Posso assegurar que um deslocamento repentino do disco não é nada divertido e, na verdade, mais doloroso do que eu havia imaginado. Certo dia acordei e não consegui mexer um músculo. Meu marido teve de me levantar delicadamente da cama, depois que consegui virar de lado, na posição fetal — único movimento que consegui fazer. Segui meu primeiro impulso, que foi aplicar uma compressa quente na área afetada e fiquei deitada de costas todo o dia. Quando finalmente fui ao médico, descobri que agira mal. Ele prescreveu antiinflamatórios mais compressas de gelo algumas vezes por dia. Fui avisada de que, embora eu devesse evitar exercícios pesados, ficar deitada, imóvel, atrofiaria ainda mais os músculos. Ele me aconselhou a andar e tentar realizar minhas atividades normais, mas a deitar no momento em que sentisse dor, até que estivesse pronta a me mover outra vez. Então comprei uma cadeira ergonômica para minha escrivaninha, o que permite que minhas costas fiquem naturalmente alongadas. Também faço os exercícios de alongamento e a Técnica Alexander regularmente enquanto estou sentada e em pé, para manter minha coluna alinhada.

Como Prevenir Ataques Cardíacos e Derrames

Se, como muitos leoninos, você tende a trabalhar demais sem o descanso apropriado, se vive sempre sob pressão, fica com raiva rapidamente e tende ao excesso de peso, você pode ser um candidato perfeito para a hipertensão, um dos males que provocam ataques cardíacos e derrames. Mais conhecida como pressão alta, a hipertensão acontece quando o coração trabalha demais enquanto o sangue está circulando pelo corpo. A pressão sangüínea é determinada por dois números — a pressão diastólica (o número mais alto), que mede a pressão arterial quando o coração se contrai, e a pressão sistólica (o número mais baixo), que mede a pressão entre as batidas cardíacas quando o coração relaxa. O risco de um ataque cardíaco aumenta se a pressão arterial subir excessivamente.

Se você é obeso, fuma ou se sua dieta é rica em gorduras e/ou se você é sedentário, um ataque do coração pode ser o resultado final. O *biofeedback* (veja Apêndice II) pode ajudá-lo a reduzir seu nível de *stress* e manter a pressão arterial baixa, ao prevenir uma explosão emocional ou ataque de ansiedade antes que eles de fato aconteçam. Se você for capaz de reconhecer os primeiros sintomas, como os suores e as palpitações, talvez tenha tempo de utilizar as técnicas de respiração profunda e de relaxamento, cortando pela raiz possíveis problemas cardíacos. Visto que o *biofeedback* exige certos instrumentos que monitoram as reações físicas, recomendo que você freqüente as aulas ou compre uma máquina para uso doméstico, antes de tentar reconhecer os sintomas por conta própria.

Embora alguns especialistas discordem da relação entre o sódio e a hipertensão, ainda é aconselhável diminuir o consumo de sal, visto que ele provoca a retenção de água (edema), tornando a circulação mais difícil e aumentando a probabilidade de um ataque cardíaco, um derrame e/ou deficiência dos rins. Você talvez não consiga imaginar a vida sem recorrer automaticamente ao saleiro em todas as refeições, mas a maioria das pessoas que eliminou o sal da dieta não sente muita falta. Substituir o sal por especiarias e ervas como a pimenta-preta, o alho fresco, o tomilho, o sal de gergelim e o manjericão logo fará você se esquecer de que já temperou a comida com sal. Você também pode experimentar uma variedade de ervas e especiarias exóticas.

Além de refrear o consumo de sal, é aconselhável limitar a ingestão de alimentos que contenham sódio natural, tal como o queijo, o molho de soja, a margarina, as nozes, os alimentos defumados e os petiscos salgados. Se adora salgadinhos, procure esses produtos na versão sem sal ou com pouco sal. Alimentos processados e embutidos, que contêm conservantes como nitrato de sódio, devem ser evitados. Em contrapartida, alimentos com muito potássio como banana, maçã, laranja, batata e peixe são recomendados, pois são um meio de manter baixa a pressão do sangue e reduzir a ameaça da hipertensão.

Ouça o seu Coração

A doença cardíaca muitas vezes é hereditária e, se ela existir em sua família, não aumente sua predisposição consumindo alimentos que aumentem os níveis de colesterol, que bloqueia as artérias que levam sangue ao coração, nem sobrecarregue o músculo cardíaco com o *stress*, obesidade e hipertensão. Mesmo que você não tenha essa tendência genética, não sofra de hipertensão nem seja classificado como uma personalidade do tipo A, você pode estar sujeito a outros fatores de risco relativos às doenças cardiovasculares. A boa notícia é que esses fatores — fumar, alto nível de colesterol no sangue, obesidade e sedentarismo — são fáceis de remediar, desde que você esteja disposto a fazer algumas mudanças em seu estilo de vida.

Como os leoninos gostam de ser anfitriões e de comparecer a eventos sociais, você provavelmente come grande quantidade de alimentos gordurosos sem prestar muita atenção aos níveis de colesterol. Como, segundo a American Heart Association, o alto nível de colesterol causa a maioria dos ataques cardíacos, é da maior importância entender a ligação, visto que você pode ser geneticamente ou ao menos astrologicamente propenso a eles.

A arteriosclerose (endurecimento das artérias), a causa mais imediata dos ataques do coração, pode surgir quando o excesso de colesterol em forma de placa começa a entupir uma artéria ou as artérias que levam o sangue ao coração. À medida que a parede arterial fica mais estreita, ela passa a ser incapaz de bombear o sangue para o coração. A forte dor do peito que vem em seguida, chamada angina (cujo nome completo é *angina pectoris*) é um sinal de que há problema à vista. Se a artéria for obstruída ou se um coágulo se formar no lugar em que está localizada a placa, o suprimento de sangue pode não atingir parte do músculo do coração e ocorrer um ataque cardíaco. Se houver bloqueio numa artéria que vai para o cérebro, o resultado é o derrame.

Para prevenir a arteriosclerose e doenças coronárias, é imperativo baixar o nível do colesterol "ruim" e aumentar o do "bom" colesterol — ambos produzidos pelo organismo. Derivado da gordura animal, o colesterol ruim adere às artérias e é transportado através do sangue pelas lipoproteínas de baixa densidade (LDL). O bom colesterol, levado pelas lipoproteínas de alta densidade (HDL), leva o excesso de colesterol das artérias infestadas pela placa para o fígado, de onde ele é expelido do corpo. Muitos especialistas acreditam que um alto nível de HDL, ou bom colesterol, pode combater os efeitos nocivos de um alto nível de LDL, ou colesterol ruim.

Os passos seguintes são recomendados para reduzir os níveis de colesterol no sangue:

- Restrinja o consumo de alimentos que aumentem o LDL, ou colesterol ruim, tais como a carne vermelha (especialmente fígado, rins e outros órgãos), os crustáceos (lagosta, camarão, lagostim, etc.), os laticínios (queijo, gema de ovo, leite integral, manteiga, etc.) e as gorduras saturadas, inclusive o óleo de coco, o óleo de semente de palmeira, a manteiga e a manteiga de cacau.
- Consuma alimentos ricos em proteínas e de baixo colesterol, como as aves domésticas (retire a gordura visível), o peixe (menos os crustáceos), a carne de vitela, a clara de ovo, a soja, os laticínios com pouca gordura e os produtos à base de leite desnatado.
- Aumente os alimentos com fibras, inclusive frutas, vegetais, grãos integrais e pães e cereais enriquecidos com vitaminas. Eles manterão seu peso baixo, bem como elevarão o nível do bom colesterol. Quando ingeridas em grandes quantidades, certos tipos de fibras, como a pectina e a aveia, podem reduzir o LDL.
- Sardinha, arenque, atum e óleo de salmão são excelentes fontes de bom colesterol.
- Diminua o uso de manteiga. Em vez de gorduras saturadas, use gorduras poliinsaturadas (açafroa, gergelim, girassol, milho e soja) e monoinsaturadas (óleo de oliva, óleo de canola, óleo de amendoim), visto que baixam a taxa de colesterol ruim e mantêm a taxa do bom colesterol (HDL).

Sugestões para Cozinhar com Pouca Gordura

Além de tirar receitas de livros de culinária especializados em pratos com pouca gordura, você pode seguir as receitas apresentadas a seguir, que são sugestões pessoais para baixar o colesterol.

- Misture leite desnatado, frutas frescas, adoçante e alguns cubos de gelo num liqüidificador para fazer um suco refrescante.
- Use queijo *cottage*, de baixa caloria, ricota, mussarela de leite desnatado e outros queijos sem gordura ou com pouca gordura, sempre que possível.

- Substitua a maionese por iogurtes desnatados ou com pouca gordura, nos molhos de salada. Meu molho de salada predileto, que chamo de vinagrete cremoso, consiste de iogurte, vinagre, limão, alho e pimenta-do-reino. Esse molho é basicamente o molho italiano, com o iogurte no lugar do óleo.
- Um molho feito com tomates frescos, alho, pimenta-do-reino, tomilho e manjericão ajudará você a se esquecer dos molhos cremosos cheios de gordura.
- Use a clara em vez da gema do ovo.
- Em vez de fritar, doure ligeiramente em óleo de oliva.
- Experimente pratos chineses, que precisam apenas de um pouco de óleo de amendoim, limão, gengibre e alho como tempero. O óleo de erva-cidreira, usado normalmente na cozinha chinesa, também baixa os níveis de colesterol. Seja parcimonioso com o molho de soja, visto que ele contém muito sódio.

Alguns especialistas sugerem que os níveis de colesterol no sangue podem ser reduzidos bebendo-se um ou dois copos de vinho tinto ou de suco de uva por semana. Recomenda-se também grandes doses do complexo de vitamina B, vitamina C, vitamina E, cálcio e zinco, que podem ser tirados dos alimentos ricos desses nutrientes ou ingeridos em forma de comprimidos. A lecitina, um nutriente encontrado no óleo de soja, no milho, no repolho, no fígado de vitela,* na couve-flor, no ovo, no grão-de-bico, na vagem, na lentilha, no arroz e na ervilha, ajuda a diminuir o colesterol. Diz-se que o alho também reduz o colesterol da mesma forma que o tanino, um ingrediente encontrado em certos chás, os quais, segundo o *Prevention Book of Home Remedies*, evita a conversão de gorduras simples em colesterol. Tanto o alho quanto a lecitina podem ser ingeridos em cápsulas.

Diminuir os níveis de colesterol é da maior importância para todos os signos zodiacais, mas especialmente para os nativos de Leão, que são astrologicamente predispostos a comer alimentos gordurosos, a ser obesos, sedentários e estressados — fatores que levam a males cardíacos. Se você sente dificuldade para respirar ou para fazer exercícios que antes fazia com facilidade, procure averiguar seus níveis de colesterol.

Embora a redução dos níveis de colesterol diminua dramaticamente o risco de arteriosclerose, restringir o consumo de gorduras também ajuda a combater a hipertensão, o diabete e a obesidade — fatores de risco para doenças cardíacas. Os alimentos gordurosos têm muitas calorias e aumentam os triglicérides — a forma pela qual a gordura aparece no organismo —, embora estes variem tanto quanto os níveis de colesterol. A margarina, por exemplo, quase não contém colesterol, mas contém tantas calorias quanto a manteiga. O mesmo acontece com as gorduras saturadas, poliinsaturadas e monoinsaturadas,

---

* Nunca se esqueça de que o fígado, um órgão que contém muito colesterol, deve ser consumido com extrema moderação.

que diferem em níveis de colesterol, mas contêm muitas calorias e triglicérides. Visto que a obesidade exerce pressão adicional sobre a capacidade do coração de bombear o sangue, e o diabete é agravado pelo alto nível de triglicérides, convém diminuir o consumo de alimentos gordurosos com muito ou pouco colesterol.

É uma boa idéia seguir a dieta recomendada pela American Heart Association, que consiste em dois terços de frutas, vegetais, cereais e grãos integrais, e um terço de carne e laticínios. Essas recomendações devem ser seguidas por todos os que queiram manter a saúde, mas são especialmente valiosas para aqueles que têm predisposição para problemas cardíacos.

Eu sei que você, o leonino que está lendo este livro, se rebelará, visto que acredita que pode superar tudo pela mera força de vontade. Infelizmente, o corpo é como um carro; se você abusar dele, o motor simplesmente pára. Embora se livrar de hábitos adquiridos não seja fácil para qualquer um dos signos fixos, a saúde, a vitalidade e a longevidade devem ser suas prioridades. O orgulho pode, de início, impedi-lo de admitir que é mortal, mas a vaidade por fim o motivará a mudar seus hábitos alimentares e a fazer um programa de exercícios. É improvável que você queira algo que não seja o melhor para si mesmo — especialmente a obesidade e a doença.

A American Heart Association recomenda trinta minutos de ginástica, que expande e condiciona o coração e os pulmões, ao menos três ou quatro vezes por semana, para qualquer pessoa que queira manter a forma. Nadar, caminhar depressa, correr, pular corda, fazer exercícios calistênicos e outros movimentos rápidos que aumentem o ritmo cardíaco estão na categoria de exercício aeróbico. Além de fortalecer o coração e os pulmões, os exercícios vigorosos queimam calorias, diminuem a fome e baixam o colesterol. Outras formas de movimento, inclusive a caminhada, a dança, a jardinagem e a execução de tarefas domésticas também queimarão calorias e condicionarão seu corpo, mas não tanto quanto os exercícios aeróbicos.

Assim que decidir começar a se exercitar com seriedade, é importante reconhecer suas capacidades físicas e preferências pessoais. Visto que gosta de estar no total controle do seu tempo e tem uma tendência para trabalhar por longas horas, talvez você não concorde em freqüentar aulas de ginástica com hora marcada. Em vez disso, pense em comprar uma bicicleta ergométrica ou uma esteira, e usá-la conforme sua conveniência, sem precisar freqüentar academia. Respirar ar fresco, correr, andar e andar de bicicleta são atividades que você pode fazer sozinho. Esportes competitivos individuais como o pingue-pongue e o tênis provavelmente o interessarão mais do que esportes de equipe como o vôlei e o basquete. (Os leoninos não são pessoas muito sociáveis.) Antes de embarcar num programa de exercícios, é importante consultar o médico, especialmente se já teve um ataque do coração ou problema nas costas.

Na Índia, as *upayes* (palavra sânscrita que significa "medidas preventivas") são freqüentemente recomendadas pelos astrólogos para evitar problemas para os quais você possa ter tendência. Além de orações, mantras (cantos), dieta e pedras preciosas para curar seus males, o método mais simples é ser caridoso e abrir o coração para os outros. As boas ações também literalmente expandem o músculo do coração. Se você pensar na felicidade e na tranqüilidade que muitas vezes acompanham uma boa ação, o ato de ajudar alguém menos afortunado ou de ser voluntário numa causa, é uma lição metafísica que faz muito sentido.

Aromaterapia e Óleos Essenciais

Embora todas as fragrâncias da aromaterapia aliviem o *stress*, o óleo de jasmim e de junípero encabeçam a lista. Usados como óleos para banhos, especialmente depois de um dia árduo de trabalho, esses aromas ajudarão você a relaxar. Quando são massageados no rosto e pescoço, eles melhoram bastante a circulação. Na forma de óleo o jasmim tem um perfume maravilhoso, é um incenso cujo cheiro é fabuloso, bem como um chá muito saboroso. Em qualquer forma, o aroma único e doce do jasmim eliminará o *stress,* a ansiedade e a tensão nervosa. O óleo de eucalipto, junípero, pimenta-preta, lavanda ou capim-limão devem ser esfregados nas costas, no pescoço e nos ombros para aliviar a dor e relaxar a tensão muscular.

Ervas Medicinais

Como já vimos, certas ervas e especiarias são conhecidas por prevenir, aliviar ou até mesmo ajudar a curar certas enfermidades que acometem determinados signos do zodíaco. A alfafa, o feno-grego, a genciana, o confrei, o tomilho e a urtiga ajudam a circulação enquanto o alecrim, a lavanda, a urze e o anis previnem a pressão alta. O chá de borragem atua como estimulante, antidepressivo e purificador do sangue. O dente-de-leão, rico em vitaminas A, B e C, limpa o sangue e funciona como um diurético. O alecrim, uma erva aromática popular que reduz a pressão sangüínea e estimula a circulação, dá sabor a sopas, cozidos e pratos à base de galinha e de carne; ele pode ser preparado em forma de chá, sendo também um conhecido emulsificante do xampu para cabelos secos. A vitamina E previne a pressão alta e pode ser tomada na forma de comprimidos ou comendo-se germe de trigo, sementes de girassol, salmão, manteiga de amendoim, brócoli e espinafre.

Sais Minerais

O fosfato de magnésio (Mag. Phos.), o sal mineral associado a Leão, ajuda a manter normal a pressão sangüínea. Ele também promove o funcionamento apropriado dos pulmões e dos tecidos dos nervos. Para os leoninos, que dependem da sua vitalidade, este mineral restaurará o vigor perdido e fortalecerá os músculos e a circulação do sangue. Entre os alimentos ricos em fosfato de magnésio estão as nozes, a cebola, o coco, a ameixa, a amêndoa, o mirtilo, o pepino, a cevada, o farelo, a pêra, a farinha de aveia, o repolho, a laranja, o limão, a alface, o figo, o ovo e o aspargo.

Medicina Ayurvédica

Por ser um signo de Fogo, como Áries, os nativos de Leão se encaixam no perfil Pitta. Ambicioso, diligente e enérgico, você é governado pelo Sol, que, como Marte, regente de Áries, é considerado um fogoso planeta Pitta. Embora você não seja tão impulsivo e fisicamente ousado como as personalidades arianas, você trabalha em excesso até o ponto de exaustão e gera uma grande dose de calor. Visto que os leoninos são regidos pelo Sol, não existe dúvida de que o clima quente traga bem-estar ao leonino.

Como Pitta é considerado um dosha muito "quente", opte por alimentos refrescantes que esfriarão seu corpo. Prepare saladas em vez de sopas e, sempre que possível, coma vegetais crus. Para o café da manhã, prepare cereal frio, torrada de canela e suco de maçã, em vez de cereal quente e suco de laranja. Evite alimentos considerados salgados, ácidos e picantes, preferindo os sabores amargo, doce e adstringente. Fique longe dos picles, do iogurte, da coalhada, do vinagre, do álcool, do café e outros alimentos que sejam ácidos ou fermentados. Dentre as bebidas refrescantes, opte pelo chá de hortelã-pimenta e alcaçuz. (Para maiores informações sobre a dieta Pitta, veja o Capítulo 2.)

Terapia com Pedras e Cores

Se você nasceu entre o dia 23 e 31 de julho, sua pedra natal é o rubi, uma pedra preciosa vermelha; se nasceu entre o dia 1º e 22 de agosto, sua pedra é o peridoto. Entre as pedras preciosas associadas ao Sol, planeta regente de Leão, estão a granada, o coral, o quartzo rosa e os cristais de quartzo. Essas pedras devem sempre ser engastadas em ouro, o metal associado aos signos de Fogo. Para obter maiores benefícios, essas pedras devem ficar em contato com o coração, como um pingente, ou ser usadas junto à pele, embaixo das roupas. Dizem que o quartzo rosa atrai o amor para a vida da pessoa, e conheço alguém que pode confirmar isso.

Preocupada com o fato de suas filhas nunca encontrarem um amor verdadeiro, ela começou a usar três pedras em contato com a pele, uma para cada filha. Antes do final do ano, duas delas anunciaram o noivado. Os cristais de quartzo ajudam a circulação sangüínea e restauram a vitalidade, mas podem provocar palpitações, quando usados perto demais do coração. Eu, por exemplo, não posso usá-los por essa razão. Em vez de aumentar minha energia, eles me fazem sentir como se tivesse tomado várias xícaras de café! Se você é sensitivo, esfregue o cristal na palma das mãos algumas vezes por dia ou então substitua o cristal por uma granada, um coral ou um rubi.

As cores associadas a Leão são o amarelo, a cor do Sol, e o vermelho, a cor do sangue. As pedras associadas a Leão têm todas uma nuance de vermelho. Plantar ao redor da casa flores como o malmequer, o narciso e o girassol animará você quando estiver se sentindo deprimido. Com o Sol como luminar regente de Leão, é quase impossível que os nativos desse signo se sintam bem num clima frio ou chuvoso. Como adorador do Sol, você deve usar protetores fortes ou passar longos períodos na sombra, caso contrário o Sol secará sua pele, causando rachaduras. Banhos de sol fazem maravilhas para um mal conhecido como SAD (*Seasonal Affective Disorder*), um estado depressivo que afeta as pessoas no inverno, quando os raios do Sol são fracos.

Capítulo 7

Virgem

De Boa Índole, Crítico e uma Pilha de Nervos

VIRGEM (DE 23 DE AGOSTO A 20 DE SETEMBRO)
PLANETA REGENTE: **Mercúrio**
ELEMENTO: **Terra**
MODALIDADE: **Mutável**

Traços e conceitos positivos de Virgem: benévolo, gentil, inteligente, criativo, bom pesquisador, trabalhador, eficiente, leal, detalhista, útil, digno de confiança, metódico, reservado, pragmático, intelectual, amante dos animais e humilde.

Traços e conceitos negativos de Virgem: crítico, inibido, frio, calculista, rígido, melindroso, indeciso, manipulador, nervoso, introvertido, tenso, excessivamente analítico, distraído e moralista.

Partes do corpo regidas por Virgem: abdômen, trato digestivo, plexo solar, baço, intestino delgado. Seu planeta regente, Mercúrio, governa o sistema nervoso.

Problema de saúde: úlceras, distúrbios intestinais, problemas digestivos, diverticulite, ruptura do baço, neuralgias e outras doenças dos nervos, insônia e ataques de pânico.

Profissões que fazem brilhar o amor do virginiano pelos detalhes, pela ciência, pelo serviço e pela organização: pesquisador, cientista, escritor, editor, desenhista, químico, terapeuta, assistente social, enfermeiro, veterinário, secretário, assistente administrativo, contador, guarda-livros, professor, crítico e proprietário de loja de produtos naturais.

Virgem: Meticuloso e Crítico, mas Gentil e Agradável

Simbolizado por uma jovem donzela segurando uma espiga de milho, Virgem, um signo mutável do elemento Terra, é sensível, gentil, meticuloso e trabalhador. Em seu desejo altruísta e sincero de tornar o mundo um lugar melhor, os nativos de Virgem são atraídos para profissões em que possam prestar algum serviço. Você pode participar de grupos que defendem os direitos dos animais, como o Greenpeace ou outras organizações ambientais cujos objetivos sejam melhorar a qualidade de vida. Sua eficiência, capacidade de organização e vista acurada para o detalhe são mais bem aproveitadas quando você desempenha um papel de apoio, em vez de assumir a liderança. Se não fossem os virginianos, os executivos, empresários e empreendedores em geral estariam totalmente perdidos pois são eles que asseguram que seus projetos sejam levados até o fim e executados segundo seus planos.

O desejo de que os outros recebam os louros enquanto você fica nos bastidores em parte é devido à modéstia, à inibição e, às vezes, à autodepreciação. Temeroso de ser castigado por qualquer coisa que não fique perfeita, você pode ser extremamente crítico, cheio de princípios e severo com relação àqueles (inclusive você mesmo) que não atendam aos seus padrões elevados. Embora esse perfeccionismo o leve a cumprir seus objetivos, muitas vezes ele lhe causa descontentamento (consigo mesmo e com os outros), relacionamentos difíceis e baixa auto-estima. Na sua busca pela perfeição você tende a se tornar obcecado pela dieta, pela higiene e pelo exercício, e pode trabalhar demais, compulsivamente, a ponto de excluir o descanso ou a alegria da sua vida.

Extremamente meticuloso, crítico e dolorosamente consciente de si mesmo, você é ao mesmo tempo generoso e hospitaleiro, além de ter um forte senso de lealdade e responsabilidade. Como Gêmeos, você é regido pelo comunicativo Mercúrio, também chamado de o mensageiro alado dos deuses, o que lhe confere capacidade literária e verbal, embora o impeça de ser emocional ou fisicamente expressivo. A influência de Mercúrio faz com que você seja seletivo, pragmático e extremamente analítico.

Infelizmente, você é o seu crítico mais severo e, como tal, julga a si mesmo e aos outros com demasiada severidade. Você acha difícil expressar seus sentimentos mesmo para as pessoas mais próximas e hesita em iniciar um projeto por medo de que os outros façam pouco-caso dos seus talentos, opiniões e ideais. Com bastante freqüência, você se dedica a um projeto ou relacionamento íntimo tomando por base seu senso de responsabilidade, obrigação ou amizade, em vez de fazê-lo com base no amor e na atração física. Quando o dever chama, o virginiano é o primeiro a responder e o último a desistir. Visto que você não é dado a excessos como Touro, Libra ou Peixes, não precisa se sentir culpado por soltar os cabelos e relaxar de vez em quando. Válvulas de escape prazerosas podem acalmar os seus nervos e fortalecer o seu sistema imunológico — algo de que os nativos de Virgem muito tensos, com um sistema nervoso delicado, precisam desesperadamente.

Exercício de Visualização

O seguinte exercício de visualização criativa é um meio para você relaxar sem se sentir aflito ou culpado por se divertir.

1. De olhos fechados, adote uma posição confortável, sentado ou deitado, e limpe a mente de todos os pensamentos.
2. Imagine onde estava e o que estava fazendo da última vez em que realmente se divertiu sem se preocupar com a opinião dos outros. Talvez estivesse dançando numa festa, em companhia de amigos, fazendo amor ou andando pela praia.
3. Assim que tiver essa imagem na mente, recrie as visões, sons e aromas que faziam parte daquele momento. Se estava dentro de casa, quais eram as cores do aposento? Se estava ao ar livre, que horas eram e como estava o tempo? Se estava tomando alguma coisa, tente lembrar-se do sabor. Se havia um debate, qual o tema da discussão? Se possível, tente recriar e ouvir a conversa.
4. Assim que tiver retrocedido no tempo, tente reviver as emoções e os seus sentimentos daquela ocasião. Você estava com medo porque queria relaxar e não conseguia? Ou estava totalmente à vontade, conversando ou até mesmo rindo?
5. Tente relembrar as visões, os sons, os aromas e os sabores do momento e, mais do que tudo, lembre-se de como você estava feliz.
6. Mantenha essa imagem na mente, abra os olhos devagar, mantendo o sentimento de bem-estar à medida que volta às suas atividades.

Comece o dia fazendo esse exercício de visualização, durante cinco a dez minutos. As lembranças de um momento feliz ajudarão você a relaxar e a se divertir. Ao incluir esses sentimentos em sua rotina diária, sua atitude diante da vida pode realmente começar a mudar.

Fisionomia e Tipo Físico

Devido à sua agitação e ao metabolismo acelerado, os virginianos muitas vezes são flexíveis e esbeltos. Eles têm feições muito finas e delicadas, olhos gentis embora inquietos, nariz pequeno, lábios finos e muitas vezes são irrequietos. Sempre com muita coisa na cabeça, é provável que você ache difícil, quase penoso, ficar sentado em silêncio. Embora não costume ter uma compleição robusta, você tem extrema consciência da saúde, dedicando muitas horas ao exercício físico, às aulas de ginástica aeróbica ou à musculação.

Bons hábitos alimentares, exercício regular e muito ar fresco estão no alto da sua lista de prioridades. Com um sistema digestivo sensível e temperamento nervoso, é provável que você tenha resolvido eliminar a cafeína, a nicotina e o álcool da sua dieta há bastante tempo. Aumente o consumo de frutas e vegetais frescos e tente descobrir uma maneira de diminuir o *stress* físico e emocional que pode irritar o seu sistema digestivo e o trato intestinal já bastante sensíveis. É aconselhável fazer cinco ou seis pequenas refeições por dia, em vez de três refeições grandes, cuja digestão é mais lenta. Também é uma boa idéia evitar alimentos condimentados ou que causem gases.

Muitos virginianos que conheço são totalmente vegetarianos* (nada de carne, aves e peixe) ou desistiram da carne vermelha há muitos anos em favor de carne de peixe ou frango. Estudos concluíram que as pessoas que não comem carne têm menos colesterol e pressão sangüínea mais baixa do que as que comem. Os vegetarianos cuja dieta não contém nenhum produto animal (inclusive laticínios) precisam tomar suplementos de vitamina B_{12}.

Se você é vegetariano, é muito importante fazer substituições adequadas para assegurar-se de que o corpo está recebendo proteína adequada. Os laticínios só devem ser consumidos ocasionalmente, visto que há risco de aumentar o nível de colesterol e de gordura se houver exagero. Além do leite, do queijo e dos ovos, as exigências de proteína podem ser satisfeitas se você comer:

- Vegetais variados: legumes como ervilha, lentilha e grão-de-bico;
- grãos integrais como arroz integral, cevada e trigo sarraceno;
- feijões;
- produtos à base de soja — pois nenhum deles contém gordura ou colesterol.
- As nozes são uma boa fonte de proteína, de gordura insaturada, de vitaminas B e E, de cálcio, de ferro, de potássio, de magnésio, de fósforo e de cobre. Embora contenham gorduras insaturadas e, portanto, nenhum colesterol, as nozes são ricas em calorias.
- Sementes de abóbora, de gergelim e de girassol são ricas em proteínas e ótimas para beliscar. Elas também contêm vitamina A, B, D e E, fósforo, cálcio (especialmente as sementes de gergelim), ferro, flúor, iodo, potássio, magnésio, zinco e ácidos graxos insaturados.

Ao optar por uma dieta vegetariana, é imperativo que seu corpo seja suprido com os 22 aminoácidos, ou formadores de proteína, oito dos quais não são

---

* Os virginianos são vegetarianos que não incluem laticínios ou produtos animais em sua dieta, embora lactovegetarianos consumam leite e derivados.

produzidos pelo corpo em quantidade suficiente e, portanto, devem ser obtidos por meio dos alimentos. Embora os grãos sejam substitutos da proteína, eles têm de ser combinados com outros grãos, vegetais ou laticínios para suprir os aminoácidos necessários para criar o fundo protéico "integral" encontrado no peixe, na carne, nas aves e no queijo. No entanto, eles não precisam ser consumidos ao mesmo tempo, visto que o corpo armazena certos tipos de aminoácidos até que sejam obtidos seus complementos. As melhores combinações para obter proteína integral são:

1. Legumes, feijões, ervilha e lentilha com sementes de gergelim ou girassol.
2. Legumes, feijões, ervilha e lentilha com outros grãos. Nessa categoria estão o arroz e feijão, lentilha e arroz, ou feijão sobre torradas.
3. Grãos integrais com laticínios. Nessa categoria se incluem: sanduíche de queijo com pão integral, macarrão de forno com queijo, ou arroz com queijo.

O tofu (soja curtida), o tempeh (soja fermentada), o seitan (glúten) e o missô (pasta fermentada de soja usada na popular sopa de missô) são substitutos altamente calóricos da carne, que podem ser usados em pratos que vão da lasanha de tofu às "almôndegas" seitan. Os vegetarianos que têm intolerância à lactose podem optar por pizza com cobertura de tofu derretido, cuja textura cremosa é igual à do queijo.

Se você deseja fazer uma dieta vegetariana, uma dica importante é variar os alimentos tanto quanto possível. Se você pensava que a soja e o queijo eram os únicos substitutos de que dispunha, agora terá várias escolhas nutritivas e não se cansará tão facilmente.

O seitan tem a consistência da carne e, embora seu sabor seja diferente, ela lhe dará a impressão de que está mastigando e digerindo um alimento mais volumoso do que vegetais. O tofu é um perfeito substituto da proteína, visto que é destituído de gordura e de colesterol, contendo, no entanto, um suprimento abundante de cálcio, colina, potássio e vitaminas B, C e E. O tofu pode ser adicionado às saladas e ligeiramente salgado para acentuar seu sabor, pode ser frito com os vegetais e usado como um substituto da carne no molho do macarrão, da pizza ou da lasanha. Combinado com maionese, aipo picado e alho, a salada de tofu é um ótimo substituto para o atum.

A dieta vegetariana tem menos gordura, colesterol e calorias, visto que as plantas contêm pouca gordura ou colesterol — uma grande arma para o controle do peso. Não basta substituir os ovos e o queijo, que aumentam os níveis de gordura e colesterol. Acrescente quantidades substanciais de grãos integrais e de vegetais à sua dieta. Alguns vegetarianos comem peixe e os que seguem a dieta macrobiótica, uma dieta baseada na filosofia chinesa de equilíbrio do yin e yang, variam sua dieta comendo grãos integrais, vegetais e peixe.

Além de ser leve para o aparelho digestivo, a dieta vegetariana é rica em fibras e diminui o risco de doenças cardíacas, diverticulite, úlcera e outros distúrbios estomacais. A maioria das pessoas come mais proteína do que na verdade precisa e não compreende que o excesso de proteína pode agravar a artrite e as doenças renais.

O potássio também é importante para os virginianos, visto que ele ativa a produção das enzimas digestivas que estimulam todo o trato gastrointestinal e aliviam a pressão nos intestinos. Além disso, a deficiência de potássio, que às vezes é resultado do consumo excessivo de sódio ou de uma quantidade insuficiente de frutas e vegetais na dieta, pode exacerbar a insônia de que muitos virginianos sofrem. Entre os alimentos ricos em potássio estão as verduras de folhas verdes, o morango, a banana, a laranja, o aspargo, o melão cantalupo, a amêndoa, a batata (especialmente a casca), sementes de gergelim e de girassol e o atum.

Como os geminianos, regidos por Mercúrio, os virginianos muitas vezes são atormentados pela tensão nervosa, insônia e ataques de ansiedade. Você pode fortalecer o sistema nervoso e aumentar a tolerância ao *stress* através da yoga, da meditação, dos exercícios de respiração profunda e das técnicas de visualização criativa, que podem eliminar grande parte do nervosismo e da irritabilidade. Ao monitorar os níveis de ansiedade, o *biofeedback* (veja Apêndice II) pode detectar a iminência de um ataque de ansiedade. (Veja o Capítulo 4 para exercícios de hiperventilação e as recomendações para diminuir a insônia e a tensão nervosa.)

A meditação ou a limpeza da mente de pensamentos indesejados são o melhor modo de um virginiano relaxar e acalmar os nervos. Embora haja uma variedade de técnicas que utilizem mantras, sons e imagens visuais para eliminar os pensamentos, o método mais simples é concentrar-se no ritmo da respiração, da seguinte maneira:

1. Feche os olhos e sente-se com as costas retas, de encontro a uma parede. Volte toda a atenção para seu mundo interior, erradicando todos os pensamentos. Tente manter a espinha reta, liberando toda tensão dos ombros, pescoço e rosto.
2. À medida que respira, canalize sua energia no ponto hara — alguns centímetros abaixo do umbigo. (Esse é o ponto de onde emana toda a energia física.)
3. Continue a se concentrar na respiração, deixando que ela encontre seu próprio ritmo.
4. Depois de algumas respirações, expire lentamente e imagine o ar subindo pelo tronco a partir do hara, passando pelos ombros, descendo pelos braços e saindo pela ponta dos dedos.

Depois de fazer esse exercício durante cinco a dez minutos, você estará relaxado e sua mente, livre de pensamentos perturbadores. Talvez você já tenha experimentado isso com outras técnicas de respiração, portanto, continue a praticar a que achar melhor.

Seu temperamento instável, suas mudanças de humor e suas altas expectativas acompanhadas de constante preocupação, análise e introspecção tornam você um excelente candidato à depressão, passageira ou crônica. Os sinais iniciais de que a depressão está se aproximando podem ser a falta de interesse pelo sexo, a mudança nos hábitos alimentares (isto é, perda do apetite ou uma comilança compulsiva), fadiga, tristeza, insônia e irritabilidade.

Embora talvez você não sofra de depressão clínica, provavelmente já foi atormentado em alguma ocasião pela tendência à preocupação, às lamúrias e ao pessimismo quanto ao futuro. Se você pedir que um virginiano descreva um copo cheio de água até a metade, ele responderá invariavelmente que o copo está meio vazio, a marca de um pessimista, em vez de meio cheio, indicação de um otimista. Embora estimulantes artificiais como a cafeína possam reanimá-lo, seus efeitos a longo prazo incluem falta de energia, agitação mental, diminuição da concentração e um sistema nervoso ainda mais vulnerável. Além das vitaminas do complexo B e do lêvedo de cerveja (veja Capítulo 4), as seguintes ervas são estimulantes naturais que fortalecem o sistema nervoso, aumentando o poder de concentração e o vigor físico. Elas também ajudam na produção de serotonina, um regulador químico do humor que causa uma espécie de bem-estar e ajuda a controlar e a aliviar a ansiedade e a depressão.

Ginseng e Outras Ervas

O ginseng, planta nativa da Sibéria, China e Coréia (a que cresce na Coréia é considerada a mais forte) é um purificador do sangue e um estimulante natural disponível em cápsulas, na forma de chá ou de tônico. A raiz vem sendo utilizada na medicina chinesa desde o século I d.C. para restaurar a vitalidade e como um remédio para quase todos os problemas físicos. O ginseng fortalece o coração e o sistema nervoso, de modo que a resposta do corpo ao *stress* e à ansiedade seja controlada antes de se transformar num total ataque de pânico. Dizem que o ginseng melhora a saúde a tal ponto que algumas pessoas acreditam que ele cure a impotência e promova a longevidade. Os benefícios estão na sua capacidade de estimular, sem provocar o nervosismo que a cafeína provoca. Além disso, essa erva melhora o apetite, tem um efeito positivo sobre a digestão e alivia os distúrbios estomacais.

O ginseng aumenta a vitalidade e a resistência às doenças, pois estimula as glândulas endócrinas que controlam os processos fisiológicos, como o metabolismo de minerais e vitaminas. Níveis elevados de açúcar no sangue são normalizados pelo ginseng, que também trata a hipertensão, normalizando a pressão arterial. Além de suas propriedades terapêuticas, o ginseng contém vitaminas, minerais e enzimas. Essa erva também é usada para tratar resfriados, tosses, reumatismo, nevralgia, gota, diabete, anemia, insônia, *stress* e dor de cabeça.

As seguintes ervas também são igualmente capazes de aliviar tanto a insônia quanto a depressão:

Valeriana — Erva popular, seu nome tem a mesma raiz do Valium (diazepam), um relaxante muscular prescrito com freqüência pelos médicos para diminuir a ansiedade e induzir o sono. Pelo fato de não viciar, a valeriana é muito mais segura do que o Valium e igualmente eficaz quando ingerida regularmente. Ela pode ser encontrada em cápsulas e em forma de chá, que pode ser feito da raiz fresca ou desidratada.

Verbena — A verbena silvestre, que estabiliza e estimula os nervos, cresce no sul da França. O chá dessa erva tem um efeito forte e sabor refrescante quando se acrescenta mel. A verbena também é usada nos florais de Bach (*Vervain*); nesse caso é recomendada para os compulsivos pelo trabalho e para as personalidades do tipo A, com níveis elevados de tensão, que devem fazer uma pausa a fim de relaxar de vez em quando.

Hipérico (erva-de-são-joão) — Usada na antiga Grécia para distúrbios menstruais e, na Idade Média, para a ansiedade e a depressão, a erva-de-são-joão, como é conhecida comercialmente, é um estimulante popular para melhorar o humor; é usada inclusive pelos médicos para elevar o ânimo e promover uma sensação de bem-estar. Arbusto que floresce no dia 24 de junho, dia de nascimento de São João Batista, a erva-de-são-joão é facilmente encontrada em forma de comprimidos; no entanto, ela não deve ser tomada junto com Prozac ou outros antidepressivos clinicamente prescritos sem consultar antes um médico.

A *skullcap* (*scuttelaria laterifolia*) usada pelos índios norte-americanos, é um sedativo suave e tônico para a tensão nervosa, disponível em cápsulas ou chá; ela alivia a tensão e induz o sono. O alecrim, usado para amenizar a insônia e a depressão, é uma erva muito usada na culinária. Ela é comercializada *in natura* ou em forma de óleo essencial. Outros óleos da aromaterapia que podem ser usados como inalantes, para banho ou massagens são: lavanda, jasmim, sândalo e bergamota. A camomila, sedativo e digestivo muito conhecido, também pode ser usada na forma de óleo essencial. Suas folhas podem ser usadas para preparar um chá ou para vaporizar o rosto. Visto que a insônia com freqüência é sintoma de depressão, as ervas e os remédios aromaterápicos muitas vezes podem ser usados para tratar ambos os males. Entre as ervas que tratam do sistema digestivo e/ou aliviam o sistema nervoso, estão a angélica, que estimula o trato digestivo, e as folhas do bálsamo, que facilitam a digestão.

Como Vencer a Insônia

Se você tem insônia, ou simplesmente dificuldade para dormir, tome um banho quente antes de se deitar, evite os estimulantes ou refeições pesadas depois das 16 horas, e beba um copo de leite quente com mel antes de ir dormir. O triptofano, um sedativo suave que produz serotonina, muitas vezes é recomendado para as pessoas com distúrbios do sono. O triptofano pode ser tomado na forma de suplemento, mas também está presente no leite, no iogurte, na banana, na manteiga de amendoim, na toranja, na tâmara, no figo, no arroz e no atum. O ácido fólico, o inositol, o zinco, e as vitaminas C, D e E ajudarão você a ter uma boa noite de sono. Tabletes contendo uma combinação de cálcio e magnésio também são recomendados, bem como tabletes de 250 miligramas de magnésio. O magnésio é encontrado na carne, no peixe, na maçã, no abricó, no abacate, na banana, no arroz, na alga marinha e no alho.

Aumente o Nível de Serotonina com a Atividade Física

O exercício físico é outro método com o qual se aumentam os níveis de serotonina, criando assim uma sensação de bem-estar. A preocupação virginiana com a perfeição mental e física indica que você provavelmente freqüenta uma academia para manter a boa forma, onde pode ter aulas de ginástica aeróbica ou usar aparelhos de musculação, bicicleta ergométrica e esteira. Você pode até mesmo ter um dos aparelhos ou todos eles em casa. Outras atividades físicas que aumentam os níveis de serotonina: nadar, correr, andar, jogar tênis ou qualquer outra atividade vigorosa.

Posturas da Yoga

Como a yoga fortalece o sistema nervoso ao mesmo tempo que alonga e tonifica várias partes do corpo, essa antiga filosofia hindu é a preferida de muitos virginianos. Embora todas as posturas da yoga fortaleçam o sistema nervoso, algumas são especialmente adequadas para a região inferior das costas e a que cerca os intestinos, a qual estimula a digestão. Para o relaxamento geral, é importante praticar exercícios de respiração, sentado numa posição ereta. Em vez da difícil posição de Lótus, prefira a posição de Sathasana, na qual as pernas também ficam cruzadas e que permite que você respire profunda e confortavelmente.

Sathasana

1. Sente-se com a coluna, a cabeça e o pescoço eretos.
2. Cruze as pernas, de modo que os joelhos encostem no chão.
3. Aproxime os tornozelos ao máximo do seu corpo.
4. Descanse os pulsos nos joelhos.
5. Respire enquanto continua sentado o mais ereto possível.

Se sentir que tem flexibilidade, pode tentar fazer primeiro a Postura de Meio-Lótus, seguida da Postura de Lótus. É muito importante que você pratique no seu próprio ritmo. Não tente se alongar mais do que o seu corpo permitir.

Meio-Lótus

1. Continue a respirar na posição Sathasana.
2. Pegue a perna direita e coloque-a sobre a coxa esquerda.
3. Sente-se ereto e continue respirando.

Lótus

1. Com a perna direita ainda sobre a coxa esquerda, pegue a perna esquerda e coloque-a sobre a coxa direita.
2. Fique sentado ereto e continue a respirar.

Diverticulite

A diverticulite ocorre quando os divertículos (minúsculas bolsas que podem se formar no cólon) se infeccionam ou inflamam. Esse problema pode provocar dor abdominal, flatulência, náusea, vômitos, arrepios e cãibras. A gravidade da doença depende da extensão da infecção bacteriana. Como a síndrome do intestino irritável e as úlceras do estômago podem causar problemas semelhantes, uma visita ao médico é necessária, visto que os divertículos só são detectados através dos raios X.

Como outras enfermidades, a diverticulite pode ser tratada ou prevenida com uma dieta rica em fibras, visto que os alimentos ricos em substâncias indigeríveis permitem que o conteúdo do intestino transite facilmente, deixando as fezes macias e diminuindo a pressão do cólon. Convém beber de seis a oito copos de água por dia.

Processados ou refinados, alimentos como o açúcar branco, a farinha e o pão, bem como o café, o chá, as bebidas gasosas e o chocolate devem ser totalmente eliminados da sua dieta. Substitua-os por pães e cereais integrais, farinha de trigo integral que contenha farelo de trigo e açúcar não-refinado e mel. (Não se esqueça de que o açúcar mascavo ainda é processado, como a maior parte do mel encontrado nos supermercados.) Mel puro pode ser encontrado nas lojas que vendem produtos naturais. Visto que os virginianos têm o trato intestinal muito sensível, pode ser vantajoso evitar todos os adoçantes. Tente acrescentar canela ao café (caso tenha de tomá-lo), mel ao chá e uva-passa, banana e maçã ao seu cereal matinal. Existem muitos sucos naturais de fruta sem açúcar e geléias e gelatinas que podem substituir os produtos adoçados.

As frutas e vegetais que contêm substâncias indigeríveis são o morango, o pêssego, a maçã, a pêra, o brócoli, o repolho, a couve-flor, o espinafre, o aspargo, a abóbora e a cenoura. Lave muito bem as maçãs, as peras, os pêssegos ou as batatas para poder comer a casca, que contém as substâncias indigeríveis, as vitaminas e os minerais. Feijões secos, cevada e farelo também são alimentos ricos em fibras.

Produtos como o Citrucel ou Metamucil, tomados uma vez por dia, proporcionam de 4 a 6 gramas de fibras* quando misturados a um copo de água. Na maioria dos casos, uma dieta rica em fibras, o descanso e a medicação eliminarão a diverticulite na origem e prevenirão a recorrência.

Se você acha que está com sintomas de diverticulite, consulte imediatamente seu médico. Se não for tratada, a diverticulite pode causar infecções, perfurações ou fissuras, bloqueios intestinais ou hemorragias.

ÚLCERAS

Como Virgem rege a região do baixo-ventre e do trato intestinal, você pode estar predisposto a úlceras. Úlceras pépticas são feridas ou lesões que aparecem nas paredes do estômago (úlcera gástrica) ou do duodeno, o tubo que liga o estômago e os intestinos (úlcera duodenal), quando o estômago produz ácido demais e muco insuficiente para lubrificar o estômago. Fumar, beber, tomar muita aspirina e, naturalmente, a predisposição genética são os fatores que causam a erupção da úlcera.

Embora a bactéria *Helicobacter pylori* (*H. pylori*) tenha sido identificada como uma das causas do enfraquecimento das paredes do estômago e do excesso de acidez, o *stress* físico e emocional debilita o sistema imunológico, tornando o trato digestivo um alvo fácil para a invasão bacteriana.

---

* A dose diária de fibras recomendada pela American Dietetic Association é de 20 a 35 gramas.

As indicações mais comuns de que uma úlcera pode estar se formando são a flatulência, a azia e a dor abdominal entre o esterno e o umbigo. Outros sintomas são a náusea, os vômitos, a redução do apetite e a perda de peso. Se você tosse e cospe sangue ou se suas fezes são pretas ou de um vermelho vivo, você deve estar sofrendo de uma úlcera hemorrágica cujos sintomas nem sempre são aparentes. Mesmo se deixar de sentir dor, procure imediatamente um médico caso se sinta fraco, uma vez que esse é um sintoma de úlcera perfurada.

Além dos antibióticos, o tratamento inclui antiácidos, que neutralizam o estômago, a mudança dos hábitos alimentares e a redução da ansiedade. Antes que se descobrisse que as úlceras são provocadas por bactérias, recomendava-se alimentos de fácil digestão e derivados do leite para proteger o estômago. Embora o leite proteja temporariamente o estômago, ele na verdade estimula a produção de ácido a longo prazo, agravando assim a dor de uma úlcera já existente. Se você tem úlcera ou se seu estômago reage mal a certos alimentos, evite bebidas alcoólicas, cigarro, farinha branca, açúcar, alimentos condimentados, café, chá, coca-cola e chocolate. O café, o chá, a coca-cola e o chocolate, que contêm cafeína, parecem estimular a acidez do estômago e podem agravar a dor provocada por uma úlcera já existente. Como a acidez estomacal também pode ser causada por alimentos ácidos, evite também o café descafeinado.

Embora não se pense mais que o *stress* emocional seja a *causa* das úlceras, é certo que ele agrava esse problema. Alimentos ricos em fibras, inclusive frutas, vegetais e seus sucos (especialmente o suco de couve) e grãos integrais são recomendados, bem como qualquer remédio de ervas como alcaçuz, hortelã-pimenta e olmo, que protegem as mucosas. As cápsulas de alcaçuz inibem as secreções gástricas, da mesma forma que o cálcio, o zinco e as vitaminas A, B, C e E, que podem ser ingeridas em cápsulas ou por meio de alimentos ricos desses nutrientes. Ervas terapêuticas que estimulam a digestão: manjericão, mostarda-preta, camomila, anis, alcaravia, coriandro, funcho, gengibre, sabugueiro, manjerona, mostarda, noz-moscada, salsa, alecrim e salva.

Sais Minerais

O sulfato de potássio (Kali Sulph.), sal mineral associado ao signo de Virgem, ajuda a manter o cabelo, as unhas e a pele saudáveis por transportar oxigênio do sangue para as células dos tecidos e fortalecer o sistema nervoso, colaborando na formação de novas células nervosas. Alimentos que contêm sulfato de potássio: cenoura, tomate, beterraba, limão, aipo, toranja, pastinaca, maçã, trigo integral, centeio e aveia.

Trate os Problemas Digestivos com Óleos Aromáticos

Os óleos usados na aromaterapia servem para aliviar a tensão nervosa e promover um relaxamento geral. Escolha qualquer aroma que agrade aos seus sentidos. Os óleos mais populares com fragrâncias maravilhosamente doces são: óleo de rosas, de jasmim, de lavanda e de flor de laranjeira.

Os óleos a seguir são especialmente úteis para aliviar males digestivos e/ou aliviar a tensão nervosa. Usados como óleo essencial ou como ingrediente nos pratos cozidos e saladas, o manjericão é maravilhoso para a digestão e para estimular e acalmar os nervos. O óleo de bergamota, feito com o ingrediente principal usado no chá *Earl Grey*, é um sedativo natural. As sementes de alcaravia ou o seu chá estimulam a digestão. O endro ajuda a evitar os vômitos, cessa os soluços e purifica o trato digestivo. As sementes de erva-doce, que podem ser usadas no chá e nas saladas, diminuem a inflamação do estômago e amenizam distúrbios intestinais.

Quando usado como óleo de massagem ou como condimento, a manjerona relaxa os nervos. Para eliminar a ansiedade, a depressão e a insônia tente combinar o óleo de manjerona com o de limão. Todas as pessoas que queimam incenso de sândalo ou usam óleo de sândalo para massagens reconhecem que ele tem um grande efeito sedativo sobre o sistema nervoso e funciona como um antidepressivo. Outros óleos usados no banho ou inalantes para acalmar os nervos são os de flor de laranjeira, de rosas, de lavanda e de jasmim — todas flores belas com aroma doce. A verbena (também conhecida como erva-cidreira) ajuda a digestão quando usada para massagear o abdômen.

Diminua a Tensão com uma Massagem Relaxante

Para facilitar a digestão e relaxar, peça que o seu parceiro lhe faça uma massagem suave, relaxante. Deite-se de costas com os olhos fechados. Comece respirando profundamente a partir do diafragma, para aliviar a tensão. Peça que seu parceiro esfregue óleo de leve sobre seu abdômen. Deixe que as mãos dele desçam devagar e façam uma pausa antes de começar a massagem. Em seguida, movam-se no sentido horário, ao redor da barriga, num amplo movimento circular, aumentando gradualmente a pressão e fazendo círculos menores. Continue a respirar lenta e profundamente. A massagem deve terminar com as mãos do parceiro sobre sua barriga, com os dedos voltados para o esterno. Fique deitado até sentir que está pronto para se levantar e lentamente reinicie suas atividades.

Segundo a medicina chinesa, pensar e se preocupar demais debilitam o baço (regido por Virgem), o que, por sua vez, interfere na digestão e provoca fadiga. A preocupação também provoca distúrbios pulmonares, que resultam em falta de fôlego, ansiedade e hiperventilação. Aplicar agulhas de acupuntura ou acupressura no ponto meridiano correspondente ao baço pode, segundo os praticantes da medicina chinesa, aliviar esses problemas. Embora a acupuntura tenha de ser praticada por um profissional habilitado, a acupressura pode ser feita em casa, fazendo-se pressão no ponto relacionado com o baço. Esse ponto está localizado "na parte externa da perna abaixo da articulação do joelho" (veja Fig. 7.1).[7] O desbloqueio da energia dessa área melhorará sua digestão, além de aliviar a ansiedade, as dores de cabeça e os distúrbios circulatórios. Mesmo que você não aplique pressão nos locais exatos em que ficam os pontos da acupressura, essa prática certamente não causará nenhum mal.

Existem outros pontos de pressão usados na acupressura e no shiatsu que podem ser localizados com muito pouco conhecimento dessas disciplinas. Um ponto que pode aliviar a insônia está localizado no pescoço, a alguns centímetros abaixo da ponta do lóbulo da orelha. Faça uma pressão forte nesse ponto com seu dedo indicador, durante quinze a vinte segundos, de um lado do pescoço e repita o mesmo movimento do outro lado.

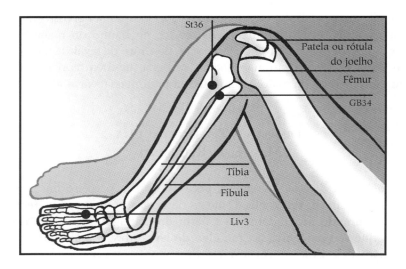

Figura 7.1. Ponto de Acupressura do Baço

Medicina Ayurvédica

Devido ao nervosismo, à irritabilidade e à atividade mental excessiva, os nativos de Virgem podem ser classificados, assim como os nativos de Gêmeos, como do dosha Vata. Seu sistema digestivo é facilmente perturbado e é especialmente sensível aos alimentos condimentados, o que provoca gases. Vata é caracterizado pela inquietação, insônia, ansiedade, fadiga e depressão. Os tipos Vata fazem exigências excessivas a si mesmos e aos outros, criando uma atmosfera de constante pressão. Para alterar esses hábitos, você precisa começar a descansar mais. No momento em que sentir que atingiu o limite da sua capacidade física e mental, pare e descanse um pouco.

Além de dominar técnicas de relaxamento, é importante que os tipos Vata mudem seus hábitos alimentares. Aprenda a comer devagar e espere ao menos uma hora depois das refeições antes de fazer qualquer atividade física. Acrescente alimentos salgados, ácidos e doces à sua dieta (veja o Apêndice II). Leite, cozidos, sopas quentes, cereais quentes e pão quente, recém-assado,* são indicados para o seu tipo físico. Comece o dia com um bom café da manhã, que inclua mingau de arroz ou de maizena.

Adquira o hábito de beber chá quente de ervas durante o dia, quando sentir que está ficando frio. Classificado como picante, o gengibre estimula a digestão e pode ser usado como condimento culinário ou como chá. Outras especiarias digestivas são: canela, funcho e cardamomo. Quando sentir sinais de ansiedade ou nervosismo, prepare uma xícara de chá ou uma sopa cremosa de vegetais. Grãos quentes como a lentilha, macarrão e arroz com manteiga derretida também são recomendados para tipos Vata.

Terapia com Pedras, Gemas e Cores

Se você nasceu entre 23 e 31 de agosto, sua pedra natal é o peridoto, uma pedra semipreciosa; se nasceu entre 1º e 20 de setembro, sua pedra natal é a safira, uma bela pedra semipreciosa azul. Outras pedras associadas a Virgem são ágata, sardonita, mármore e jaspe. Os metais são: níquel, cobre e mercúrio (Mercúrio é o planeta regente de Virgem). As cores de Virgem são o azul e o cinza.

---

* O pão pode ser branco ou de trigo integral. O importante aqui é que esteja quente.

Capítulo 8

Libra

Preguiçoso e Indulgente; no entanto, a Vaidade Pode Conquistar Tudo?

LIBRA (DE 21 DE SETEMBRO A 22 DE OUTUBRO)
PLANETA REGENTE: Vênus
ELEMENTO: Ar
MODALIDADE: Cardinal

Traços e conceitos positivos de Libra: artístico, harmonioso, diplomático, honesto, bem-apessoado, sociável, atencioso, refinado, amante do belo, intelectual, amoroso, digno de confiança, imparcial, afável, prestativo, compreensivo, elegante, charmoso, criativo, idealista, gentil, racional e bem-humorado.

Traços e conceitos negativos de Libra: indeciso, manipulador, preguiçoso, glutão, baixa auto-estima, sem opinião própria, desonesto, crítico, indulgente, emocionalmente frio, desligado, hedonista, dominador, dependente, superficial e irrealista.

Partes do corpo regidas por Libra: rins, diafragma, pâncreas, glândulas supra-renais, abdômen e parte inferior das costas. Seu planeta regente, Vênus, governa os olhos e a pele. Problemas de saúde: acne, lesões da pele (psoríase), pele oleosa, dermatite, cálculos renais, diabete, distúrbios alimentares, obesidade, edema, vício de drogas e hipoglicemia.

Profissões que põem em evidência o senso estético dos nativos de Libra, a sua harmonia e beleza, bem como o seu amor pelas pessoas, pela política e pela sociedade: artista, escritor, músico, consultor de moda, esteticista, desenhista gráfico, decorador de interiores, modelo, político, terapeuta, sociólogo, diplomata, juiz, mediador, publicitário, gerente de recursos humanos, recepcionista e conselheiro.

LIBRA:
COOPERAÇÃO — CHAVE PARA O SUCESSO DOS LIBRIANOS

Regido por Vênus, planeta do amor e da beleza, os sensuais e encantadores librianos são gentis, artísticos, mas obcecados pela idéia de se apaixonar, ter um parceiro e nunca ficar sozinhos. Prestativo, cheio de tato e orgulhoso de sua capacidade de compartilhar, você está visivelmente consciente de que "duas cabeças pensam melhor do que uma". Você tem habilidade para manter todo tipo de relacionamento e associação e assume mais compromissos do que qualquer outro signo.

Classificado como signo cardinal de Ar, Libra, simbolizado pela balança da justiça, tem clareza de visão, objetividade notável e ótimo raciocínio. Mediador excelente que vê ambos os lados de uma questão, você é o primeiro a ser chamado para dar uma opinião imparcial, para esclarecer uma questão ou para resolver disputas. Sua capacidade ímpar de permanecer sempre calmo e concentrado dá tranqüilidade e segurança em meio a crises pessoais e profissionais.

Embora possa parecer contraditório que um signo tão voltado para os relacionamentos pareça distante e até mesmo desinteressado, é necessário lembrar que Libra, o único signo simbolizado por um objeto inanimado, não é motivado pela paixão ou pelas emoções, porém pela necessidade de companhia, de comunicação e da aprovação dos outros.

Racional e de temperamento estável, você é agraciado com grande elegância e sociabilidade e sempre será bem-vindo nas rodas sociais pelo fato de reprimir as emoções indesejadas (isto é, medo, raiva, hostilidade). Quando estressado, entretanto, a reticência e a polidez reprimidas podem explodir subitamente, acarretando o negativismo que você esperava evitar.

Um caso desses aconteceu numa festa em que estive. Um encantador e extrovertido amigo do signo de Libra, não desejando ofender seus anfitriões, concordou em ficar para jantar embora preferisse não fazê-lo — sua exaustão deveria tê-lo feito sair mais cedo. Ironicamente, sua incapacidade de relaxar e de aproveitar a noite (o que ficou óbvio pelas suas constantes consultas ao relógio) o transformou num convidado tenso e pouco participante, que teria sido mais educado se recusasse o convite para jantar.

Essa reação é o sintoma de uma característica libriana significativa — a tendência para agir de acordo com a expectativa dos outros a fim de conquistar o respeito, o amor ou a admiração. Por causa disso, você raramente dá uma opinião ou toma uma decisão enquanto não estiver certo de que ao menos uma outra pessoa apoiará seus pontos de vista. Embora você seja elogiado por ser gentil, sensível e atencioso, você enfurece outras pessoas por ficar neutro e nunca tomar uma posição.

Embora sua placidez e tranqüilidade o façam parecer extremamente seguro de si, os librianos, na verdade, costumam alimentar muitas dúvidas acerca de si mesmos. Em vez de viver atrás de conselho e aprovação, por que você não confia em seu próprio julgamento e intuição? Um parceiro que lhe dê apoio e que se preocupe com você pode ajudar a aumentar sua auto-estima e lhe dar o incentivo de que precisa para se concentrar no futuro e seguir em frente com determinação.

Fisionomia e Tipo Físico

O tipo libriano muitas vezes é caracterizado por cabelos macios, olhos tranqüilos, nariz ligeiramente pontudo, boca bem desenhada, lábios grossos e pescoço elegante. Seus traços em geral são refinados, o que lhe dá uma aparência frágil e delicada. O que o destaca é esse brilho no olhar, o gosto pelo flerte e uma incrível facilidade para fazer amigos.

Libra rege os rins, o abdômen, o diafragma, as glândulas supra-renais e a parte inferior das costas, enquanto Vênus, seu planeta regente, rege a pele e os olhos. A sua natureza letárgica, a falta de exercício, o gosto por alimentos de paladar forte e seu estilo de vida prazeroso acompanhados de hábitos desregrados contribuem para o seu aumento de peso. A má notícia é que você precisa fazer um grande esforço para desenvolver bons hábitos alimentares e incluir o exercício físico na sua rotina diária. Pelo lado positivo, o desejo de ser elogiado e a preocupação com a aparência podem motivá-lo a se manter numa dieta rigorosa, evitando o aumento de peso. Embora os librianos sejam fortemente influenciados pela opinião dos outros, tente ignorar as imagens cinematográficas e confiar na própria intuição. Lembre-se de que a beleza é superficial e o que você sente no íntimo é o que realmente importa.

Problemas que Afetam os Rins

Quando o consumo de alimentos fortes e o excesso de doces e de bebidas alcoólicas não são compensados com exercícios físicos regulares, os rins podem ser forçados a trabalhar horas a mais para eliminar o excesso de gordura e as impurezas do organismo. Os rins, dois órgãos em forma de feijão, localizados abaixo das costelas, no meio das costas, regulam o processo de eliminação, convertendo o excesso de água e os resíduos do sangue em urina. Os primeiros sinais de que os rins não estão funcionando bem aparecem quando as toxinas não são liberadas através da eliminação, mas na forma de acne suave, suores excessivos e bolsas embaixo dos olhos, provocadas pela retenção de água. O sinal mais óbvio é o surgimento do edema, ou seja, do inchaço nos tornozelos, nos joelhos ou nos dedos, devido à retenção de líqüidos. Se você notar que isso está ocorrendo, procure elevar as pernas e evitar usar sapatos ou meias apertados. Em casos extremos, o mau funcionamento dos rins (que também pode ser resultado de uma debilidade congênita) contribui para a hipoglicemia, o diabete, os cálculos na vesícula, os problemas no fígado e a formação de pedras renais, cuja dor é excruciante.

As pedras nos rins se formam quando o sal e os sais minerais se separam da urina, acumulam-se nas superfícies internas do rim e se cristalizam. Se os cristais forem minúsculos, eles se movimentarão no trato urinário e serão eliminados naturalmente, sem que se perceba. Assim que uma pedra é eliminada com a urina, convém mandar analisá-la para ver se é, como a maioria das pedras o são, formada de cálcio. Se for esse o caso, evite os seguintes alimentos ricos em cálcio: maçã, aspargo, cerveja, feijão, beterraba, morango, brócoli, queijo, uva, espinafre, sorvete, leite, laranja, salsicha, manteiga de amendoim, abacaxi, chá, nabo e iogurte. Se a pedra for grande demais e não puder ser expelida, ela provocará uma dor terrível na região inferior das costas. A única alternativa é tomar medicação para ajudar a eliminar a pedra ou removê-la cirurgicamente ou através de procedimentos não invasivos, como o tratamento com *laser* ou com ultra-som.

No entanto, a medida preventiva mais importante é beber de seis a oito copos de água por dia. A água tira o excesso de gordura e de resíduos dos rins, o que impede a cristalização do sal e dos minerais. A proteína aumenta o ácido úrico, o cálcio e o fósforo na urina, contribuindo assim para a formação das pedras. Fique atento ao consumo de carne, peixe, aves e queijo. Evite chocolate, café, coca-cola e outros produtos que contenham cafeína. Não tempere os alimentos com sal nem coma petiscos salgados, como batatas fritas e *pretzels*. Evite os picles e os conservantes que contenham nitrato de sódio.

Frutas verdes e amarelas e vegetais como batata-doce, abóbora, melão e abricó são ricos em vitamina A, que ajuda a proteger o trato urinário, evitando a formação de pedras. Não tome mais do que 5.000 UI de vitamina A, a quantidade recomendada para consumo, e lembre-se de que os suplementos não devem ser tomados sem orientação médica, visto que, em grandes quantidades, podem ter efeito nocivo.

Alimentos ricos em fibras, como o farelo de aveia, são essenciais para os librianos, que precisam limpar e purificar constantemente o organismo. Outros alimentos que agem como diuréticos naturais: rabanete, aipo, pepino, salsa, aveia, aspargo, feijão e cenoura. Tome cuidado para não comer frutas e vegetais demais, visto que eles podem provocar gases num organismo já sensível.

Dizem que o suco de oxicoco (*cranberry*) pode evitar a produção de cálculos renais, mas é duvidoso que você possa consumir uma quantidade suficiente para tornar a urina suficientemente ácida. (Portanto, a maior parte dos sucos de oxicoco comercializados são adoçados, o que diminui seus efeitos.) Se você achar agradável o paladar dessa refrescante e saudável bebida, então é uma boa razão para bebê-la.

Entre as ervas e plantas que estimulam os rins, purificando assim o corpo das toxinas, estão uva-do-monte, borragem, salsa, rábano-picante e tomilho. A sene e o poejo, fortes ervas diuréticas, ajudam a ativar os rins e a limpar o organismo, mas devem apenas ser tomadas em doses extremamente pequenas. Ingerir uma quantidade excessiva pode provocar contrações no estômago e sobrecarregar os rins, causando danos potenciais a longo prazo. É imperativo seguir as instruções do rótulo e, se você tiver problemas digestivos, só tomar essas ervas sob orientação médica. Nenhuma delas deve ser usada por gestantes, visto que ambas podem provocar contrações que podem resultar num aborto. Tenha cautela com todos os diuréticos vendidos nas farmácias, visto que o uso excessivo pode prejudicar os rins.

ACNE NOS ADULTOS

A pele e os rins estão sob os auspícios de Vênus, planeta regente de Libra. O excesso de toxinas e de oleosidade que os rins não conseguem eliminar podem sair através das glândulas sebáceas e da pele respectivamente na forma de transpiração e acne. Acne é um termo coloquial para descrever lesões, inflamadas ou não (em geral chamadas de espinhas), que aparecem no queixo, no nariz e nas bochechas — as partes mais oleosas do rosto —, quando os poros são obstruídos pelo excesso de oleosidade. Predominante principalmente entre os adolescentes e mulheres em fase pré-menstrual, cujos hormônios produzem excesso de oleosidade, esse problema em geral pode ser contornado com uma limpeza profunda dos poros. A acne pode se resumir a algumas poucas espinhas ou se tornar uma infecção grave que pode coçar, queimar e adquirir um aspecto repulsivo. Embora o *stress*, a luz solar e os fatores hereditários agravem essas erupções, generalizou-se, equivocadamente, a crença de que alimentos gordurosos e oleosos ativam as glândulas sebáceas. Como a pele do libriano é especialmente sensível e o seu sistema nervoso muito frágil, é importante evitar tocar, coçar ou espremer essas feridas, ou deixar-se levar pelo *stress*.

Freqüentemente confundida com a acne, a rosácea, uma doença de pele crônica nos adultos, é causada principalmente por fatores genéticos. Caracterizada por pontos vermelhos e inflamados, manchas, ou pústulas (feridas purulentas), o surto fica restrito à face. Evite tudo o que cause vermelhidão, assim como bebidas alcoólicas, condimentos ou água muito quente. Não use produtos tópicos vendidos em farmácia, visto que eles podem piorar o mal. O nariz e as bochechas de Bill Clinton são exemplos de rosácea. Ele é de Leão, signo de fogo, mas na hora exata do seu nascimento, Vênus, Marte, Netuno e seu ascendente estavam todos no signo de Libra — um exemplo ímpar de como, além do Sol, os outros signos zodiacais afetam a saúde.

Visto que ter boa aparência é vital para a sua auto-estima, opte por uma maquiagem que não contenha óleo, produtos químicos ou outros irritantes da pele para não fechar ainda mais seus poros. Limpe o rosto com sabão neutro, isento de produtos químicos, e que não irrite a pele e procure eliminar totalmente a sujeira, a maquiagem e o excesso de oleosidade. Produtos de limpeza à base de ervas, feitos com amêndoas e pepinos, são altamente recomendados. Se você precisar usar um produto de limpeza vendido em drogarias, compre apenas o que for mais suave. Não vá para a cama, em nenhuma circunstância, sem remover a maquiagem. A sua pele é a primeira linha de defesa, e precisa ser limpa a fim de respirar, reter a umidade e livrar-se das irritações. Por outro lado, tenha o cuidado de não limpar demais. Esfregar demais a pele pode resultar em vermelhidão, rachaduras ou dermatite — uma doença que também pode ser causada por uma reação alérgica. O melhor método é simplesmente lavar o rosto com água morna várias vezes por dia para obter uma limpeza profunda. Assim que os poros estiverem abertos, use um adstringente suave depois de lavar o rosto, a fim de fechá-los e impedir que a sujeira entre.

Massagem Facial

Como os librianos são pessoas que gostam de conforto, de luxo e dos prazeres sensuais, não há nada mais agradável do que ser mimado e massageado. Embora todo o seu corpo responda à sensação do toque, o seu rosto, especialmente, será extremamente beneficiado com a massagem, que aumenta o suprimento de sangue, estimula a função da pele, melhora a tonicidade muscular e pode até mesmo eliminar espinhas ou acne. A massagem ajuda a aliviar a tensão facial e fará você parecer e se sentir mais relaxado e anos mais jovem. Você mesmo pode fazer uma massagem ou pedir que seu parceiro a faça para você. Se optar por essa solução, prometa que lhe dará uma massagem em troca. A massagem é especialmente gratificante se a pessoa que a aplica se sentar ao lado de quem ela está massageando, para que haja contato visual. Se isso deixa a pessoa pouco à vontade, então quem recebe a massagem deve simplesmente sentar-se na frente do massagista.

As seguintes variações delineiam o melhor procedimento para massagear o rosto. Você pode executar a série toda numa sessão ou concentrar-se em alguns poucos movimentos a cada vez que fizer ou lhe fizerem uma massagem.

1. Comece afastando o cabelo para trás, usando um elástico, tiara ou lenço, de modo que o óleo da massagem não atinja o couro cabeludo.
2. Esfregue uma quantidade pequena de óleo de massagem nos dedos, passe-os pelas laterais do rosto em movimentos ascendentes, lentos e suaves, desde o queixo até a testa. Repita o movimento várias vezes até que o rosto comece a relaxar.
3. Dê batidinhas na testa com a palma das mãos, começando na altura das sobrancelhas até chegar à linha do cabelo. Esse movimento deve ser suave e regular.
4. Faça o movimento no sentido contrário, começando na linha do cabelo até chegar às sobrancelhas.
5. Descanse a palma das mãos na testa por alguns segundos. Então movimente-as a partir do centro da testa, na direção dos lóbulos das orelhas. Repita esse movimento algumas vezes.
6. Com os dedos indicador e médio, massageie as têmporas gentil e firmemente, com movimentos circulares, durante alguns minutos.
7. Deslize os dedos pelas sobrancelhas lentamente e com suavidade, usando o polegar e o indicador. Se usar o polegar, estará aplicando uma pressão ligeiramente maior do que com os outros dedos. Feche as pálpebras. Use o dedo anular ou a palma das suas mãos para alisar as pálpebras de canto a canto e de cima para baixo. Repita esses movimentos de três a cinco vezes.
8. Em seguida, deslize os polegares pelo nariz e em volta das narinas, procurando não fazer muita pressão.
9. Deslize os dedos pelas bochechas, em direção às laterais do rosto, ao queixo e ao pescoço. Com as mãos ainda impregnadas de óleo, alterne os movimentos e suba as mãos pelo pescoço até o queixo e as bochechas. Repita três vezes esses dois movimentos.
10. Encerre essa massagem relaxante alisando a testa, dando tapinhas leves e, finalmente, descansando a palma das mãos sobre os olhos, com os dedos voltados para cima, na direção da testa.[8]

Perceba os Primeiros Sinais do Diabete

Se houver um histórico de diabete (forma abreviada de *diabetes melittus*) em sua família, você talvez já tenha um gene que o predisponha para essa doença crônica que, atualmente, afeta 16 milhões de norte-americanos, entre adultos e crianças. Embora seja a quarta causa de morte nos Estados Unidos, muitos diabéticos não têm conhecimento de que têm a doença. O diabete pode se enquadrar em duas categorias:

1. Tipo I — diabete dependente de insulina ou diabete juvenil, que ocorre quando o pâncreas, governado por Libra, pára de produzir o hormônio insulina.
2. Tipo II — diabete não-dependente de insulina, que surge quando a insulina produzida não é suficiente, ou quando o corpo deixa de usar apropriadamente a insulina produzida pelo pâncreas.

Em ambos os casos, a glicose permanece no sangue e, portanto, não é transferida para as células do corpo. Como resultado, os elevados níveis de açúcar no sangue podem danificar os nervos e os rins, provocar cegueira, aumentar o risco de doença cardíaca e de derrame; e, em geral, causar danos ao sistema imunológico, diminuindo o processo de cura do corpo. Cerca de 90 por cento de todos os diabéticos pertencem ao diabete do Tipo II, que pode ser controlada através de dieta, exercícios e medicação, sem a necessidade de injeções de insulina, exigida nos casos do diabete do Tipo I.

Embora a propensão hereditária não garanta que você terá essa doença, ela significa que, se há diabete em sua família, você tem de tomar cuidado com sua alimentação. Além dos fatores hereditários, você pode ser um candidato a ter essa doença se for obeso, sedentário, tiver pressão alta ou colesterol elevado, se teve diabete durante a gravidez ou deu à luz um bebê com mais de cinco quilos. Embora qualquer signo solar possa ter tendência genética para essa doença, seus hábitos sedentários e a tendência ao excesso de comida e bebida torna você especialmente vulnerável ao diabete na terceira idade. Os primeiros sinais incluem sede excessiva, visão embaçada, micção freqüente, fadiga, perda inexplicável de peso, infecções repetidas na pele, nas gengivas ou na bexiga que demoram para se curar, e formigamento e adormecimento nas mãos e pés. Se você sofre de alguns desses problemas, procure imediatamente o médico. Felizmente, o diabete muitas vezes pode ser controlado ou até mesmo eliminado de uma vez por todas por meio de dieta alimentar específica e programas de exercícios. Embora uma alimentação saudável e exercícios físicos sejam uma receita universal para aumentar o bem-estar, independentemente do signo da pessoa, os librianos especialmente se beneficiam deles, visto que muitas das doenças desse signo estão diretamente ligadas aos maus hábitos. Seus níveis de açúcar no sangue e sua pressão sangüínea podem ser mantidos tão perto quanto possível do normal se você cultivar uma dieta hipocalórica, eliminar a nicotina, exercitar-se regularmente, limitar o consumo de bebidas alcoólicas e fazer refeições pequenas mais freqüentemente. Recomenda-se que 50 por cento da ingestão calórica sejam obtida dos carboidratos, que são simples (açúcares) ou complexos (amidos), e que 12 a 20 por cento sejam obtidos da proteína. Produtos de trigo integral, aveia, cevada, fruta e legumes são as melhores fontes de fibras. Como a fibra dá uma sensação de saciedade, comer quantidades razoáveis para satisfazer sua fome tornará fácil o controle do peso.

Existem no mercado suplementos que podem ajudar a manter normais os níveis do açúcar no sangue e a controlar a pressão sangüínea, mas eles não devem ser tomados sem prescrição médica. Entre esses remédios estão o cromo G.T.F., a niacina, a vitamina C, o zinco, o magnésio, a vitamina B_6, o inositol (vitamina B), a tiamina (vitamina B_1), o alho e o acidófilo. Ao comprar suplementos vendidos em farmácia sempre é bom ler o rótulo para conferir se existem advertências relativas ao diabete.

Se você é diabético, o mais seguro, menos estressante e mais eficaz exercício é a caminhada rápida. Uma vez que o dano aos nervos (neuropatia), um efeito colateral da doença, diminui a sensação de dor, muitas vezes os diabéticos não percebem que machucaram os pés, e uma pequena ferida pode tornar-se potencialmente gangrenosa. Os pés devem estar sempre secos e limpos e ser examinados algumas vezes por dia para ver se há cortes, feridas, bolhas, inchaço ou alguma infecção.

Se você é diabético ou acha que tem propensão para essa doença, faça um exame de sangue completo uma vez por ano, para que seu médico possa ver as mudanças no seu nível de açúcar no sangue. É possível encontrar na farmácia testes de glicose que ajudam a manter controlados os níveis de açúcar no sangue quando usados apropriadamente. Como o *stress* pode afetar o nível de açúcar no sangue, as técnicas de visualização e os exercícios de relaxamento baseados na respiração também são úteis. A hipoglicemia ocorre quando o nível de açúcar no sangue cai muito, provocando dores de cabeça, perturbação mental, ou, nos casos mais extremos, inconsciência, o que requer imediato atendimento médico.

A hiperglicemia, por outro lado, ocorre quando os níveis de açúcar no sangue se tornam elevados demais. Os sintomas mais suaves são micção freqüente, aumento do apetite, sede, visão embaçada ou tontura. Os sintomas mais graves são a perda do apetite, cãibras estomacais, náusea, vômitos, desidratação, fadiga e respiração acelerada. Se ocorrerem esses sintomas, vá direto para um pronto-socorro.

O Amor é a Solução

Como Libra é regido por Vênus, esse signo não tolera ficar sozinho. Com freqüência, existe a tendência para aliviar a ansiedade, a tensão e a solidão com comida, álcool ou drogas. Os sociáveis nativos de Libra precisam de um companheiro atencioso — aquele que eleva seu estado de ânimo quando está se sentindo deprimido, que alivia seu desespero e que oferece apoio, momentos de prazer sensual — um substituto saudável para a comida, as bebidas ou as drogas. Com um parceiro, é mais provável que você adote hábitos de vida mais saudáveis e até mesmo aprenda a fazer exercícios junto com ele (visto que odeia fazer isso sozinho).

Por outro lado, terá de ter o cuidado de não travar relacionamentos de codependência, isto é, manter um relacionamento a qualquer custo, apenas para evitar a solidão. Levada ao extremo, essa atitude pode fazê-lo até mesmo fingir que não vê os vícios ou problemas do parceiro para preservar a relação. Como os librianos não gostam de fazer confidências, e muitas vezes são conselheiros ou terapeutas, é interessante participar de grupos em que os participantes falem sobre os próprios problemas ou ouçam os outros falar dos seus. Muitos desses grupos têm programas de doze passos que envolvem um "padrinho" — um confidente recuperado que ajudará você a mudar seu estilo de vida e o guiará através do processo de recuperação para evitar uma recaída. Alanon é um programa de doze passos feito para os membros da família e os parceiros de pessoas viciadas em álcool, em drogas e em jogos de azar. Se você mantém um relacionamento com alguém que tenha um comportamento autodestrutivo, ou se está "permitindo" que seu parceiro viciado se comporte assim, seja tolerando ou até mesmo encorajando o vício a fim de se tornar necessário, então Alanon é o grupo de apoio para você. Se você não se dá bem com a dinâmica de grupo, busque um aconselhamento particular para ajudá-lo a lidar com o *stress* e a melhorar sua capacidade de enfrentar o problema.

Como você aprecia as artes criativas mas não gosta de fazer nada sozinho, combinar o exercício com as atividades sociais pode ser o incentivo de que necessita. Opte pela dança, pela ginástica ou pela yoga, em vez de se dedicar a atividades solitárias como nadar, correr, caminhar ou andar de bicicleta. Tente a dança de salão ou a patinação artística — ambas criativas e divertidas. Visite uma clínica que ofereça compressas de ervas, massagens, saunas e natação, bem como yoga e aulas de ginástica, que combinam a atividade física com o desejo de parecer e de se sentir bem.

Posturas da Yoga

A regência de Libra sobre a parte inferior das costas combinada com um estilo de vida sedentário e letárgico podem dar origem a uma má postura e a dores nessa região. A acupressura e a acupuntura são muito eficazes para aliviar o desconforto da parte inferior das costas, pois fazem a energia circular, aumentando a vitalidade. Além da Posição do Arado (a postura da yoga mostrada no Capítulo 6), a Posição da Cobra é um ásana muito popular e fácil de fazer; ele alonga e fortalece as costas, alonga os músculos abdominais e pode ajudar a aliviar problemas no útero e nos ovários.

Postura da Cobra (Fig. 8.1)

1. Deite-se de bruços.
2. Pegue os dois pés com as mãos e puxe-os até que ultrapassem os ombros e fiquem voltados para a frente. Alongue ligeiramente a coluna para evitar que a região lombar se eleve.
3. Ao expirar, erga e expanda o peito à medida que faz pressão para baixo com as mãos. Mantenha os cotovelos junto ao corpo e continue a alongar a coluna. Mova os ombros para baixo e afaste-os das orelhas para liberar o pescoço e a cabeça. Deixe que a parte superior das costas se alongue.
4. Mantenha essa posição enquanto respira algumas vezes. Depois expire e solte os pés lentamente.
5. Repita essa postura de uma a três vezes. Continue a respirar normalmente mantendo a coluna alongada. Deixe o corpo totalmente relaxado.

Postura com Apoio nos Ombros (Fig. 8.2)

A Sarvangasana, ou postura com apoio nos ombros, é mais simples do que a postura com apoio na cabeça, e inverterá o fluxo da gravidade, aliviando a tensão do abdômen.

1. Deite-se de costas com as pernas esticadas.
2. Dobre as pernas e lentamente flexione os joelhos sobre o peito.
3. Usando os cotovelos e os braços como apoio, segure a parte inferior das costas com a palma das mãos, deixando os polegares esticados.
4. Os cotovelos devem ficar na mesma linha que os ombros.
5. Eleve o tronco para a posição vertical.
6. Estique as pernas para que formem uma linha vertical.
7. Mantenha o peito contra o queixo, respirando livremente.

Medicina Ayurvédica

Como Vênus é classificado como um planeta Kapha, Libra, como Touro e Câncer, encaixa-se no perfil desse dosha lento, letárgico e extremamente frio. Embora maravilhosamente criativo e cooperativo, a ponto de nunca tomar uma decisão sem a aprovação dos outros, você tem dificuldade em direcionar suas energias para um objetivo claro. Você se distrai com facilidade, muitas vezes achando motivos pelos quais não pode levar os projetos adiante e terminar o que começou.

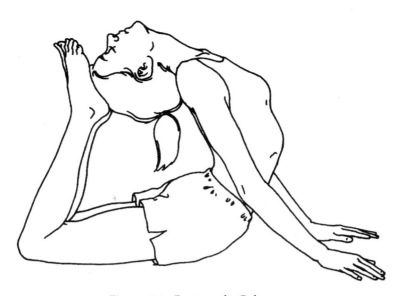

Figura 8.1. Postura da Cobra

Os librianos, como você, são caracterizados pelo gosto pelos prazeres sensuais, pela preguiça e pelo comportamento indulgente, o que os adeptos do ayurveda atribuem, em parte, à falta de exercício e ao consumo exagerado de alimentos muito doces ou salgados. Será vantajoso você comer alimentos quentes, leves e secos com um mínimo de manteiga, óleo e açúcar. Alimentos de paladar forte, amargo e adstringente estimulam sua digestão e o ajudam a controlar o peso. Como você deve ter tendência para reter água, evite usar muito sal na comida. Os legumes devem ser grelhados e assados em vez de cozidos. Se você pensar em si mesmo como uma luz, ou flutuando no ar, sentirá vontade de comer alimentos levemente cozidos, bem como frutas e vegetais crus. Alimentos picantes ou condimentados, como cebolas, alho e gengibre estimulam a digestão e manterão seu corpo quente, ao passo que alimentos adstringentes e amargos ajudam a reduzir o apetite. (Veja Apêndice II.)

Aromaterapia e Óleos Essenciais

Os librianos são especialmente receptivos a aromas que ajudem a aliviar os problemas cutâneos. O popular jasmim, de cheiro doce, muitas vezes é usado na forma de incenso, colônia, óleo de banho ou chá aromático quente. O óleo de jasmim é recomendado para pele seca e também pode ser esfregado no abdômen para aliviar dores de estômago ou cólicas menstruais. O óleo de capim-limão faz maravilhas para a acne e outros problemas causados pela

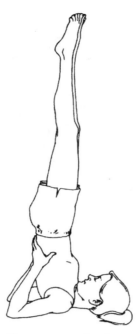

Figura 8.2. Postura com Apoio nos Ombros

oleosidade, assim como o chá das folhas de bergamota, quando usado para vaporizar o rosto. Para melhorar o eczema, a dermatite e as rachaduras na pele, massageie óleo de gerânio no rosto e no pescoço. Usado no banho ou esfregado no pescoço e nos ombros, ele também alivia a tensão nervosa e a ansiedade. O óleo de lavanda alivia irritações na pele quando usado em massagens no rosto e proporciona uma sensação de frescor quando borrifado nas áreas afetadas. Se sua pele é oleosa, combine óleo de limão, lavanda, bergamota, junípero, ou ilangue-ilangue com loção de hamamélis. Se o problema for acne, adicione capim-limão, lavanda, junípero ou camomila à água mineral ou destilada. Se sua pele for muito sensível, adicione camomila, flor de laranjeira, jasmim ou rosa à água de flor de laranjeira. Para diminuir bolhas, dermatite, eczema e rachaduras, acrescente óleo de camomila a uma pequena compressa de algodão saturada de água quente. Aplique na área afetada e remova a compressa assim que esfriar.

Independentemente da combinação que você escolher, duas gotas de óleo aromático em geral bastarão. Depois de uma limpeza profunda no rosto, umedeça um pedaço de pano ou um algodão com o óleo essencial que melhor se adapte à textura da sua pele. Em seguida, limpe todo o rosto e pescoço com a compressa, prestando bastante atenção às marcas de expressão em volta do queixo, onde o óleo tende a se acumular.

Sais Minerais

O fosfato de sódio (Nat. Phos.), o sal mineral associado a Libra, é necessário para manter o equilíbrio entre ácido e alcalino. Ele também ajuda a manter o equilíbrio da água no corpo para evitar a flatulência e a retenção de água. A falta do fosfato de sódio pode causar azia, má digestão, bem como mau funcionamento dos rins e do fígado. O fosfato de sódio está presente no agrião, na cenoura, no espinafre, na ervilha, no aipo, na beterraba, no milho, no morango, na maçã, na uva, no figo, na amêndoa, no arroz e no trigo.

Terapia com Pedras e Cores

Se você nasceu entre 21 e 30 de setembro, sua pedra natal é a safira, uma pedra preciosa azul ou branca. Se nasceu entre o dia 1º e 22 de outubro, sua pedra natal é a opala, uma bela pedra semipreciosa azul esbranquiçada. Visto que as suas cores são o branco e o verde, entre as pedras de Libra estão o diamante, o zircão (imitação de diamante), o quartzo branco e o alabastro, bem como a esmeralda, a turmalina e o jade, que são verdes. Para melhorar seus relacionamentos e atrair o amor para sua vida, essas pedras têm de estar em contato com a pele e ser engastadas em ouro, o metal associado a Vênus, planeta regente de Libra. Visto que o verde e o branco são as cores de Libra, saia do sofá e vá ao parque mais próximo onde você possa caminhar, andar de bicicleta e se comunicar com a natureza. Se tiver a sorte de viver fora da cidade, passe bastante tempo ao ar livre, em meio à natureza.

Capítulo 9

Escorpião

Controle Demais Faz Mal à Saúde

Escorpião (de 23 de outubro a 22 de novembro)
Planeta Regente: **Plutão (Co-Regente: Marte)**
Elemento: **Água**
Modalidade: **Fixo**

Traços e conceitos positivos de Escorpião: sincero, excitante, ambicioso, sério, intenso, passional, sexual, magnético, perseverante, transformador, emotivo, empreendedor, engenhoso, intuitivo, cheio de energia, hábil em questões de dinheiro e leal.

Traços e conceitos negativos de Escorpião: autodestrutivo, rancoroso, promíscuo, traiçoeiro, manipulador, ciumento, hedonista, egoísta, sedento de poder, possessivo, vingativo, mesquinho, obstinado, inflexível, dominador e intratável.

Partes do corpo regidas por Escorpião: cólon, bexiga, próstata, órgãos reprodutivos, genitais e reto. Seu planeta regente, Plutão, governa o sistema endócrino.

Problemas de saúde: hemorróidas, doenças sexualmente transmissíveis, cistite, infecções do trato urinário, distúrbios intestinais, hérnia, infecções da bexiga, prisão de ventre e, em casos extremos, problemas da próstata e dos ovários.

Profissões que trazem à tona a necessidade que os nativos de Escorpião têm de assumir riscos financeiros, de aventuras, de desafios, de competir, de pesquisar e de atividades físicas: pesquisador, cientista, engenheiro, médico, psicólogo, escritor de livros de mistério, produtor de filmes, empreiteiro, matemático, fotógrafo, detetive, artista, corretor, consultor financeiro, militar, físico e atleta.

Escorpião: das Trevas para a Luz

Signo fixo de Água e oitavo do zodíaco, Escorpião é passional, intenso, altamente criativo, no entanto, é manipulador, dominador e controlador. Não diferentemente de seu símbolo, o venenoso escorpião, você pode atacar a qualquer momento, se sentir que está sofrendo uma injustiça ou que foi enganado. Você tende a ver a vida como uma guerra travada em diferentes campos de batalha — as pessoas estão a seu favor ou são contra você. Um absoluto extremista, você às vezes é excessivamente sensível e defensivo e, outras vezes, é vingativo e exigente.

Ardente, sexual e cheio de energia, você tem uma intensidade que é diferente da de qualquer outro signo. Viciado em trabalho e dono de uma imensa capacidade de assumir responsabilidades, você tem vigor para realizar num dia o que os outros não fazem numa semana. Energia ilimitada, magnetismo pessoal e disciplina férrea são seus instrumentos na escalada do sucesso — contudo, muitas vezes, você sacrifica os relacionamentos pessoais ao longo do caminho. Assim que começa a lutar pelos seus objetivos, você fica inquieto, até mesmo implacável.

Com Plutão, o senhor greco-romano dos infernos, como seu planeta regente, você é capaz de chegar a extremos emocionais que vão desde o êxtase imensurável até momentos sombrios de profunda depressão. Conversador ávido e ouvinte atento num ambiente em que se sinta à vontade, você é temeroso, introvertido e até mesmo frio quando confiado a um meio desconhecido. Assim que você baixa a guarda, revela-se imediatamente uma personalidade entusiasmada e calorosa. Até esse momento de familiaridade chegar, no entanto, os outros têm de adivinhar se surgirá um dr. Jekyll ou um mr. Hyde.

Você acha difícil expressar tristeza, raiva, agitação ou até mesmo amor, por medo de que suas emoções fortes o façam perder o controle. No entanto, assim que é pressionado, os sentimentos reprimidos finalmente vêm à tona e, como um dique rompido, sobrepujam sua mente racional e seu bom senso. Tente verbalizar o que está sentindo sem se preocupar com as reações alheias. Enquanto você não fizer isso, continuará preso no mesmo círculo vicioso.

Aprender a confrontar os problemas discutindo-os com franqueza pode evitar *stress* desnecessário, fobias e, em casos extremos, paranóia. Visto que você é compulsivo, até mesmo obsessivo, busque alívio emocional dedicando-se às suas atividades prediletas — a arte, o exercício físico e os negócios. Com Escorpião regendo os órgãos sexuais, você também pode encontrar alívio através de relacionamentos íntimos, embora o ciúme e a insegurança muitas vezes ameacem o amor que você compartilha.

Não repouse nunca sobre os louros da vitória. Use sua concentração e seus recursos para encontrar novos mundos a conquistar e projetos nos quais possa enfiar os dentes. Seja realista quanto às suas verdadeiras capacidades. Se achar que não pode viver segundo seus padrões elevados demais e suas expectativas irrealistas, não se castigue adotando um comportamento autodestrutivo, como jogar compulsivamente, comer demais, abusar do álcool ou viciar-se em drogas. Quando sofrer decepções, tente contornar sua tendência para o mau humor e para depressões potencialmente prolongadas. Levante-se do sofá, amarre o cordão do tênis e procure andar ou correr até a depressão passar. Andar rapidamente ou correr por cerca de 25 minutos liberará endorfinas e ajudará você a relaxar. Se achar realmente que não consegue se livrar desse estado depressivo e verificar que está passando cada vez mais tempo sozinho, faça um esforço e telefone para alguém em quem confia, ou consulte um terapeuta (veja o Capítulo 7 para obter dicas sobre a depressão).

Fisionomia e Tipo Físico

Sérios e determinados, os nativos de Escorpião podem ser reconhecidos pelo seu olhar intenso e penetrante e, às vezes, intimidante, o que leva os outros a evitar contato visual para ocultar o mal-estar. É fácil reconhecer os nativos desse signo por sua testa baixa, sobrancelhas grossas, nariz de gancho e olhos profundos — sua característica mais notável. Às vezes, você irradia calma e até mesmo serenidade. Mas, em geral, há uma tempestade rugindo sob a superfície. Problemas nas costas, rigidez no pescoço, lesões nos músculos e nos ligamentos são problemas comuns para os escorpianos, que tendem a se esforçar além do limite. (Veja o Capítulo 6 para conhecer posturas de yoga e exercícios de alongamento para a coluna.)

Os escorpianos sempre usam a atividade física intensa como um meio de manter a forma e aliviar a tensão física e emocional. Devido à tendência para se exceder, é provável que você seja atraído para atividades extenuantes que proporcionem excitação e desafio, entre elas o esqui, o mergulho, os esportes aquáticos e o *bungee jumping*. Uma natureza competitiva e a necessidade de desafiar continuamente suas capacidades e testar seus limites faz com que você aprecie o tênis, o *squash*, o boxe, ou até mesmo as corridas automobilísticas. Embora a maioria dessas atividades proporcione um fabuloso exercício físico, não exagere se você já passou dos quarenta anos. Como você se sente bem com a competição, esportes de equipe como o basquete, o futebol e o futebol norte-americano proporcionarão um ótimo exercício. Lembre-se de equilibrar sua necessidade de brilhar com as exigências de ser um membro da equipe.

Depois que ultrapassou seus limites para tentar se livrar da agressividade, relaxe os músculos de modo a liberar a tensão física e diminuir as dores crônicas. Você pode se rebelar contra a yoga e os exercícios de alongamento, mas eles irão, a longo prazo, revitalizar e relaxar seu corpo livrando-o da tensão.

Massoterapia

Ter seu corpo acariciado gentil e amorosamente é um remédio maravilhoso para diminuir a rigidez e a raiva reprimida. Assim que você aprender a relaxar, os relacionamentos e a comunicação serão bem mais fáceis. Massagens regulares feitas por um profissional, ou pelo parceiro, aliviam as tensões e até mesmo previnem uma explosão emocional quando a tensão estiver chegando a níveis perigosos. A massagem sueca é uma forma muito suave de toque, tanto revitalizante quanto terapêutico, que não oferece nenhum risco de ferir as partes vulneráveis do corpo.

Essa forma de massagem, no entanto, pode não ser suficientemente forte ou terapêutica para acabar com as cãibras. O shiatsu, a acupressura, a massagem dos tecidos profundos, ou mesmo o *rolfing* são técnicas em que se aplica uma pressão concentrada, por vezes extremamente desconfortável, a certos pontos do corpo, para ajudar a liberar a dor emocional e a tensão bloqueada. Esses métodos requerem a experiência de um profissional, visto que a massagem pode ser ineficaz ou mesmo prejudicial se aplicada no local errado com a quantidade incorreta de pressão. A massagem infantil, uma série de técnicas de manipulação suave destinada às crianças, deve ser usada o quanto antes em crianças do signo de Escorpião, visto que por certo elas exibirão sua característica de obstinação e inflexibilidade desde a mais tenra infância.

Além das técnicas de relaxamento, a yoga, a massagem profunda e até mesmo o sexo (válvula de escape comum dos nativos de Escorpião), o melhor método para eliminar a rigidez escorpiana é expressar-se claramente e verbalizar as emoções. Esse método também é o mais difícil. Se você está com problemas de comunicação ou de natureza íntima com seu parceiro, pense em freqüentar sessões de aconselhamento para casais. Naturalmente não será uma tarefa fácil dada a sua reticência. Mas, em geral, os escorpianos gostam de desafios.

Prisão de Ventre

A tendência escorpiana para trabalhar demais faz com que os nativos trabalhem durante horas sem exercitar os intestinos. Embora o autocontrole possa ser ótimo em certas situações, pode se transformar num problema de saúde a longo prazo, se você deixar passar muito tempo entre os chamados da natureza. Como as necessidades fisiológicas variam de pessoa para pessoa, a necessidade de ir ao banheiro varia, embora a propaganda de laxativos queira fazer você acreditar que uma evacuação diária é imperativa para a boa saúde. Caso se passem mais de três dias sem você evacuar, no entanto, o conteúdo intestinal pode endurecer, tornando a expulsão das fezes dolorosa.

A principal causa da prisão de ventre é uma dieta rica em gorduras animais (carne, laticínios, ovos) e açúcar refinado (sobremesas ricas e outros doces), mas pobre em fibras (vegetais, frutas, grãos integrais). Para a maioria das pessoas, alterações na dieta e no estilo de vida diminuem o risco de ter prisão de ventre. Recomenda-se uma alimentação balanceada, que inclua alimentos ricos em fibras, como farelo não-processado, pães integrais, frutas e vegetais frescos. Beber muito líqüido e exercitar-se regularmente ajudará a estimular a atividade intestinal.

Se a prisão de ventre persistir e as fezes não saírem com facilidade devido à dieta imprópria e evacuações irregulares, pode haver hemorróidas, inchaço das veias do ânus e ao redor dele. Erguer objetos pesados, fazer exercícios cansativos e esforço para evacuar exacerbam a condição que, em casos extremos, podem causar hemorragia e uma dor terrível. Para evitar a prisão de ventre crônica, sugerimos a seguinte mudança na alimentação e no estilo de vida:

1. Tenha uma alimentação balanceada com muitos alimentos ricos em fibras, como frutas cruas (inclusive maçã, pêssego, framboesa e tangerina), legumes e verduras (inclusive abóbora, brócoli, couve-de-bruxelas, repolho, cenoura, couve-flor, espinafre e abobrinha), ervilha, feijão, cereal integral e pão de trigo integral ou com sete grãos.
2. Comece o dia tomando uma colher de sopa de farelo não-processado ou outro cereal rico em fibras para ativar o movimento intestinal. Durante o dia, coma mais três ou quatro colheres de sopa desse cereal, acrescentando-o a saladas, sopas e sanduíches e você começará a se sentir mais leve e menos flatulento. Evite um desjejum rico em gorduras como bacon e ovos, que bloqueiam os intestinos.
3. Limite a ingestão de alimentos que tenham pouca ou nenhuma fibra, inclusive gordura animal (carnes, laticínios, ovos), açúcar e farinha refinados, salgadinhos e alimentos processados, que interferem no processo da eliminação.
4. Um mínimo de seis a oito copos de líqüido – de preferência água – devem se tornar parte da rotina diária, visto que ajudam a purificar os intestinos. Tente chá de ervas (especialmente de gengibre), sopa rala e suco de frutas e vegetais. O ginseng que está disponível em chá, pó, cápsulas ou tônico, costuma fazer maravilhas – estimula o apetite, a digestão e os intestinos. Também é conhecido como afrodisíaco, o que deve interessar aos escorpianos. Evite o álcool e o café e outras bebidas que contenham cafeína.
5. Como Câncer e Peixes, os outros signos de água, os escorpianos retêm líqüido e, por isso, devem fazer um esforço maior para reduzir o consumo de sal (para sugestões veja o Capítulo 6). Substitua o sal por condimentos como pimenta-do-reino e alho, ou ajuste seu paladar comendo alimentos menos salgados. O sal de cebola, o sal de aipo, o sal de alho e o molho de soja também devem ser evitados pelo fato de conter sódio. Verifique os rótulos dos alimentos enlatados, congelados e com baixo teor de gordura,

visto que em geral eles contêm um excesso de conservantes à base de sódio. O melhor é evitar alimentos industrializados com baixo teor de gordura, dando preferência a frutas e vegetais, pães de grão integral, macarrão e carne cozida ou grelhada, aves e peixe. Evite alimentos naturalmente salgados como o queijo, a carne defumada ou curada, picles, sardinhas e anchovas.

6. Exercite-se regularmente. A atividade física ajuda os intestinos a trabalhar e combate a prisão de ventre ao acelerar a passagem do alimento através do organismo. Uma caminhada rápida de vinte a trinta minutos diários será suficiente. Evite fazer muito esforço, erguer objetos pesados, usar roupas apertadas e fazer movimentos que façam pressão sobre os intestinos.
7. Nunca ignore a vontade de ir ao banheiro.
8. Sugira mentalmente a si mesmo que irá ao banheiro depois de cada refeição, ficando lá por pelo menos cinco minutos, a fim de que isso se torne um reflexo condicionado.

A mudança de todos esses hábitos e padrões alimentares é o melhor modo de induzir o bom funcionamento dos intestinos. O azeite de oliva, em geral usado no tempero de saladas, nos molhos ou nos assados, é um diurético natural que contém pouco colesterol. O café de chicória é outro diurético natural que substitui a cafeína. Outras ervas que ajudam na digestão: manjericão (um ingrediente de saladas e molhos italianos), sabugueiro e ligústica, que são chás muito saborosos. O sene e o poejo também servem, mas devem ser tomados com moderação — e nunca se você estiver grávida — visto que podem provocar contrações e dores abdominais com o uso excessivo. Embora cumpram sua promessa, os laxativos comprados na farmácia devem ser evitados, pois podem viciar e, em elevadas doses, causar diarréia crônica e fortes dores abdominais. Os laxantes vendidos como produtos naturais, feitos de vegetais, são mais seguros, visto que, na verdade, são fibra concentrada. Se você sofre de hemorróidas, atente para as seguintes sugestões, além de fazer mudanças na sua alimentação e usar supositórios de glicerina.

1. Um supositório de geléia de petróleo inserido com a ajuda de um cotonete, atua como lubrificante, ajudando as fezes a sair com mais facilidade.
2. Limpeza e bons hábitos de higiene são vitais. Use papel higiênico branco, macio e sem perfume. Um tampão de algodão embebido numa loção gelada feita da casca da hamamélis aliviará a dor causada pelas hemorróidas.
3. Se precisar ficar muito tempo sentado, use uma almofada em forma de rosca, disponível nas farmácias e lojas de suprimentos médicos, para aliviar a pressão.
4. No final do dia, tome um banho quente de assento — sente-se num recipiente com uma quantidade suficiente de água quente. A água tépida é calman-

te e aumentará o fluxo de sangue na área, ajudando a diminuir o inchaço. Óleos aromaterápicos como o de juníparo e o de bergamota adicionados à água tornarão o banho mais relaxante.[9]

Embora essa doença seja mais desconfortável do que grave, a prisão de ventre pode ser um sintoma de distúrbios mais sérios no abdômen e no cólon. Se a prisão de ventre persistir por mais de duas semanas e/ou se houver sangue nas fezes, é aconselhável consultar um médico.

Ervas Medicinais

Há uma variedade de ervas que ajudam a amenizar as doenças comuns de Escorpião. O ginseng, um estimulante, purificador do sangue e supostamente afrodisíaco, é uma erva que os nativos de Escorpião podem usar para estabilizar as emoções em vez de se deixar levar a alturas imensuráveis e, depois, ser arremessado a profundidades devastadoras. A *kelp*, maravilhosa fonte de iodo, é uma alga marinha que faz bem à tireóide, e aos órgãos reprodutores, além de limpar o organismo. Ela pode ser obtida em tabletes ou pó e polvilhada sobre saladas.

Outros alimentos que ajudam a digestão dos escorpianos e o processo de eliminação: cebola, agrião, couve-flor, alho-porro, nabo, couve-rábano, figo e ameixa. Ervas que estimulam essas funções: mostarda-preta, camomila, anis, alcaravia, coriandro, funcho, gengibre, hidraste, manjerona, mostarda, aveleira, salsa, alecrim e salva.

Como Limpar o Cólon

Além das idas esporádicas ao banheiro e da falta de fibra na dieta, a prisão de ventre também pode ser resultado de desequilíbrios hormonais e de uma glândula tireóide preguiçosa, de gravidez e, o que é mais comum, da síndrome do intestino irritável (SII). Também conhecida como cólon espástico, a SII também acontece quando os espasmos do cólon impedem que o conteúdo intestinal transite pelo trato digestivo.

Se o mal do cólon espástico não for cortado na origem, isso pode resultar em colite, uma inflamação do cólon ou do intestino grosso, que é responsável pela extração de nutrientes e de água dos alimentos antes que ocorra a eliminação. Outras causas do mau funcionamento do cólon e da colite: *stress* emocional, falta de fibras na alimentação, comidas gordurosas em excesso, consumo insuficiente de água e exercício físico insuficiente para exercitar o cólon.

A colônica, ou terapia do cólon (também chamada de hidroterapia do cólon), é um método de limpar o intestino grosso das impurezas usando uma irrigação do cólon com água purificada. Pode-se também adicionar vitaminas, ervas, bactérias úteis ou oxigênio à mistura. Os enemas são usados para o mesmo propósito, embora eles não sejam tão eficazes quanto a irrigação completa. Antigamente, os enemas, cujo uso foi substituído pelos antibióticos, eram um meio popular de curar resfriados e febres, e eles estão tendo um ressurgimento, oferecendo alívio imediato para debelar infecções e purificar o organismo. O fluxo suave de água proporcionado por um enema pode eliminar os resíduos e toxinas que, caso contrário, seriam liberadas na corrente sangüínea e espalhadas pelo corpo. A terapia do cólon também proporciona uma massagem no cólon através do abdômen e ajuda a eliminar materiais acumulados. Ela só não deve ser usada regularmente, visto que o uso excessivo pode ser prejudicial.

O potássio, que ajuda na eliminação da água e ativa a produção de enzimas digestivas, é encontrado no morango, no aspargo, no melão, na banana, na laranja, na amêndoa, na batata, nas sementes de gergelim e no atum. Se você usa colônicos, ou jejua regularmente como meio de desintoxicação, procure ingerir suplementos de potássio para substituir os eletrólitos perdidos.

Outros modos de limpar o cólon: ingestão de certas ervas ou outras substâncias, como a casca da semente de psyllium ou linhaça, que soltam e fragmentam os materiais estagnados no cólon. A acupuntura provou ser muito eficaz na ativação do cólon. Uma amiga que sofre de colite há anos está convencida de que a doença melhorou depois que ela acrescentou sessões de acupuntura ao seu tratamento (que consistia em medicação e mudança dos hábitos alimentares). É importante notar que a acupuntura não é um substituto para a medicação ou o tratamento da colite.

A doença de Crohn, um distúrbio crônico muitas vezes debilitante que afeta os intestinos delgado e grosso, também cai na categoria de doença inflamatória dos intestinos (IBD). Embora não se conheça a cura desse mal que, junto com a colite, muitas vezes passa por longos períodos de remissão, as recomendações acima mais as mudanças alimentares e a diminuição do *stress* não fazem nenhum mal.

EXERCÍCIOS DA YOGA

Os escorpianos se beneficiam muito com os exercícios de Contração e Descontração Abdominal, um exercício da yoga que fortalece o músculo abdominal e alivia a prisão de ventre. Visto que fortalece e estimula o estômago, o intestino delgado, o cólon, o fígado, os rins, a vesícula e o pâncreas, esse ásana também é recomendado para virginianos, librianos e sagitarianos. As contrações abdominais podem ser praticadas na posição sentada ou em pé, como segue.

Contração Abdominal (Posição Sentada)

1. Sente-se de pernas cruzadas enquanto contrai tanto quanto possível os músculos do abdômen;
2. Depois de esvaziar o ar dos pulmões, contraia o abdômen puxando-o para dentro e, então, para cima. Você deve sentir os quadris curvando-se para cima e para a frente.
3. Mantenha essa posição por alguns minutos.
4. Inspire e relaxe antes de expirar e começar o exercício outra vez.
5. Repita cinco vezes.

Contração Abdominal (em Pé)

1. Fique em pé, com os joelhos levemente flexionados, os calcanhares juntos e os dedos voltados para fora, e as mãos apoiadas nas coxas.
2. Depois de expirar profundamente, continue a pressionar suavemente as mãos nas coxas enquanto puxa o abdômen para dentro e para cima ao mesmo tempo. Novamente, você deve sentir os quadris se curvando e a coluna se alongando.
3. Inspire e volte a ficar ereto.
4. Relaxe e repita cinco vezes.

Cistite

Visto que Escorpião rege a parte inferior das costas, existe uma tendência para a cistite, infecções do trato urinário e fraqueza da bexiga, próstata, ovários e tubas uterinas. As mulheres, especialmente, têm predisposição para a cistite (abreviação de cistite intersticial), um freqüente distúrbio crônico da bexiga que surge quando as bactérias, vírus e fungos da urina se fixam às paredes da bexiga. Se a proteção que cobre a bexiga estiver vulnerável, permitindo que substâncias estranhas entrem no organismo, a bexiga pode inflamar e ficar irritada, apresentando coceira e queimação, especialmente durante a micção. A cistite e as infecções do trato urinário são caracterizadas por uma necessidade urgente de urinar, e sensação de pressão, de dor e de vulnerabilidade ao redor da bexiga quando você urina e durante o ato sexual. No caso de mulheres, os sintomas se tornam mais intensos no pico do ciclo menstrual. Como acontece com muitas outras doenças, o *stress* pode exacerbar os sintomas.

Outros remédios, além das drogas e de antibióticos, livrarão o corpo das bactérias. Existem muitos métodos naturais que podem ser utilizados para curar a cistite, as infecções do trato urinário e os problemas da bexiga. Como os fluidos estão no alto da lista no combate às sensações de ardência, é aconselhável beber de seis a oito copos de água por dia. Reduza a ingestão de alimentos com conteúdo altamente ácido como o álcool, o tomate, as especiarias, o chocolate e as bebidas cítricas e as que contêm cafeína, visto que podem contribuir para a irritação e a inflamação da bexiga. O suco de oxicoco (*cranberry*) é recomendado para combater a infecção do trato urinário, principalmente porque altera o conteúdo ácido da urina. Na verdade, teríamos de beber uma quantidade enorme para provocar esse efeito. (No entanto, não faz mal nenhum acrescentar suco de oxicoco não-adoçado, de sabor agradável, à sua dieta.) Além dos suplementos de vitamina do complexo B e de vitamina E, a vitamina C é altamente recomendada para prevenir e eliminar infecções da bexiga. O chá de roseira-brava promove o funcionamento sadio da bexiga e dos rins. Uma das melhores fontes de ácido ascórbico, a roseira-brava também contém as vitaminas A, E, B_1, B_2, B_3, K, P, cálcio, fósforo e ferro.

Sugerimos ervas como a equinácia e o hidraste devido à capacidade que têm de fortalecer o sistema imunológico e ajudar no combate às infecções. O chá de raiz de malvaísco alivia a inflamação do trato urinário assim como a alfafa, o junípero, o milefólio e a salsa. Deve-se tomar diariamente uma xícara de iogurte que contenha lactobacilos acidófilos, a bactéria viva que funciona como um antibiótico natural e fortifica os intestinos e a bexiga. Examine o rótulo para ver se esse ingrediente faz parte do produto, visto que nem sempre ele é adicionado ao iogurte vendido nos supermercados. O iogurte vendido em lojas de alimentos naturais quase sempre contém acidófilo. Como contém vitaminas A, B, D e proteína, o iogurte com acidófilo também pode ajudar no tratamento da prisão de ventre, dos distúrbios renais, dos cálculos biliares e das doenças da pele.

Se você mora num local de clima úmido, onde venta muito, e precisa ficar bastante tempo ao ar livre, vista roupas quentes, porque a sensação de frio pode causar desconforto na porção inferior do corpo. Se você tomar chuva, remova as roupas molhadas assim que entrar em casa e mergulhe num banho quente. Muitas pessoas que sofrem de cistite afirmam que um regime de exercícios regulares alivia os sintomas desse mal e, em alguns casos, acelera a cura.

Como Escorpião rege o sistema reprodutor, as mulheres podem ter tendência a um ciclo menstrual irregular, à endometriose, à clamídia, e às infecções gerais por levedura. Se você pertence ao sexo masculino, a próstata ou os testículos podem apresentar problemas. Como o câncer da próstata é o mais comum entre os homens, recomenda-se que todos os homens acima de 50 anos façam um exame anual completo, que envolve a análise do sangue para ver se há elevação nos níveis de PSA, uma proteína secretada pela próstata. Os homens afro-americanos e aqueles com um histórico familiar de câncer devem começar o processo dos exames entre 40 e 45 anos.

Mulheres em idade fértil podem estar geneticamente predispostas à endometriose, um distúrbio do sistema reprodutor no qual partículas minúsculas do endométrio (parede do útero) escapam do útero para as tubas uterinas, levando à infertilidade se o problema não for tratado. Os sintomas incluem cólicas menstruais e dores durante o ato sexual. A terapia hormonal, o tratamento mais usado, em geral impede a progressão da endometriose e previne a infertilidade. Como esse problema pode piorar com o tempo, as mulheres com endometriose não devem esperar demais para ter filhos, caso queiram ser mães.

Desconfortos da Menopausa

Embora a menopausa possa ser particularmente estressante para muitas mulheres, as nativas de Escorpião, especialmente, podem sentir muito mal-estar quando a produção de estrógeno e de progesterona, hormônios femininos responsáveis pela menstruação e a ovulação, diminui e eles deixam de ser produzidos. Embora a menopausa possa ocorrer entre os 45 e os 55 anos, os sintomas podem começar aos 35, um período chamado de perimenopausa. O fim do ciclo hormonal pode causar desde reações psicológicas como o mau humor, a depressão, a perda de memória e a insônia até mudanças físicas como sensação de calor, suores noturnos e cãibras. Assim que o ciclo menstrual cessa completamente, a mulher pode apresentar queda de cabelo, pele seca, perda de densidade óssea e sinais gerais de envelhecimento. Além da terapia de reposição hormonal (veja o Capítulo 11) e do aconselhamento psicológico, há muitas ervas que não só aliviam a depressão e a insônia, mas também contêm fitoestrógenos (estrógenos naturais das plantas), que realmente refletem os efeitos dos hormônios que deixaram de ser produzidos — embora em menor proporção. Essas ervas, entre as quais estão o sabugueiro-negro, o alcaçuz e a alfafa, não causam nenhum mal à saúde.

Em anos recentes, o inhame silvestre, que imita a ação da progesterona, foi consumido por muitas mulheres que passavam pela perimenopausa e pela menopausa. Disponível em forma de ungüento, quando esfregada na barriga, essa erva ameniza a oscilação de humor e a depressão. Ela também está disponível em cápsulas ou na forma de óleo. Naturalmente, qualquer remédio já mencionado neste livro que alivie a fadiga, a depressão, a insônia e o mau humor pode ser usado para aliviar os sintomas da menopausa. Exercícios aeróbicos vigorosos também são recomendados para escorpianos, pois aliviam a tensão e estimulam a produção de endorfinas que ajudam a diminuir o mau humor, a insônia e a sensação de calor.

Aromaterapia e Óleos Essenciais

Como os nativos de Escorpião são melancólicos e emotivos, óleos essenciais fortes e doces como os de flor de laranjeira, de rosa e de jasmim podem aliviar o mau humor e a depressão quando inalados ou acrescentados à água do banho. Também chamada néroli, o óleo de flor de laranjeira é extraído por meio da destilação das flores de laranjeira, que é originária da China, mas agora cresce na França, na Califórnia e na Itália. O néroli também é usado como óleo de massagem ou para revitalizar a pele cansada. Dizem que ele alivia a cólica quando esfregado no abdômen.

O óleo essencial de rosas é um dos mais caros e perfumados. Sem ter noção de que o óleo de uma rosa tem propriedades medicinais, muitas pessoas instintivamente colocam as pétalas dessa flor num prato com água, para que seu magnífico aroma se espalhe pelo aposento. Recomenda-se aos asmáticos que coloquem pétalas de rosa na água do banho, inalem óleo de rosas ou usem velas, incensos ou *pot-pourri* de flores com esse aroma. Massagear o peito, o pescoço e o rosto com óleo de rosas pode elevar o ânimo dos nativos de Escorpião e evitar a depressão. Se você sofre de insônia, pingue algumas gotas em seu travesseiro ou coloque embaixo do nariz um pequeno pano embebido em óleo de rosas, antes de dormir. Recomenda-se esfregar óleo de rosas no abdômen e na parte inferior das costas diariamente para regularizar o ciclo menstrual.

Destilado da árvore indiana do mesmo nome, o sândalo é um aroma familiar de incenso. Quando o óleo de sândalo é inalado e/ou esfregado no estômago, na garganta e no peito, ele alivia a náusea, os vômitos e a tosse. Diluído na água do banho, ele pode reduzir o *stress* e fazer com que você tenha uma boa noite de sono. Para aliviar a cistite, a prisão de ventre e outras dores, esfregue óleo de junípero no baixo-ventre ou dilua de cinco a seis gotas na água do banho e fique na água durante pelo menos quinze minutos. O óleo de bergamota diluído na água do banho pode aliviar o desconforto causado pela cistite. Para aliviar a prisão de ventre, massageie o abdômen com uma mistura de óleo de manjerona e de limão.

Medicina Ayurvédica

A maioria dos escorpianos pode facilmente ser classificada como uma combinação de dois doshas ayurvédicos — Pitta e Vata. O seu lado persistente e ambicioso realça a personalidade Pitta. Como Marte é o co-regente de Escorpião, você, como a maioria dos tipos Pitta, é caracterizado pela alta intensidade e incansável energia física. Você adora desafios e muitas vezes enfrenta os problemas impetuosamente, o que pode prejudicar sua produtividade. Quando você está muito estressado, fica mais tenso e demonstra certa propensão para o medo e a raiva — emoções que são ora reprimidas ora extravasadas.

Como um tipo Vata, você é sensível ao ambiente mas precisa manter controle total, o que, segundo a filosofia Ayurveda, impede os intestinos de relaxar e funcionar apropriadamente.

Conquanto a sua compulsão pelo trabalho e a constante necessidade de se ocupar com alguma coisa possam ser produtivas e admiráveis, você sofrerá de males digestivos se suas atitudes forem motivadas pela raiva ou pela compulsão. Reserve alguns minutos para se acalmar meditando, respirando fundo ou simplesmente fechando os olhos e visualizando uma praia distante e tranqüila. Refresque-se aplicando compressas frias na testa ou na parte de trás do pescoço.

Como você é uma combinação de Pitta e Vata, convém acrescentar alimentos doces, que produzem Kapha, à sua alimentação. Segundo a medicina ayurvédica, entre os alimentos doces se incluem o leite, a coalhada, a manteiga, o pão de trigo integral, o arroz, o mel, os vegetais "doces" (tomate, berinjela, batata-doce) e o óleo. Isso não significa que você deva abusar dos alimentos ricos em gordura e colesterol. Tente acrescentar um pouco de mel ou manteiga à comida, comer arroz-doce e pão com manteiga no café da manhã. Essa simples mudança na alimentação fará com que você fique mais calmo e converta sua raiva em emoções mais "doces". (Para maiores informações sobre tipos Pitta e Vata, veja os Capítulos 2 e 4, sobre Áries e Gêmeos. Depois de ler as duas descrições, você pode julgar por si mesmo se pende mais para um dosha do que para outro.)

SAIS MINERAIS

O sal mineral de Escorpião é o sulfato de cálcio (Calc. Sulph.). Esse sal mineral, contido na pele, nas mucosas e nos tecidos, purifica o corpo das toxinas, ajudando no processo de eliminação. As deficiências podem resultar em prisão de ventre, acne e má cicatrização das feridas, cortes e queimaduras. Alimentos que contêm sulfato de cálcio: cebola, mostarda, alho, couve-flor, alho-porro, nabo, rabanete, agrião, figo, couve e ameixa.

TERAPIA COM PEDRAS E CORES

Se você nasceu entre 23 e 31 de outubro, sua pedra natal é a opala branca, uma pedra preciosa translúcida. Se você nasceu entre 1º e 22 de novembro, a sua pedra natal é o topázio, uma pedra semipreciosa de tom castanho amarelado. Outras pedras associadas a Escorpião são o heliotrópio, a magnetita, a malaquita, o jaspe e o cinabre. O metal é o plutônio. A cor associada a Escorpião é o preto, que representa o lado melancólico, intenso e introvertido do signo. Pedras de cores claras, como a opala e o topázio, no entanto, podem elevar o estado de espírito desse nativo e estimular o otimismo que muitas vezes lhe falta.

Capítulo 10

Sagitário

**Busque as Estrelas,
mas Não se Esqueça do seu Corpo**

SAGITÁRIO (DE 23 DE NOVEMBRO A 20 DE DEZEMBRO)
PLANETA REGENTE: **Júpiter**
ELEMENTO: **Fogo**
MODALIDADE: **Mutável**

Traços e conceitos positivos de Sagitário: sincero, otimista, atlético, amante da liberdade, intelectual, mundano, amante do conhecimento, didático, filósofo, idealista, generoso e hospitaleiro.

Traços e conceitos negativos de Sagitário: insensível, galanteador, indelicado, arrogante, dono da verdade, fanático, indulgente, redentor, ditatorial, exagerado, irresponsável e irrealista.

Partes do corpo regidas por Sagitário: quadris, tendões das pernas, coxas, pelve, fígado, vesícula biliar e nervo ciático. Seu planeta regente, Júpiter, governa a glândula pituitária e o fígado.

Problemas de saúde: obesidade (especialmente ao redor dos quadris), problemas na parte inferior das costas, fratura do quadril, cálculos biliares, alcoolismo, doenças do fígado, inclusive cirrose, hepatite e icterícia.

Profissões que atraem os sagitarianos graças ao seu amor pelas viagens, pelo aprendizado, pelo ensino, pela religião e pela escrita são: professor, editor, jornalista, escritor, diretor, ator, orador, atleta profissional, advogado, pastor evangélico e agente de viagens.

Sagitário:
Ser Feliz Através do Eterno Otimismo

Signo mutável de Fogo, Sagitário, o arqueiro, é otimista e tem a mente aberta; no entanto, é exagerado e fanático no que diz respeito aos princípios, crenças e tudo o que se relacione com aquilo pelo qual ele estiver apaixonado. Esse signo é simbolizado pelo centauro — uma criatura meio humana meio cavalo —, que arremessa no ar os arcos do idealismo. Os nativos de Sagitário sempre almejam subir na carreira e progredir. Seu altruísmo, senso de justiça, curiosidade e inteligência o levam a fazer grandes conquistas e empreendimentos. Com seus ideais guardados na manga, você anseia por mudar o mundo, mas a impraticabilidade e a inquietação muitas vezes o impedem de alcançar seus objetivos de modo pragmático e significativo. Como o arqueiro que aponta seu arco, esse signo, que é tanto um conformista quanto um rebelde irreverente, está sempre à procura de outra montanha a escalar e de mais conhecimento para absorver. Amante da liberdade, atlético e filosófico, você percorrerá praticamente qualquer distância em busca de excitação, de novas pessoas e de informação.

Quer se dediquem ao ramo editorial, às leis, às artes cênicas ou à educação, os sagitarianos gostam muito de compartilhar o que aprenderam, relatando casos de viagem ou divulgando lições espirituais. Por ser um professor bem informado, sério e agradável, você facilmente cativa a audiência com sua espiritualidade, eloqüência e charme. Infelizmente, muitas vezes você se torna inconveniente e inclinado a fazer exortações, dando conselhos não solicitados que acha que os outros precisam ouvir.

Você é excessivamente franco — até mesmo rude —, sempre dizendo o que pensa e/ou corrigindo os erros dos outros. Às vezes você chega a ser fanático e não tolera os pontos de vista que divergem dos seus. Como seu regente, Júpiter, o rei greco-romano dos deuses, você muitas vezes age como se fosse a própria lei, chegando ao ponto de criar as próprias regras. Você não gosta de ser reprimido, controlado ou limitado. O fato de acreditar que pode conquistar o mundo lhe serve como um instrumento maravilhoso para aumentar a confiança em si mesmo, mas você tem de manter a humildade e a objetividade para não se tornar megalomaníaco ou fanático. Embora muitas vezes seja preconceituoso e farisaico, você defende sua crença com unhas e dentes e pode estimular os outros a buscar respostas para os problemas.

Quer faça cursos acadêmicos, tenha vários diplomas ou tenha aprendido muito na escola da vida, você fica entediado quando não pode aprender e progredir em todas as situações da sua vida. Sua busca pelo conhecimento é tão irresistível que até mesmo seus relacionamentos pessoais e profissionais refletem um relacionamento do tipo aluno e professor. Assim que sente que não há nada mais para aprender ou ganhar, seu interesse pela outra pessoa acaba desaparecendo. Como você sente uma necessidade incansável de impressionar e de ser impressionado pelos outros, você muitas vezes parece um *bon vivant* e oportunista, escolhendo amigos e relacionamentos entre pessoas que considera importantes ou poderosas.

Como Áries e Leão, os outros signos de Fogo, você é envolvente, passional, romântico e inteiramente concentrado em si mesmo. No entanto, a sua personalidade é composta de duas facetas distintas. A qualquer momento, o brilho, a magnanimidade e a aparência feliz podem se dissipar, e você fica extremamente sério, crítico e ditatorial.

Fisionomia e Tipo Físico

Aristocrático e refinado, o rosto do sagitariano é composto de sobrancelhas arqueadas, olhos amendoados, nariz longo, boca bem desenhada e queixo pontudo. A sua altura em geral é mediana ou um pouco acima da média, e você não é particularmente pesado, embora a regência de Sagitário sobre os quadris e coxas por certo lhe confira uma silhueta curvilínea. Apesar da dieta e dos exercícios, a gordura se acumulará na região inferior do corpo, reafirmando a antiga expressão de língua inglesa: *A moment on the lips, a lifetime on the hips* [Um instante na boca, a vida inteira nos quadris]. Pessoas cujo corpo tem formato de pêra, segundo a maioria dos especialistas, não têm tendência a doenças cardíacas ou nos pulmões, mas têm tendência para os males que afetam os rins, o fígado, o pâncreas e os órgãos reprodutores — todos situados na parte inferior do corpo. Visto que Sagitário rege as coxas, os quadris, a vesícula e o fígado, você pode ser forçado a lidar com os exageros durante toda a sua vida e, em resultado, ser atormentado pela obesidade, pelos cálculos biliares, pelo diabete e pelas doenças do fígado — doenças causadas ou exacerbadas pelos excessos.

Embora você possa apreciar o mundo dos ensinamentos espirituais, você também não hesita em escalar montanhas, organizar passeios a pé ou esquiar em todas as estações de esqui, em busca de excitação. Embora seja cuidadoso quanto a manter o corpo em perfeita forma e preservar a saúde, você pode ser igualmente indulgente e omisso quando cuida de si mesmo. Como o regente do seu signo é Júpiter, que representa a abundância e o apetite, você simplesmente não sabe quando parar de comer, beber, gastar ou até mesmo jogar. Felizmente, sua sede de aventuras e a necessidade de excitação fazem com que você continue magro e flexível.

Aprenda a Ser Moderado

Visto que alguns dos seus problemas resultam de excessos, é muito importante evitar o álcool e as frituras, pois eles podem fazer mal ao fígado e à vesícula, que são regidos por Sagitário. Dicas para uma alimentação equilibrada: reduzir o consumo de carne, de laticínios, de açúcar e de sal; comer muitos legumes, verduras, frutas e grãos. Procure variar as receitas para não cansar dos mesmos pratos, nem se privar do que gosta.

Como o sagitariano costuma se divertir, viajar e jantar fora, é pouco prático aconselhá-lo a eliminar tudo o que for "apetitoso" da sua dieta. A chave para sobreviver a coquetéis, almoços de negócios e jantares sem sair da linha é a moderação — pura e simplesmente. As seguintes diretrizes ajudam você a se socializar sem se sentir frustrado.

Quando for a um jantar ou comparecer a uma reunião social, elimine o consumo de álcool pela metade. Uma idéia ainda melhor é tomar um coquetel sem teor alcoólico, como suco de tomate (com especiarias e limão), água mineral com limão ou coca-cola dietética com limão. Se precisar tomar um copo de vinho, beba os frisantes, que são uma mistura de água com gás e vinho branco. Nos coquetéis, recuse as entradas calóricas, preferindo os petiscos crus — os legumes frescos em palito, que em geral ficam ao redor de um molho cremoso e saboroso. Como esse molho é carregado de calorias e gorduras, sirva-se com parcimônia.

Quando fizer seu pedido nos restaurantes, preste atenção nos pratos que parecem ter baixas calorias mas são cheios de gordura e açúcar. Procure optar por pratos sem molho, visto que a maioria dos molhos é composta de ingredientes que os adoçam e engrossam, como farinha ou amido de milho. Peça aves ou peixe grelhado ou cozido em vez de frito ou assado. Remova toda a pele do frango. Se escolher peixe cozido ou carne, peça que sejam refogados sem óleo, e que a manteiga ou o molho sejam servidos à parte. Quando pedir salada, lembre-se que o melhor tempero é azeite com vinagre — também à parte.

Embora possa ser embaraçoso no início, logo você se acostumará a perguntar como o prato é preparado. Na maioria das vezes, o garçom dará a informação de bom grado. É mais do que provável que os outros clientes estejam fazendo as mesmas perguntas. Quando você aprende a ter moderação, pode se exceder de vez em quando, desde que consiga entrar na linha imediatamente. Lembre-se sempre de que a palavra "excesso" é a sua marca.

Dicas de Viagem

Se você viajar para lugares exóticos cujo saneamento básico deixe a desejar, evite beber água da torneira ou comer frutas, verduras e vegetais frescos, a menos que sejam bem lavados ou cozidos em água fervente. Nem mesmo os sucos de frutas industrializados são uma boa idéia. Em vez disso, leve água mineral sempre com você e certifique-se de que tudo o que comer e beber tenha sido bem fervido. Se compartilhar utensílios, você corre o risco de contrair hepatite infecciosa (hepatite A), que não só o deixará de cama de algumas semanas a alguns meses, mas pode causar lesões e seqüelas irreversíveis no fígado.

Como Ter um Fígado Saudável

Como Touro, Câncer, Libra e Peixes, os outros signos indulgentes, as pessoas que nasceram em Sagitário muitas vezes lutam a vida inteira para controlar o exagero, inclusive o hábito de comer e beber demais. Esse pode ser o primeiro motivo de tensão na vida.

Embora você talvez não sofra de alcoolismo, doença física ou psicológica, talvez ande bebendo demais. Se você acha que não consegue passar o dia sem tomar um aperitivo, ou se está convencido de que pode parar de beber a qualquer momento mas prefere não fazer isso, procure imediatamente o conselho ou o apoio de um grupo como o dos Alcoólicos Anônimos, antes que a situação piore e sua vida pessoal corra riscos. (Veja o Capítulo 13 para mais informações sobre o alcoolismo.)

Doenças graves como a hepatite e a cirrose hepática (uma doença que resulta do abuso do álcool) podem afetar o fígado, um dos órgãos mais importantes do corpo humano. Se o alcoolismo persistir durante muitos anos, as células do fígado morrem e são substituídas por cicatrizes, o que resulta em dano irreparável ao fígado e, em casos extremos, em cirrose.

Se você tem a função hepática prejudicada, ou deficiências de vitaminas causadas pelo excesso de bebidas, consuma proteína e vitamina B, que regeneram o tecido e fortalecem o sistema nervoso frágil e enfraquecido. A vitamina C, o potássio e os suplementos de ferro ajudarão no caso de anemia, muitas vezes um efeito colateral do alcoolismo.

Ervas Medicinais

O cardo-leitoso e o açafrão provaram ser muito eficazes no tratamento do fígado. Usados pela medicina popular européia para doenças do fígado, o cardo-leitoso e seus extratos ainda são usados para tratar hepatite e cirrose. O açafrão, uma especiaria muito picante usada nos molhos indianos, contém o ingrediente ativo curcuma, e as pesquisas comprovaram que essa substância protege o fígado, aumentando a secreção de bile.

A chicória, que não contém cafeína, substitui o café e é uma bebida popular em Nova Orleans. Embora mais usada como diurético e laxativo, ela também fortalece o fígado e alivia as dores causadas pela gota e pelo reumatismo. Além disso, sabe-se que a chicória dissolve cálculos biliares e elimina o excesso de catarro. Também é conhecido o fato de que as folhas de louro, tão usadas na culinária, estimulam o baço e o fígado, enquanto o seu óleo pode ser usado para curar feridas.

Os herboristas de todo o mundo usam as folhas do dente-de-leão como purificador do sangue, laxativo suave e auxiliar da digestão e para tratar das disfunções do fígado, da vesícula e do baço. O dente-de-leão (do francês, *dent de lion*) floresce no final da primavera; trata-se de uma planta nativa da Europa e da Ásia, que foi cultivada em todo o mundo, tornando-se uma das flores mais conhecidas. As propriedades medicinais da raiz e das folhas do dente-de-leão foram originalmente registradas nos anais de medicina pelos médicos árabes do século X. Durante o século XVI, os herboristas britânicos consideraram a planta um diurético valioso, e, no século XIX, o dente-de-leão foi reconhecido tanto na Europa quanto nos Estados Unidos.

O suco extraído da raiz do dente-de-leão é usado para fazer suco e vinho. As raízes podem ser limpas, secas, torradas, moídas e substituem o café ou são usadas como um ingrediente do chocolate quente. As folhas de dente-de-leão podem ser preparadas como chá, adicionadas às saladas, cozidas ou fervidas no vapor. Elas são ricas em cálcio, fósforo, ferro, potássio e vitaminas A, B e C. O dente-de-leão pode tratar obesidade, gota, hipertensão, arteriosclerose e pedras nos rins. As folhas também são usadas para lavar o rosto e em banhos de ervas.

Cálculos Biliares

Como Sagitário rege o fígado e a vesícula, você é um candidato perfeito para ter cálculos biliares. Compostos de bile (secretada pelo fígado para quebrar as moléculas de gordura e possibilitar a digestão) e de depósitos de colesterol ou de cálcio existentes no fígado ou na vesícula, os cálculos biliares podem ser minúsculos como um grão de areia ou grandes como um ovo. Na maioria das vezes as pedras são eliminadas sem que a pessoa perceba. Causam dor quando ficam alojadas nas vias que ligam a vesícula ao fígado, ao pâncreas e ao intestino. A obstrução causará uma crise repentina, resultando em inflamação, náusea, vômitos e forte dor na parte superior do abdômen, que pode se irradiar muitas vezes até o ombro direito ou as costas. As pessoas mais suscetíveis aos cálculos biliares são aquelas que têm excesso de peso ou diabete ou as mulheres que já tiveram filhos — embora eu conheça pessoas que não se classificam em nenhuma dessas categorias e, mesmo assim, os tiveram.

A crise pode ocorrer de quinze minutos a uma hora depois da refeição, especialmente se a pessoa comer fritura ou alimentos gordurosos. As pessoas que sofrem desse mal devem evitar refeições gordurosas, que agravam o problema. A alimentação deve ser rica em proteína, carboidratos e líqüidos. Convém tomar de seis a oito copos de água por dia. Recomenda-se as vitaminas A, D, E e K solúveis em água, visto que ajudam a absorver gorduras. A cenoura, o espinafre e o brócoli contêm vitamina A; a vitamina D pode ser encontrada no leite e no óleo de fígado de bacalhau. As sementes, as nozes, a soja e os óleos vegetais contêm vitamina E; e a vitamina K é encontrada na maioria dos vegetais de folhas verdes, no leite, no iogurte e na gema do ovo. Desnecessário dizer que você também pode tomar suplementos vitamínicos.

Lecitina

Fosfolipídio composto de ácidos graxos saturados, insaturados e poli-insaturados, a lecitina produz o ácido linoléico, ácido graxo essencial para o corpo metabolizar o colesterol, os triglicérides e outros lipídios, prevenindo assim a formação de cálculos biliares, a formação de placa arterial e a arteriosclerose (veja o Capítulo 6). Muitas vezes chamada de "alimento para o cérebro", a lecitina é um nutriente rico em fósforo. Quando combinada com ferro, iodo e cálcio, ela fortalece o cérebro, ajuda na digestão, aumenta a imunidade contra infecções viróticas e transporta os nutrientes da corrente sangüínea para as células. A lecitina é encontrada em geral na camada de mielina, a proteção gordurosa dos nervos; sabe-se que ela representa um papel importante na manutenção do sistema nervoso.

Com capacidade para limpar o fígado e purificar os rins, a lecitina está presente na gema de ovo, na soja, no milho, no repolho, no fígado de vitela, na couve-flor, no caviar, no grão-de-bico, na vagem, na lentilha, no arroz e na ervilha. Pode ser tomada como suplemento em cápsulas, solução ou na forma granulada. Como os cálculos biliares são agravados por níveis elevados de gordura, convém obter a lecitina de vegetais, grãos e feijões, em vez de obtê-la de produtos animais.

A salsa, muito usada na culinária, é um diurético excelente e valiosa no tratamento dos problemas da vesícula. Encontrado em folhas, raízes e sementes, esse condimento em geral é adicionado às saladas, aos molhos e aos cozidos.

Gota

Como Júpiter rege a expansão, os sagitarianos têm tendência para desenvolver uma variedade de abscessos, verrugas, cistos, tumores e gota — uma forma de artrite em que a articulação incha, amolece e causa uma dor aguda. A gota provém do excesso de ácido úrico, que se cristaliza e inflama as articulações, provocando inchaço, palpitação e dor excruciante. Embora qualquer pessoa possa ter gota, ela é mais comum entre os homens obesos de meia-idade. É importante notar que qualquer doença que possa ser agravada ou provocada pelo excesso de peso está sob os auspícios de Sagitário.

A medida preventiva mais imediata é reduzir os níveis de ácido úrico, eliminando-se os alimentos que contenham purina, a substância que contém o ácido. Ricos em purina são os alimentos de origem animal, de alta proteína, como anchovas, miolos, caldos ou molhos de carne, coração, arenque, rins, fígado, extratos de carne, mexilhões, *mincemeat* (iguarias feitas com gordura animal, uva-passa e cascas de frutas cristalizadas) e pães doces.

Se você tem gota ou qualquer outro tipo de inchaço, aplique uma compressa de gelo, eleve a perna e tome um antiinflamatório como o ibuprofen. Se seu estômago reagir mal a esse remédio, suspenda o uso imediatamente. Fazer um escalda-pé com carvão vegetal é uma medida terapêutica, assim como usá-lo em cataplasmas, pois dizem que ajuda a desintoxicar o organismo. Recomenda-se beber muito líqüido e chás de ervas como salsaparrilha, milefólio, roseira-brava e hortelã para reduzir a inflamação.

Alivie a Dor da Ciática e a Dor Lombar

A ciática constitui-se de espasmos extremamente dolorosos do nervo ciático, que vai do alto da coxa, passando pela parte interna da perna, até os tornozelos. As causas da ciática são o trauma ou a inflamação do nervo, torções na parte inferior das costas e ruptura de disco entre os ossos da coluna, ou neurite. A dor causada pela lesão da parte inferior das costas ou pela ruptura do disco será muito mais intensa se houver pressão sobre o nervo ciático. O tratamento da ciática inclui repouso e aplicação de compressas geladas na perna afetada, para aliviar a dor e a inflamação; convém tomar complexo de vitamina B para fortalecer os nervos (veja o Capítulo 6 para obter dicas sobre como tratar o deslocamento do disco).

Posturas da Yoga

Por ser o instrumento perfeito para purificar a mente e o corpo, a yoga vai ao encontro do ideal sagitariano de conquistar a perfeição física e espiritual. Sagitário rege as coxas, os quadris, os tendões das pernas e o nervo ciático e as posturas e exercícios de yoga que fortalecem essas áreas não só diminuem a dor nas pernas causadas pela ciática, como também a dor lombar, visto que na yoga os nervos são alongados. As seguintes posturas da yoga são algumas entre as muitas utilizadas para fortalecer essas partes do corpo. Elas podem aliviar a dor insuportável que a ciática muitas vezes provoca.

O Arco (Dhanurasana) (fig. 10.1)

O arco, ou Dhanurasana (que significa literalmente "Postura do Arco"), na qual o corpo é tensionado e esticado como um arco, estica e alonga a parte interior das coxas e os tendões das pernas. Essa posição é feita sob medida para os sagitarianos que sofrem de problemas relacionados com as coxas, com os tendões das pernas e com o nervo ciático.

1. Deite-se de bruços, com o queixo encostado no chão e as pernas separadas.
2. Flexione as pernas e encoste os calcanhares nas nádegas.
3. Segure firmemente os tornozelos com as mãos.
4. Eleve a cabeça, o pescoço e os ombros o máximo que puder e ao mesmo tempo puxe os tornozelos com firmeza.
5. Mantenha os braços retos e erga as coxas e o peito do chão para se equilibrar sobre a barriga.
6. Mantenha essa posição de arco por ao menos seis segundos.

Se praticada regularmente, a Dhanurasana aumenta a circulação e alonga as articulações do quadril, das costas, das coxas, dos ombros e da coluna. Além disso, também é alongada a parte anterior do corpo, inclusive as pernas, o abdômen, o pescoço e a região pélvica.

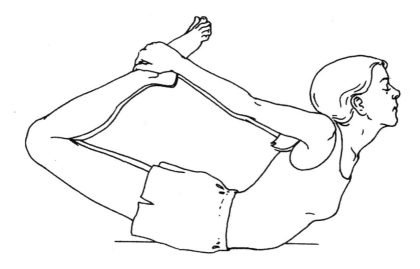

Figura 10.1. O Arco (Dhanurasana)

Postura com Apoio na Cabeça

Urdhva Dandasana (a postura da "coluna elevada") é uma posição em que a pessoa se apóia sobre a cabeça e mantém as pernas estendidas num ângulo de 90° com relação ao corpo, como se fosse ficar de cabeça para baixo. Trata-se de um ásana fabuloso para esticar a coluna e para trabalhar as coxas e os tendões das pernas.

1. Coloque uma esteira encostada na parede.
2. Ajoelhe-se sobre a esteira, de costas para a parede. Deixe bastante espaço para esticar as pernas.
3. Apóie o topo da cabeça na esteira.
4. Cruze as mãos em torno da cabeça e posicione o corpo como se fosse plantar bananeira.
5. Suba os pés lentamente, apoiando-se na parede, até formar um ângulo reto entre as pernas e o tronco.
6. Pressione a sola dos pés contra a parede.
7. Continue respirando normalmente e mantenha a posição por dez minutos, ou menos se sentir desconforto.

Se você é iniciante é importante que seus pés estejam apoiados na parede. Se você é um adepto da yoga ou um aficionado por exercícios, talvez não precise da parede. Não tente fazer esse exercício se tiver pressão alta ou problemas nas costas, no pescoço ou nos ombros.

Problemas na região lombar também podem provir de distensões, que repuxam a parte inferior das costas. Quando os músculos das pernas perdem a força e a elasticidade, você fica vulnerável a lesões nos joelhos e nos quadris. Felizmente, muitos problemas podem ser evitados com a prática regular do seguinte exercício, que alonga os tendões.

O Alongamento dos Tendões, como é chamada essa postura, pode ser feito em qualquer lugar, usando uma cadeira, uma mesa ou mesmo as escadas. Como os tendões não estão alongados, este exercício deve ser feito mais de uma vez por dia. Ele pode ser praticado enquanto você se dedica a outras atividades, como falar ao telefone.

1. Posicione-se na frente de uma cadeira, com o assento voltado para você.
2. Com seu peso equilibrado, estique a perna esquerda sobre o assento, alongando-a desde o calcanhar.
3. Se você não tiver a sensação de alongamento na parte de trás da perna esquerda, coloque as mãos sobre a perna e curve-se para a frente, na altura dos quadris, até sentir o alongamento. Mantenha o alongamento enquanto inspira e expira duas vezes.

4. Tire a perna esquerda da cadeira, descanse-a e repita o alongamento com a perna direita.

AROMATERAPIA E ÓLEOS ESSENCIAIS

Usado durante anos como desinfetante doméstico, o óleo de junípero pode ser usado também para estimular a circulação e aliviar os sintomas da gota e de distúrbios no fígado. Ele funciona melhor quando diluído na água do banho e, no caso da gota, em qualquer solução em que você mergulhe os pés. O junípero também é recomendado para eliminar a celulite e os depósitos indesejados de gordura que aparecem nas nádegas e nas coxas. Faça uma massagem com uma mistura de óleo de junípero, funcho e limão nessas áreas, depois do banho, quando a pele está quente e sensível. O funcho pode ser usado tanto como óleo essencial quanto como condimento em cozidos e saladas. Os óleos de salva, trevo-vermelho e jasmim também são indicados para os sagitarianos.

MEDICINA AYURVÉDICA

Segundo os princípios do Ayurveda, os sagitarianos podem ser classificados como uma combinação dos doshas Kapha e Pitta. Júpiter, o regente de Sagitário, é um planeta jovial, embora extremamente indulgente, que se adapta ao perfil Kapha. Como signo dinâmico de Fogo, Sagitário também se adapta ao perfil Pitta, que é empreendedor e direto. Como os sagitarianos oscilam entre essas duas categorias, pode-se cultivar hábitos saudáveis, segundo os princípios ayurvédicos, equilibrando-se os doshas Kapha e Pitta; mas é provável que você penda mais para a personalidade Kapha.

Embora seja ambicioso e empreendedor, você é menos "cabeça quente" e agressivo do que os tipos Pitta puros. Enquanto fizer bastante exercício e tiver ar fresco para eliminar sua preguiça natural, você será estável, resoluto e capaz de realizar seus objetivos. Naturalmente relaxado, você sofre de acessos de constante procrastinação e de uma tendência para a letargia. Se sofre de retenção de líqüidos, exaustão, febres e/ou resfriados (uma combinação de doenças Kapha e Pitta), acrescente alimentos adstringentes e amargos à dieta, para aumentar Vata e diminuir Kapha e Pitta. (Veja Apêndice II.)

Coma mais alimentos amargos, que estimulam a digestão e combatem a retenção de líqüidos, inclusive endívia, alface romana, espinafre; beba água tônica, experimente o café de chicória e o chá de gengibre. Coma alimentos adstringentes, que estimulam o cólon, inclusive feijão, lentilha, repolho, brócoli, couve-flor, batata, maçã e pêra. (Veja os Capítulos 3 e 4, sobre Áries e Touro, para mais informação sobre tipos Pitta e Kapha. Depois de ler essas descrições, você poderá ver que dosha é mais dominante em sua personalidade.)

Sais Minerais

Presente no cabelo, nas unhas e na pele, o sal mineral de Sagitário é o óxido silícico (sílica), importante para preservar e proteger os ossos e os nervos. Bolhas, picadas de insetos, unhas quebradiças e cabelo sem vida são sinais de deficiência de sílica ou de que o sal não está sendo apropriadamente assimilado. A sílica pode ser encontrada no aspargo, na pastinaca, no pepino, na cebola, no trigo integral, no morango, na aveia, no centeio, no repolho vermelho, na cereja, no farelo de cereais e na casca de vegetais e frutas.

Terapia com Pedras e Cores

Se você nasceu entre os dias 23 e 30 de novembro, sua pedra natal é o topázio, uma pedra semipreciosa amarela-dourada. Se você nasceu entre 1º e 20 de dezembro, sua pedra natal é a turquesa, uma pedra semipreciosa azulada, encontrada em minas do sudoeste dos Estados Unidos, que, junto com o coral e a prata, são os componentes principais da ourivesaria norte-americana nativa. Júpiter, regente de Sagitário, é associado ao amarelo e ao dourado. Outras pedras de tom amarelo que podem ser usadas para curar doenças jupiterianas são o âmbar, a citrina e a safira amarela — uma pedra preciosa exótica. Embora a pele com icterícia, sintoma de mau funcionamento do fígado, regido por Sagitário, tenha uma tonalidade amarela, essa mesma cor, em pedras ou na cromoterapia, é usada para energizar esse órgão. Se desejar usar pedras, engaste essas pedras em ouro ou esteja certo de que ela fique em contato com a pele. Essas pedras jupiterianas não só aumentarão a produção de bile (o que, por sua vez, estimula a digestão), mas proporcionarão o eterno otimismo que permeia a filosofia de vida dos nativos de Sagitário.

Capítulo 11

Capricórnio

O Audacioso Alpinista com Ossos de Pedra

Capricórnio (de 21 de dezembro a 19 de janeiro)
Planeta Regente: Saturno
Elemento: Terra
Modalidade: Cardinal

Traços e conceitos positivos de Capricórnio: ambicioso, perseverante, estável, firme, constante, reservado, conservador, sensual, prático, produtivo, disciplinado, frugal e determinado.

Traços e conceitos negativos de Capricórnio: cruel, viciado em trabalho, frio, arrogante, pessimista, depressivo, enfadonho, mesquinho, egoísta, solitário e pouco comunicativo.

Partes do corpo regidas por Capricórnio: joelhos, ossos, pele, gengivas e dentes. Seu planeta regente, Saturno, governa todo o sistema ósseo.

Problemas de saúde: artrite, fibromialgia, reumatismo, osteoporose, neurite, neuralgia, lúpus, problemas com os joelhos, gengivite e doenças dos dentes e das gengivas.

Profissões que colocam em evidência a eficiência, o espírito prático e a organização dos nativos de Capricórnio: executivo, corretor, pesquisador, cientista, sacerdote, escritor e trabalhos solitários.

Capricórnio:
A Ambição Ajuda Você na Escalada do Sucesso

Simbolizado pelo bode que empreende lentamente a escalada do sucesso, Capricórnio, signo cardinal de Terra, é ambicioso, firme e digno de confiança; planeja cada movimento ajuizadamente e contorna cada obstáculo até chegar ao objetivo. Como Saturno, o deus greco-romano do tempo, é seu planeta regente, você é extremamente disciplinado, sério e tem uma surpreendente ética no trabalho, além de senso de moralidade. Embora esses atributos funcionem em seu benefício quando um trabalho tem de ser feito, você pode ter dificuldade para dominar a tarefa.

Autoritário, preconceituoso e extremamente rígido, você tem expectativas elevadas, quase irrealistas de si mesmo e dos outros. Não convém manter uma atitude pessimista e uma abordagem conservadora com relação à vida, visto que você pode ser preconceituoso e severo demais ao tratar os outros. Sua meticulosidade exige que você trabalhe extremamente devagar e, não importa o quanto se esforce ou trabalhe, o tempo o ilude e sempre acaba pegando-o em sua armadilha.

Devido à sua aparência fria e reticente e à sua personalidade reservada, você muitas vezes é considerado estranho, distante, até mesmo indiferente. Na vida privada, no entanto, você é passional e sensual, atestando que Capricórnio pertence à categoria de signo visceral, de Terra.

Incapaz de confiar nos outros ou de se expressar espontaneamente, você é prudente e seletivo ao revelar suas emoções mais profundas. Assim que um amante ou amigo conquista a sua confiança, você fica totalmente à vontade, receptivo e afetivo — imagem muito diferente daquela apresentada ao mundo exterior. Você é um amigo sincero e leal, e seus relacionamentos podem durar muitos anos — algumas vezes são amizades de infância.

Amoroso e devotado, você sempre dá ao seu parceiro o benefício da dúvida e não admitirá a derrota nem abandonará um relacionamento enquanto não analisar todas as alternativas. Por outro lado, não tolerará ou perdoará a deslealdade. Você pode até perdoar, mas certamente nunca esquecerá.

Carente de espontaneidade, você tende a não se manifestar enquanto não pesar cada situação com cuidado. Os capricornianos nunca divulgam plenamente seus sentimentos e só falam quando têm algo valioso a dizer. Na verdade, o trabalho é tão importante para eles, que as emoções são colocadas em segundo lugar. Embora seja uma vantagem na vida profissional, essa atitude cobra seu preço na vida pessoal. Com demasiada freqüência, as responsabilidades de trabalho têm precedência sobre os relacionamentos.

Criatura acostumada ao hábito e à rotina, você tem aversão à mudança e é extremamente inflexível quando se trata de novas idéias, padrões ou até mesmo alimentos. Essa inflexibilidade pode ser nociva visto que seus ossos são tão rígidos quanto a sua personalidade. Uma tendência à preocupação com o dinheiro, com o seu emprego e, afinal, com tudo o que existe debaixo do Sol, é responsável pelas rugas na sua testa e por certas crises ou períodos de depressão que podem atingir, de tempos em tempos, proporções preocupantes. A depressão e o desânimo podem ser tão debilitantes quanto uma doença. Fazer exercício, tomar ervas, relaxar e se divertir aumentarão o seu bem-estar. (Veja o Capítulo 7 para dicas sobre a depressão.)

Fisionomia e Tipo Físico

Em geral, você tem altura mediana e, com bastante freqüência, uma estrutura óssea privilegiada. Como Capricórnio, governado por Saturno, rege os ossos, as articulações, as gengivas, os dentes, a pele e os joelhos, as maçãs do rosto são altas e pronunciadas. Seus olhos são fundos, seu nariz, largo, e seus lábios, finos. Devido à sua atitude conservadora diante da vida, você tende a se vestir casualmente, escolhendo muitas vezes cores escuras como azul-marinho e preto, evitando as tonalidades claras e as roupas vistosas e curtas. Na verdade, sua maneira de se vestir reflete o desejo de evitar chamar atenção. Você prefere ficar nos bastidores, perseguindo intencional e decididamente seus objetivos. Embora talvez você não se destaque numa multidão (devido à sua maneira reservada de ser), a sua perseverança, ambição e desejo ardente de realização acabarão elevando-o acima dos demais.

Conservador e moderado, você em geral faz três refeições equilibradas por dia e se exercita regularmente. Se estiver sob *stress*, você tende a comer menos ou a pular refeições. Dada a sua ambição e os altos padrões que estabelece para si mesmo, é vital que mantenha a força para suportar as longas horas que o trabalho freqüentemente exige. A fadiga em razão da falta de nutrientes apropriados pode ameaçar sua saúde física e mental. Se você está sob tensão e se esquece de comer, tome suplementos de proteína como espirulina e pólen de abelha. Uma vitamina de leite, ovos e bananas batida no liqüidificador suprirá a falta de cálcio, potássio e proteína.

Osteoporose

Seu caráter rígido e sua personalidade robusta muitas vezes se traduzem fisicamente por rigidez nos ossos e nas articulações, especialmente na velhice, quando os capricornianos têm propensão para doenças que afetam as articulações, os ossos e o sistema ósseo, como a osteoartrite, o reumatismo e, no caso das mulheres, a osteoporose. A osteoporose, problema resultante da diminuição gradual dos ossos, afeta uma grande porcentagem de mulheres depois da menopausa: os ossos começam a rachar devido à falta de estrógeno, um hormônio que protege os ossos e o coração. Essa condição é agravada pela deficiência de cálcio, pelo hábito de fumar e pela falta de musculação, que ajuda a aumentar a densidade óssea.

Assim que o processo da osteoporose se inicia, os ossos se tornam frágeis, o corpo perde força e há risco maior de você perder o equilíbrio e cair, o que resulta em fraturas nos quadris, na coluna, no pulso e em outros ossos.

Embora todas as mulheres corram esse risco, as mulheres de Capricórnio são especialmente suscetíveis, visto que, no geral, elas são "pele e osso", com poucas camadas protetoras de gordura. Embora 80 por cento das pessoas que sofrem de osteoporose sejam mulheres, homens com mais de cinqüenta anos também são vulneráveis.

Como o cálcio é o mineral mais importante para fortalecer os ossos, uma dieta rica em cálcio antes dos trinta e cinco anos pode ajudar a prevenir a osteoporose em idade mais avançada. O leite e seus derivados são ricos em cálcio, mas também em gordura e colesterol. A boa notícia é que o queijo, o iogurte e o leite com baixo teor de gordura têm a mesma quantidade de cálcio que os laticínios integrais. Produtos com leite desnatado não contêm gordura, e você pode até mesmo adicionar leite em pó desnatado às sopas e molhos, para acrescentar cálcio. Outras fontes que não contêm gordura e colesterol são o salmão, a sardinha, a noz, o tofu, a laranja, o brócoli, a couve, o espinafre e o tomate. Se você não consegue obter cálcio suficiente por meio da alimentação, cápsulas de carbonato de cálcio — um suplemento encontrado nas farmácias — podem funcionar no seu caso. A quantidade recomendável para mulheres que já passaram pela menopausa é de 1.200 a 1.400 miligramas por dia.

A vitamina D, obtida do leite e da luz solar, é necessária para a absorção do cálcio. O magnésio e a vitamina K também ajudam a manter os ossos sadios. Por outro lado, altos níveis de proteína animal, de sódio, de açúcar refinado e de cafeína podem provocar a eliminação do cálcio. Por isso, convém diminuir ou evitar seu consumo. O fósforo também impede a absorção do cálcio e o consumo de alimentos ricos nesse mineral, como a carne, o peixe, os ovos, as aves domésticas, as sementes e as nozes, deve ser reduzido. A sílica, uma substância contida em chás, tinturas homeopáticas ou na forma de cápsulas, ajudará o corpo a absorver o cálcio da mesma forma que a alfafa, a actéia-negra, o inhame silvestre e o confrei.

Além de aumentar a ingestão de cálcio, fazer musculação numa academia, sob a supervisão de um profissional, aumentará a densidade dos seus ossos. Se você não tem tempo para freqüentar uma academia, saiba que alguns exercícios de musculação podem ser feitos em casa, usando halteres, pesos ou até mesmo latas. Além disso, existe uma grande variedade de vídeos instrutivos no mercado que orientarão você durante esses exercícios. Os ásanas da yoga também são valiosos para aumentar a densidade óssea e dar vigor físico.

Outras formas de exercício que fortalecem os ossos são andar de bicicleta, correr, nadar e até mesmo caminhar — sendo que as últimas duas modalidades não requerem muito esforço. Andar três quilômetros por dia — o equivalente a quarenta quarteirões — pode melhorar sua saúde, bem como fortificar os ossos. Reserve um tempo extra para andar até o trabalho, em vez de tomar um coletivo ou ir de carro. Sempre que possível, use as escadas em vez do elevador ou as escadas rolantes.

A terapia de reposição hormonal, que compensa a perda de estrógeno depois da menopausa, pode ajudar, mas não resolve inteiramente a perda da densidade óssea, que precisa ser tratada o quanto antes por meio de exercícios e ingestão de cálcio. Embora a substituição de estrógeno lubrifique a pele, previna doenças cardíacas e evite a perda óssea, ela também pode aumentar o risco de certos tipos de câncer de mama. Se você acha que pode obter benefícios da reposição de estrógeno, analise os prós e os contras cuidadosamente, levando em conta seu histórico médico e o da sua família. Antes de se decidir a dar esse importante passo, convém fazer uma pesquisa profunda e consultar seu médico.

ARTRITE

Uma das doenças mais dolorosas e debilitantes às quais os capricornianos estão sujeitos é a artrite, um termo-chave que abrange muitos distúrbios que afetam as articulações. Embora essa doença em geral nos atinja na terceira idade, a artrite também pode afligir um bom número de adultos jovens. Doença crônica sem causa conhecida ou cura, a artrite é uma inflamação de uma ou mais articulações, que produz uma variedade de sintomas que vão desde dores fracas e rigidez até dor intensa e deformidades.

A artrite pode ser classificada como osteoartrite ou artrite reumatóide.

1. A osteoartrite, uma doença degenerativa das articulações e um dos distúrbios artríticos mais comuns, ocorre quando a cartilagem entre os ossos se deteriora, causando atrito entre os ossos sempre que as articulações são flexionadas. Isso provoca dor e inchaço, além de limitar os movimentos. Em geral, esse mal afeta os dedos dos pés, as articulações dos joelhos, os quadris e as costas.
2. A artrite reumatóide, uma doença auto-imune (ou seja, uma parte do corpo ataca outra parte) em que a inflamação das paredes das articulações provoca deterioração da cartilagem e do osso, é a mais debilitante forma dessa doença. Como na osteoartrite, a dor que essa doença causa nas mãos, nos pulsos, nos pés, nos joelhos, nos tornozelos, nos ombros e nos cotovelos pode ser insuportável.

Embora não exista cura para a artrite, os médicos tradicionais em geral prescrevem antiinflamatórios fortes para diminuir o inchaço das articulações. Embora algumas dessas drogas aliviem a dor e o inchaço, há efeitos colaterais como náusea, dor de estômago e indigestão. O controle do *stress* e as técnicas de relaxamento como o *biofeedback*, a acupuntura, a yoga, a meditação, a visualização orientada, a respiração profunda e até mesmo a hipnoterapia fortalecem o sistema nervoso e aliviam o *stress*. Esses métodos ajudam a relaxar os músculos tensos ao redor das juntas para que a pessoa se concentre menos na dor. O grau de dor pode realmente diminuir, aumentando a capacidade de tolerância. O relaxamento também combate a insônia e a depressão — sintomas comuns dos que sofrem de dores crônicas. O *biofeedback* pode ajudar os pacientes a reconhecer o surgimento da dor antes que seus efeitos de fato ocorram. Assim que o paciente é alertado para os sinais, ele pode aplicar as técnicas de relaxamento.

A massagem é um meio terapêutico de relaxamento que pode ser usada para soltar as articulações. Se você não conhece um bom profissional, aprenda a massagear seus dedos, cotovelos e joelhos e a trabalhar os músculos e tendões. A manipulação profunda dos tecidos pode ser a forma perfeita de massagem para energizar e relaxar diferentes partes do corpo.

O National Institutes of Health's Office of Alternative Medicine hoje reconhece a eficácia da acupuntura para aliviar a dor provocada pela artrite. A acupuntura restaura o fluxo de energia nas articulações afetadas. Estudos mostraram que pessoas que fizeram sessões de acupuntura se sentem melhor do que as que não as fizeram.

Pesquisas também mostraram que uma alimentação saudável e equilibrada pode fortalecer o sistema imunológico e, no caso da artrite, reduzir a inflamação. Como a artrite afeta as articulações, é recomendável evitar a abobrinha, o tomate,* a pimenta-verde, a berinjela e a batata branca, devido à acidez. Vegetais da família das solanáceas, acredita-se que depositem ácido nas articulações, exacerbando a dor da artrite. A proteína animal também deve ser eliminada, visto que contém tanto ácido araquidônico quanto fósforo, que, como geralmente se afirma, impedem a absorção do cálcio. O cálcio ajuda a fortalecer os ossos e, se a pessoa tiver propensão para sofrer de artrite, recomenda-se que ela tome suplementos de cálcio desde a juventude.

Como a osteoartrite provoca muita dor mas não se trata de uma inflamação, o Tylenol é mais recomendado como analgésico do que o Advil que é antiinflamatório e recomendado para a artrite reumatóide. Como o excesso de peso pode acelerar a deterioração das articulações e da cartilagem, o exercício aeróbico e a perda de peso podem ajudar a aliviar a inflamação, o inchaço e a dor da artrite. O exercício estimula a produção de endorfina, o que faz com que a pessoa se sinta mais feliz e, em resultado, a dor é menos intensa. Exercícios de alongamento e ásanas da yoga que visem as articulações afetadas também são benéficos. Outras doenças que podem afetar os capricornianos são a fibromialgia e a gota (ambas formas de artrite), o reumatismo, a tendinite, o estiramento dos nervos e o lúpus.

Ervas Medicinais

As ervas que aliviam a dor da artrite são a casca de salgueiro e as folhas de barba-de-bode, pois ambas contêm salicilatos naturais. A salsaparrilha,

---

* Embora o tomate tenha cálcio, ele deve ser evitado devido à acidez acentuada. Há muitos outros alimentos, bem como suplementos, que fornecem o cálcio.

uma erva cujo chá é muito saboroso, também é extremamente eficaz no combate de alguns dos sintomas da artrite. Levada da Europa para as Índias no século XVI, essa erva primeiro foi usada como cura para a sífilis. Desde então descobriu-se que ela alivia a coceira provocada pelas inflamações na pele, como a psoríase, e é recomendada para doenças inflamatórias como a gota, o reumatismo e a artrite. Ela pode ser encontrada em tabletes, tintura e na forma de um extrato aromático que pode ser diluído em remédios e refrigerantes. Usada em todo o mundo, as variedades mais comuns crescem na Jamaica, na América do Norte e na Índia. Fazer compressas frias e massagens com óleo de eucalipto também podem ajudar a amenizar a dor nas articulações.

Sabe-se que a ingestão de cápsulas de óleo de peixe diminui a vulnerabilidade das articulações e a fadiga dos pacientes com artrite. Os ácidos graxos Ômega-3, o ingrediente ativo do óleo de peixe, estão contidos no óleo de fígado de bacalhau, que tem sido usado há anos. Uma colher de chá por dia ajuda a aliviar a dor da artrite reumatóide ao prover quantidades substanciais de vitamina D — importante para o crescimento dos ossos — e vitamina A, que pode ter efeitos antiinflamatórios. É importante observar a quantidade recomendada dessas vitaminas na dieta, visto que podem provocar danos ao fígado. Se optar pelo óleo de fígado de bacalhau, você deve chupar imediatamente uma pastilha de hortelã assim que o engolir, pois, caso contrário, ficará com um sabor desagradável na boca. A vitamina C também pode evitar que a artrite reumatóide se agrave.

O confrei, também chamado de eupatória, é uma planta nativa da Europa e da Ásia, que fortalece a cartilagem e ajuda na recuperação de fraturas. Rico em proteína, o confrei é usado como chá, desidratado, ou na forma de creme ou tintura. A aplicação do óleo ou do creme de confrei nas áreas afetadas pode ajudar no tratamento da osteoporose e da artrite.

O dente-de-leão é uma erva notável que pode ser utilizada de muitas formas. As folhas podem ser consumidas em saladas, e o suco, obtido das folhas, é recomendado para as pessoas que sofrem de artrite, visto que elimina a acidez das articulações. A raiz de dente-de-leão muitas vezes é torrada e moída para fazer uma bebida semelhante ao café, que também pode aliviar a dor da artrite.

Alguns estudiosos dizem que a dor da artrite é exacerbada pela deficiência de cobre, que os pacientes não conseguem metabolizar adequadamente. Visto que não conseguem absorver esse mineral dos alimentos, alguns especialistas recomendam que as pessoas que sofrem de artrite usem pulseiras de cobre, para que esse elemento entre no corpo através da pele e alivie a dor. Embora alguns profissionais continuem céticos, a maioria não rejeita totalmente essa teoria.

Aromaterapia e Óleos Essenciais

É essencial que, ao fazer ou receber uma massagem, você use os óleos aromaterápicos certos. Os óleos de junípero, tomilho, hissopo e camomila servem para massagear as articulações com problema e a área que as circunda. Para maior eficácia, adicione algumas gotas de qualquer um desses óleos à água do banho.

Nativo da França e da Espanha, o alecrim é popular na culinária e serve para temperar saladas; também pode-se usar o óleo essencial destilado das flores e das folhas dessa planta. Ele não é apenas um maravilhoso óleo de massagem, mas um ingrediente muito usado nos xampus e nos tônicos capilares, além de melhorar a circulação do couro cabeludo e eliminar a caspa. Para diminuir a caspa, faça uma massagem com o óleo de alecrim e deixe-o no cabelo durante trinta minutos antes de lavá-lo com xampu. Quando adicionado à água do banho, o alecrim melhora a circulação do corpo todo.

Nativo da América Central e do Sul, o cápsico, de onde vem a pimenta-caiena, também é usado na forma de ungüento em pacientes com osteoartrite, para reduzir a dor nas articulações. Ele está disponível em forma de tintura ou cápsulas. As propriedades antiinflamatórias da matricária torna essa erva, nativa da Europa e dos Estados Unidos, perfeita para aliviar a dor da artrite. Ela é encontrada na forma de tintura, cápsula e chá.

Como Evitar Lesões nos Joelhos

Embora você seja bastante atlético e goste de corridas e de esportes de contato, como o futebol e o futebol americano, tenha cuidado com arranhões e lesões nos joelhos — parte do corpo regida por Capricórnio. Suas pernas podem ser extremamente fortes, mas seus joelhos são particularmente vulneráveis, especialmente se você já teve artrite ou outros problemas nas articulações. Se você costuma praticar esses esportes, use joelheiras e molhe os joelhos depois de cada jogo ou atividade. Se perceber que a artrite está voltando, siga as dicas de alimentação e fitoterápicas, e procure imediatamente o médico.

Exercícios suaves de alongamento e as posturas de ioga certamente tornarão as articulações mais flexíveis. Os exercícios simples a seguir alongam os músculos em volta dos joelhos e das coxas:

1. Sente-se ereto com os pés juntos.
2. Estique as costas e lentamente aproxime os pés do corpo o quanto puder.
3. Abaixe lentamente os joelhos deixando-os tão perto do chão quanto possível. Você sentirá que as coxas começarão a enrijecer. Abaixe-as tanto quanto puder sem provocar nenhuma dor.

4. Sente-se tão ereto quanto possível e mantenha essa posição durante quinze a vinte minutos ou por tanto tempo quanto puder.
5. Sempre que fizer esse exercício, você conseguirá abaixar um pouco mais os joelhos. É da maior importância que você sinta os joelhos e as coxas se alongando além do que está acostumado.

PERIODONTITE

A regência de Capricórnio sobre o esqueleto se estende aos dentes e gengivas. A gengivite, caracterizada por gengivas inchadas e vermelhas, que sangram facilmente, é a precursora da periodontite e, segundo a American Dental Association, uma das principais razões da perda dos dentes em adultos. A causa primária da gengivite é a formação de placa entre os dentes e a linha das gengivas devido à má escovação e ao hábito de não usar fio dental. As bactérias contidas na placa segregam um ácido que ataca o esmalte dos dentes, afinando as gengivas e, em casos extremos, provocando a queda dos dentes. Gengivas sensíveis e que sangram facilmente são comuns na juventude, mas você pode impedir que se torne uma verdadeira gengivite se seguir as seguintes diretrizes:

1. Para obter os melhores resultados ao escovar os dentes, use uma escova de dentes pequena, com cerdas macias, e que, quando segurada num ângulo de 45°, alcance e limpe simultaneamente os dentes e as gengivas. Alguns especialistas preferem escovas elétricas e argumentam que esse tipo de escova retira duas vezes mais placa do que a manual. Embora a escova elétrica seja um bom instrumento de prevenção, ela pode ser dura demais e causar dor nas pessoas que já sofram de gengivite.
2. Escove os dentes e passe fio dental depois de cada refeição. Raspar a língua algumas vezes por dia com um instrumento sem corte — nunca afiado — de trás para a frente, também pode ajudar a eliminar os germes que se acumulam ali.
3. Use o polegar e o indicador para massagear e estimular as gengivas. Óleos aromaterápicos e ervas também podem aliviar a inflamação.
4. Reduza ou elimine inteiramente o álcool e o tabaco, que destituem o corpo das vitaminas e dos minerais essenciais aos dentes sadios.
5. Doses elevadas de cálcio fortalecem os dentes e a vitamina C fortifica as gengivas, evitando hemorragias. Além de frutas cítricas como limão, laranja, toranja e tomate, a melhor fonte de vitamina C é a roseira-brava, disponível em chá ou cápsulas.
6. Fazer bochechos com um produto comprado em farmácia pode reduzir a formação da placa bacteriana e ajudar a prevenir a gengivite.

Para quem já sofre dessa doença, o melhor conselho é continuar a escovar e a passar o fio dental depois de cada refeição, e visitar um dentista ou periodontista quatro vezes por ano. O aumento da hemorragia, um dente que parece ter aumentado de tamanho, o recuo das gengivas ou o mau hálito são sinais de que a gengivite piorou e de que se deve buscar ajuda de um profissional.

Doenças da Pele

Diferentemente dos librianos, que muitas vezes sofrem de acne e rachaduras devido ao excesso de oleosidade e toxinas, os problemas de pele dos capricornianos em geral são causados por alergias, nervosismo e hipersensibilidade. Como a pele fica seca, esticada e sensível no inverno, é importante que os capricornianos usem um hidratante nas mãos, nos pés, no pescoço e no rosto. Lubrificantes naturais como geléia de petróleo, óleo de vitamina E e aloe vera devem ser aplicados depois do banho, antes de sair ao ar livre e antes de se deitar. Use bloqueador ou filtro solar para impedir que a pele fique ressecada e para protegê-la do vento forte no inverno e do sol forte no verão.

O aloe vera é uma erva nativa da África e do Mediterrâneo. É facilmente encontrada na forma de gel hidratante, ungüento ou loção, suaviza a pele sensível, rachada, manchada ou queimada do sol, além de amenizar as feridas e a dermatite. Foi usada na Grécia e, atualmente, cresce em todo Oriente Médio, na América do Sul, no sul da Flórida e no Texas. O aloe vera estimula o crescimento da epiderme e renova as células mortas da pele. Além de usar os preparados encontrados no mercado, você pode cortar ao meio uma folha de aloe vera e passar na pele a geléia produzida por essa planta.

Psoríase

Muitas vezes confundida com um simples problema de pele ressecada, a psoríase é uma doença de pele persistente, não-contagiosa, caracterizada pela formação de placas grossas e escamosas de pele, que são avermelhadas e muitas vezes coçam. Mais comum no couro cabeludo, nos cotovelos, nos joelhos e nas nádegas, a psoríase ocorre quando as células da pele crescem desordenadamente. Normalmente, leva trinta dias para uma nova célula chegar à camada superior da pele. No caso da psoríase, as células alcançam a camada superior em três dias. Embora morram como as células normais, elas são tão excessivas que as placas ficam brancas e escamosas à medida que vêm à superfície. A psoríase muitas vezes pode recidivar sob a forma de ataques sucessivos, algumas vezes desaparecendo durante meses ou anos ou então melhorando ou piorando com a idade. Visto que o *stress* pode estimular o surgimento da psoríase, você poderá usar as técnicas de alívio da tensão mencionadas neste livro.

Como não se conhece as causas desse mal, no momento não existe cura definitiva. No entanto, existe uma variedade de remédios que aliviam a coceira e a sensação de ardência. Disponível em farmácia, uma mistura de terra-da-índia e loção umectante aplicada nos cotovelos e joelhos inflamados pode dar alívio e disfarçar as placas. O desconforto causado pela coceira e escamação pode ser aliviado com emolientes como óleo de bebê, compostos vegetais, geléia de petróleo e óleo de vitamina E, que devem ser esfregados no corpo enquanto a pele estiver úmida, imediatamente após o banho de chuveiro ou imersão. Suplementos diários de ao menos 400 miligramas de vitamina E podem ser úteis.

Como a psoríase aparece em climas frios e úmidos, a luz intensa do sol e das lâmpadas ultravioleta podem aliviar um pouco o desconforto. Ao usar esse tipo de mecanismo, não se esqueça de aplicar um filtro solar forte na área não afetada pela psoríase, uma vez que os raios ultravioletas do Sol provocam câncer de pele. Não use esse tipo de terapia, a menos que tenha o aval de um profissional da área de saúde, pois às vezes ela pode causar mais danos do que benefícios.

Eczema

Se a sua pele coça, está ressecada e tem manchas vermelhas, talvez você esteja com eczema. Tendo em mente que a pele seca tem de ser hidratada e bem lubrificada, as seguintes sugestões darão alívio:

1. Use um umidificador de ar frio, pois o calor agrava o ressecamento da pele.
2. Evite banhos quentes e demorados, que ressecam a pele, causando ainda mais coceira e escamação. Diluindo óleos essenciais na água e tomando banhos curtos de água morna, você suaviza e alivia a pele. O mesmo acontece se tomar duchas rápidas e tépidas.
3. Não use sabonetes perfumados, com substâncias químicas ou agentes antibacterianos como alfa-hidróxido, que pioram a coceira. Se tiver de usar sabonete, use um transparente ou que contenha substâncias umectantes como lanolina, glicerina, óleo de palmeira ou óleo de coco. Na Índia, as pessoas costumam passar óleo de coco na pele e no cabelo como proteção contra o sol escaldante. Procure lavar o rosto com água morna, secar a pele levemente e passar um creme hidratante ou loção como Lubriderm, Keri ou Eucerin.
4. Evite usar desodorantes antiperspirantes que contenham sais metálicos, visto que irritam a pele sensível.

5. Os cremes, as pomadas e as loções que contêm cortisona ajudam a aliviar a coceira e a vermelhidão. A hidrocortisona, uma forma mais suave, pode ser encontrada nas farmácias.
6. Evite choques térmicos, por exemplo, passar de um aposento quente para o ar frio ou ir de um aposento frio para o chuveiro quente; isso pode provocar coceira.
7. A roupa que fica em contato com a pele deve ser feita de algodão ou de outras fibras naturais. Evite usar roupas de baixo feitas de lã ou de tecidos sintéticos, que podem causar alergia ou irritação e mais coceira. Até mesmo pulseiras de relógio tingidas com certos produtos químicos podem causar rachaduras na pele.[10]

Seguir essas diretrizes ajudarão a aliviar o desconforto ou até mesmo impedir novos surtos.

Sal Mineral

O sal mineral relacionado com Capricórnio é o fosfato de cálcio, necessário para formar ossos e dentes fortes, bem como para manter os vasos sangüíneos e os fluidos digestivos. Quando há deficiência desse sal há a tendência para problemas nos dentes, irritações na pele e má digestão, que podem provocar acidez nas articulações e provocar reumatismo e artrite. Alimentos ricos em fosfato de cálcio: pepino, espinafre, alface, figo, ameixa, morango, amêndoa, lentilha, trigo integral, aveia, centeio, peixe e leite.

Medicina Ayurvédica

Regido por Saturno, Capricórnio, signo de Terra, está sob os auspícios do sensitivo Vata e do prático Kapha. Os tipos Vata-Kapha têm modos descontraídos e relaxados, no entanto, têm um estômago sensível e sujeito a gases que é típico dos tipos Vata. Os capricornianos, entretanto, não são tão lentos ou laboriosos quanto os taurinos Kapha, nem tão nervosos ou sensíveis como os geminianos ou virginianos Vata.

Embora esses dois temperamentos sejam opostos pelo fato de Vata ser nervoso e Kapha ser plácido, essa combinação proporciona equilíbrio, temperamento estável e procrastinação, mas também rapidez, eficiência e ansiedade, quando o capricorniano tem de agir. Devido ao sistema digestivo preguiçoso, uma dieta calmante Vata que inclua alimentos salgados e ácidos, como limão, queijo, iogurte, tomate, ameixa e vinagre, estimula o sistema digestivo. Classificados como alimentos doces, o leite quente, o arroz, o pão quente com um pouco de manteiga, o mingau de aveia, o mel e o açúcar acalmam o estômago e proporcionam um desjejum satisfatório. Não se esqueça de que alimentos doces também contribuem para a letargia e acentuam um metabolismo lento, portanto, não ingira leite, pão, manteiga ou açúcar demais. Não coma alimentos amargos ou adstringentes, que acentuam as dores provocadas pelos gases e irritam um estômago sensível. (Para maiores informações sobre a dieta calmante Vata, veja o Capítulo 4.)

Terapia com Pedras e Cores

Se você nasceu entre 21 e 31 de dezembro, sua pedra natal é a turquesa, uma pedra semipreciosa azul-esverdeada, comum na ourivesaria dos nativos americanos de todo o sudoeste dos Estados Unidos. Se você nasceu entre 1º e 19 de janeiro, sua pedra natal é a granada, uma pedra semipreciosa vermelho-escura, associada ao Sol e à energia. As granadas aumentam a vitalidade e o otimismo e podem amenizar o mau humor dos capricornianos. O metal que rege Capricórnio é a prata, por isso, o ideal é que todas as suas pedras sejam engastadas nesse metal. As cores associadas a Saturno, o planeta regente de Capricórnio, são o preto e o azul-escuro. Você reage às pedras escuras como o ônix, a safira negra, a marcassita e o lápis-lazúli.

Capítulo 12

Aquário

O Humanitário Sensível

Aquário (de 20 de janeiro a 18 de fevereiro)
Planeta Regente: Urano (Co-Regente: Saturno)
Elemento: Ar
Modalidade: Fixo

Traços e conceitos positivos de Aquário: sociável, preocupado com as pessoas, generoso, altruísta, intelectual, inovador, objetivo, idealista, reformista, voltado para o grupo, amigável, independente, amante da liberdade, leal, justo e disciplinado.

Traços e conceitos negativos de Aquário: excêntrico, temperamental, sensível, apático, rebelde, impessoal, ferino, pouco atento, neurótico, emocionalmente desligado, inflexível, rígido, controlador, imprevisível e enjoado.

Partes do corpo regidas por Aquário: tornozelos, canelas, veias e sistema circulatório. Seu planeta regente, Urano, governa os sistemas nervoso e endócrino.

Problemas de saúde: torções no tornozelo, distúrbios nervosos, desequilíbrio hormonal, endurecimento das artérias, cãibras, varizes, flebite e hipertensão.

Profissões que acentuam no aquariano a inventividade, o idealismo, o envolvimento com o grupo e a preocupação com a sociedade e com os valores humanitários: sociólogo político, professor, líder de grupo, psicólogo, programador de computador, cientista, pesquisador, astrônomo e inventor.

Aquário:
Seu Espírito Rebelde Leva Você ao Sucesso

A marca registrada de Aquário, signo fixo de Ar, é a filiação a organizações ou causas que reflitam fortes ideais e preocupações sociais. Simbolizado pelo anjo despejando água sobre a terra, os nativos de Aquário são indivíduos extrovertidos, excêntricos, sensíveis, que buscam constante excitação e estimulação intelectual. Embora Aquário represente a amizade e a fraternidade, você muitas vezes é acusado de ser desligado, insensível e estar mais preocupado com os problemas do mundo do que com os relacionamentos pessoais. Uma verdadeira contradição ambulante, você é aficcionado por independência e verdade, no entanto, tem dificuldade para expressar sentimentos profundos e detesta ficar sozinho. Por esse motivo, você busca aqueles que compartilham seus ideais políticos, sociais ou religiosos.

Os aquarianos são rebeldes por natureza e os primeiros a adotar estilos de vida pouco ortodoxos e radicais. Isso pode assumir a forma de grupos de apoio, colaborações artísticas ou até mesmo a vida comunitária. Você é teimoso, imprevisível e pouco convencional, mas muito raramente toma seu rumo próprio. Isso quem faz são os signos de Fogo. Aquário, como todos os signos de Ar, preocupa-se com as opiniões, o apoio e o respeito da família, dos amigos e dos colegas.

Urano, regente de Aquário, foi descoberto em 1783, quase na mesma ocasião em que Benjamin Franklin descobriu a eletricidade. Devido a essa conexão, diz-se que os aquarianos regidos por Urano têm uma personalidade "elétrica", sensível e ansiosa e que brilham quando estão cercados de pessoas a quem amam e respeitam. Por outro lado, você não tem muita paciência com relacionamentos interpessoais. Nervoso, impaciente e irritável, especialmente se tiver de ficar sentado por longos períodos de tempo, você tende a provocar mal-estar nos que estão à sua volta também.

Embora você seja humano, idealista, empático e faça qualquer coisa pelos amigos próximos, você tem seu lado negativo. Com o restritivo, temeroso e obsequioso Saturno como co-regente de Aquário, muitas vezes você se retira por longos períodos de tempo, afastando-se de amigos e entes queridos. Como a luta para manter seus ideais vivos requer que você enfrente o mundo sempre da melhor forma possível, você fica dividido entre saborear sua solidão e se misturar à multidão — conquistando a fama de excêntrico.

Mostrar dinamismo quando você está com o moral baixo, gera uma tensão interior que em geral acaba encontrando alívio na privacidade do lar e muitas vezes é descarregada nas pessoas que você ama. Essa baixa tolerância à frustração, isto é, a dificuldade para reagir com calma diante de uma crise, resulta da falta de paciência e da incapacidade de confrontar os obstáculos de frente. Em vez disso, você reage de maneira frenética, esquecendo-se de que uma abordagem serena e analítica só facilita a resolução dos problemas.

O signo fixo de Aquário pode ser gregário, independente e generoso com os erros alheios, mas também teimoso, inflexível e controlador. Embora goste da excitação, você sempre está ocupado demais para ser espontâneo. Sua agenda muitas vezes fica cheia por várias semanas e, depois que seus compromissos estão agendados, sua inflexibilidade não permite que você mude de planos. Devido ao seu estilo de vida caótico, ocupado demais, você está sempre atrasado e é conhecido por deixar regularmente de comparecer aos encontros marcados. Infelizmente, nem sempre você tolera os que fazem o mesmo com você. Aprender a organizar o tempo para que passe alguns momentos tranquilos em sua própria companhia, ajudará você a abordar as situações de modo mais equilibrado.

Fisionomia e Tipo Físico

Os aquarianos se caracterizam pelos movimentos nervosos, pela verbosidade e pelos olhos vivos, nariz forte e boca grande. Marcado com um ar de nobreza, o rosto e a expressão dos aquarianos muitas vezes parecem destituídos de emoção.

Em virtude da sua natureza nervosa, em geral você é magro e flexível. Existe algo de extraordinariamente singular quanto aos seus traços ou aparência geral. É bem possível que você tenha um estilo pessoal que o faça se destacar na multidão.

Individualistas e extremamente espirituosos, os nativos de Aquário precisam precaver-se contra a insônia, a hiperventilação e os ataques de pânico — todos eles resultantes da tensão nervosa. As técnicas de relaxamento, as ervas calmantes e os exercícios para prevenir o surgimento desses problemas são analisados neste livro. (Veja o Capítulo 4.)

Como, em geral, você é mentalmente ativo, tenso e muitas vezes ansioso, é bem provável que tenha propensão para o sedentarismo e a hipertensão — o que pode causar problemas arteriais e coronários. Como Aquário rege o sistema circulatório, as canelas, a barriga das pernas e os tornozelos, você é um potencial candidato a cãibras nas pernas e a torções nos tornozelos.

Como Melhorar a Circulação

Regido por Aquário, o sistema circulatório é composto pelo sistema cardiovascular (*cardio* significa "coração" e *vascular* significa "vasos sanguíneos") e pelo sistema linfático. Composto de artérias e veias, o sistema vascular transporta o sangue e o oxigênio por todo o corpo. Se o sistema vascular não for capaz de distribuir o sangue e o oxigênio de forma eficiente, o resultado é a má circulação — um fator que contribui para as doenças cardíacas. Além da fraqueza congênita, os fatores que podem contribuir para os problemas circulatórios são a hipertensão (pressão arterial alta), os níveis elevados de triglicérides e de colesterol na corrente sangüínea, o hábito de fumar, o excesso de peso, a falta de exercícios, a retenção de líqüidos e o *stress*. A má circulação também é resultado da falta de vitalidade, da baixa temperatura corporal e de problemas mais graves como edema, varizes, flebite, coágulos sangüíneos e embolia.

Para ativar a circulação, os nativos de Aquário devem praticar exercícios vigorosos como corrida, marcha, ciclismo, natação, ginástica calistênica, ginástica aeróbica ou caminhadas rápidas de trinta a sessenta minutos, pelo menos três a quatro vezes por semana. Essas atividades ajudam a queimar calorias e a condicionar o coração e os pulmões. Embora seja improvável que os aquarianos gostem de atividades competitivas, os esportes ativos como o tênis, o frescobol, o basquete e o futebol são especialmente benéficos. Uma atividade física regular como caminhar, praticar jardinagem, trabalhar no pomar e dançar podem ajudar a diminuir o risco de doenças cardíacas.

A hipertensão também aumenta o risco de você ter doenças coronárias. É imperativo controlar a hipertensão deixando de fumar, eliminando o sal, aumentando o potássio, perdendo peso, diminuindo a ansiedade e controlando a raiva. Beba de seis a oito copos de água por dia e tome suplemento de vitaminas se não tiver tempo para preparar refeições nutritivas em casa. (Veja os capítulos 4 e 10 sobre Gêmeos e Sagitário, para obter dicas úteis sobre pratos rápidos e saudáveis e jantares nutritivos fora de casa.)

Como Vencer o Hábito de Fumar

Devido à tensão e ao nervosismo dos nativos de Aquário, vencer o hábito de fumar é uma tarefa difícil, mas trata-se de um vício que deve ser eliminado imediatamente. Se você está disposto a enfrentar esse desafio sozinho, pense em freqüentar os Fumantes Anônimos, um grupo de apoio para fumantes, ou tente a auriculoterapia, uma técnica que consiste na colocação de agulhas de acupuntura em certos pontos das orelhas. Combinada com sessões contínuas de aconselhamento, essa técnica comprovou ser eficaz no tratamento do vício do fumar assim como do vício de comer demais. Adesivos de nicotina, encontrados em farmácias, permitem que a droga penetre no corpo em graus decrescentes até desaparecer inteiramente e o desejo de fumar for inteiramente eliminado.

As técnicas de redução de *stress* como o *biofeedback*, a visualização criativa e a acupuntura são altamente recomendadas para ajudar você a controlar a raiva irracional e as explosões emocionais, que elevam a pressão sangüínea. (Leia o Capítulo 6 para dicas de como abaixar a pressão sangüínea.)

Ginkgo

Antigo remédio chinês usado durante séculos para aliviar tosses, ataques de asma e inflamações causadas por alergias, o ginkgo é uma erva popular disponível em comprimidos, cujas milagrosas propriedades terapêuticas finalmente estão chamando a atenção da medicina alopática. Embora a árvore de ginkgo exista há milhares de anos, os extratos tirados de suas folhas agora estão disponíveis num composto comercialmente preparado chamado Ginkgo Biloba. Usualmente prescrito na Europa, o Ginkgo Biloba foi louvado por sua capacidade de melhorar a circulação e tratar eficazmente a flebite (inflamação de uma veia) e a doença vascular periférica do diabete, evitando coágulos sangüíneos.

Como ele aumenta o fluxo de sangue que vai para o cérebro, acredita-se que o ginkgo também melhore a memória, aumente a concentração e previna o mal de Alzheimer. Estudos já demonstraram que os usuários de ginkgo exibem uma melhora significativa na mobilidade, orientação, comunicação, concentração, memória de fatos recentes, e se libertam da confusão mental. Como o ginkgo também aumenta o fluxo sangüíneo no ouvido médio, ele é usado até mesmo para tratar vertigens e tinido (zumbido nos ouvidos). Se você sofrer de males estomacais, náusea e azia em virtude de altas doses de Ginkgo Biloba, reduza a dosagem ou interrompa o tratamento.

Também existem pesquisas acerca da suposta eficácia do ginkgo no combate à depressão, à asma e a outras alergias. Sua capacidade de melhorar o fluxo sangüíneo por meio da dilatação das artérias, veias e capilares é considerado um fator que retarda o processo de envelhecimento, embora isso ainda não tenha sido comprovado.

Tornozelos Inchados

Um dos primeiros sinais de problemas circulatórios é o inchaço dos tornozelos, também conhecido como edema. No entanto, tanto o edema temporário como o crônico podem surgir em todo o corpo. Os nativos de Aquário estão especialmente sujeitos ao inchaço nos tornozelos e na região logo abaixo dos joelhos. O inchaço temporário provocado pela imobilidade pode ocorrer depois de um longo período na posição sentada, num avião, automóvel ou ônibus ou trabalhando numa escrivaninha, sem elevar as pernas. Quando você anda ou corre, os músculos das pernas se contraem, comprimindo os vasos e promovendo o fluxo do sangue. Quando os músculos não são exercitados, o sangue se acumula e o fluido não tem força para sair dos tecidos do corpo e voltar para os vasos sangüíneos das pernas.

O tempo quente também faz com que os vasos sangüíneos se expandam temporariamente, permitindo que o fluido se acumule nos tornozelos, especialmente se a pessoa sofreu uma torção ou sofre de má circulação. (Quando torci meu tornozelo há alguns anos, ele ficou inchado por mais tempo do que o esperado devido ao verão quente e úmido que tivemos naquele ano.)

Embora o edema temporário possa simplesmente ser causado pela imobilidade ou por torção, ele é um aviso de que a circulação não vai bem. Uma glândula tireóide ativa ou preguiçosa demais altera a concentração de proteína no sangue, impedindo assim o livre fluxo do sangue. Doenças inflamatórias como a artrite reumatóide e a gota também podem provocar inchaço. Se suas pernas incham de repente e doem, apresentando inchaço persistente, acompanhado de respiração ofegante e aumento de peso, é importante que você consulte imediatamente o médico. Como os rins, o fígado e o coração influenciam a pressão do sangue e o movimento de entrada e saída dos fluidos nos tecidos, o edema crônico pode ser indicação de que esses órgãos estão com problemas.

Quer se trate de edema crônico ou temporário, os passos para melhorar a circulação, como perder peso, exercitar-se regularmente e elevar as pernas, podem cortar uma doença potencialmente perigosa pela raiz. Além disso, evite ficar muito tempo sob a exposição dos raios solares, beba muito líqüido e fique longe de alimentos salgados. Quando você ingere mais sal do que precisa, o seu corpo o dilui retendo líqüidos, deixando você com mais sede ainda. Como o excesso de sal eleva a pressão sangüínea, não exceda três gramas por dia. Para manter esse nível, tempere os alimentos com ervas e especiarias, leia os rótulos dos alimentos a fim de controlar o consumo de sódio e limite o consumo de alimentos salgados. Se isso não funcionar, talvez seu médico lhe prescreva diuréticos.

Ervas Medicinais

Não se deixe levar pelo fato de que as urtigas queimam as mãos quando tocamos seus ramos espinhosos, compostos de uma combinação de histamina e ácido fórmico. As propriedades terapêuticas surpreendentes das flores, folhas e sementes de urtiga-brava foram usadas por séculos como panacéia geral para inflamação dos rins, hemorróidas, reumatismo, gota e alergias como febre do feno. As folhas são ricas em vitaminas e minerais e devem ser colhidas antes de florescer. Elas podem ser cozidas como espinafre ou, o que é mais comum, usadas como chá. Quando ingeridas, as folhas melhoram a circulação e purificam o sangue. Se você não conseguir encontrar as folhas, saiba que as urtigas também estão disponíveis em cápsulas ou como chá em pacote. As urtigas são úteis para aliviar problemas respiratórios e funcionam como antiinflamatório e purificador do sangue, livrando o corpo de fluidos e reduzindo a tendência ao edema.

Feito dos bagos da planta madura, o tônico e o chá de sabugueiro são purgativos e antiinflamatórios fortes, que ajudam no tratamento do edema, de gota e da inflamação dos olhos, induzindo o suor, aumentando a produção de urina e eliminando o catarro dos pulmões. Outras ervas que tratam os inchaços com sucesso: briônia, dente-de-leão, beladona, prímula, rábano, açafrão e salsaparrilha. O suco de cenoura e o aspargo também podem controlar o edema, a gota e o reumatismo.

Como os aquarianos são nervosos e muitas vezes sofrem de insônia, qualquer erva tranqüilizante já analisada neste livro terá efeito calmante. A bergamota, que dá sabor ao chá Earl Grey, é usada para tratar a insônia e está disponível em forma de chá ou óleo essencial. Geralmente usada em conjunto com outras ervas, ela tem efeito refrescante e aroma relaxante. Uma infusão de borragem, uma erva comum de jardim, contém potássio e cálcio. É antidepressiva, alivia a tensão e é conhecida por ajudar a curar torções e estimular o coração. Se você torcer seu tornozelo, tente o floral Rescue (veja o Capítulo 2) ou Rhus. Tox., uma tintura homeopática que reduzirá imediatamente o inchaço.

O dente-de-leão, usado para fazer chá, vinho, suco e para substituir o café, contém cálcio e ferro, e também é usado para tratar má circulação, inflamação intestinal e distúrbios estomacais. Os chás de trevo-vermelho, de camomila e de valeriana tranqüilizam e fortalecem o sistema nervoso e garantem uma boa noite de sono, se forem tomados antes de dormir. Adicionado à água do banho, o óleo de alecrim reduz a hipertensão, estimula a circulação e aumenta a temperatura corporal. Diz-se que as folhas de mirtilo reduzem as varizes, que o hissopo regula a pressão do sangue e que a alcaravia fortalece os nervos em casos de torções.

O espinheiro, erva cujos bagos produzem um extrato líqüido, é reconhecido por sua capacidade de aumentar a ação muscular do coração, de dilatar os vasos coronários e melhorar a oxigenação do sangue. Tomada como tônico de cinco a doze gotas três vezes por dia — ou diluindo duas colheres de sopa de brotos numa xícara de água fervendo duas vezes por dia, o espinheiro ajuda a aliviar a insônia, a angina, a hipertensão e outros distúrbios circulatórios. Se você nasceu sob o signo de Leão ou de Aquário, e sente que tem tendência para a hipertensão, talvez deva usar esse tônico cardíaco. Embora o espinheiro seja considerado seguro e eficaz, não substitui a medicação para o coração. Se quiser aliar a fitoterapia ao seu tratamento alopático, peça primeiro a aprovação do seu médico.

Torções do Tornozelo

Como os aquarianos têm tendência para torcer os tornozelos e para inchaço, é muito importante usar sapatos confortáveis, andar devagar e observar por onde caminha. Se você cair ou torcer o tornozelo, procure elevar a perna imediatamente, colocar uma compressa de gelo no local e tomar ibuprofen ou outro antiinflamatório para reduzir o inchaço. Se a dor persistir, consulte imediatamente um médico visto que talvez seja necessário imobilizar a perna. Não trate uma torção com pouco-caso, nem pense que ela irá se curar rapidamente. Esteja consciente de que a torção é uma lesão profunda no tecido, que pode enfraquecer sua perna por bastante tempo.

VARIZES

Um dos problemas vasculares mais comuns, as varizes são caracterizadas pelas veias dilatadas além do normal, em geral na superfície da perna. As varizes costumam surgir com a idade, quando as válvulas das veias, que mantêm o sangue fluindo das pernas para o coração, falham, fazendo com que o sangue desça e se acumule, afetando a circulação geral.

As varizes são resultado de lesões nas veias da perna, devido a ferimentos, coágulos sangüíneos ou inflamação. Os sintomas são dor e inchaço das veias superficiais, que habitualmente são pequenas e não estão associadas ao tipo de coágulo sangüíneo que pode chegar ao coração ou aos pulmões, provocando uma obstrução (embolia). Pode haver inflamação, mas o coágulo não representa uma ameaça à saúde enquanto ficar na superfície. Se as veias varicosas aumentarem, entretanto, a pele que cobre a veia pode ficar seca, irritada e começar a coçar, provocando uma flebite, uma complicação grave das veias varicosas, o aumento do ritmo cardíaco, febre baixa e dor na área afetada. Um coágulo poderá se desprender da parede venosa e se alojar num vaso sangüíneo. Passar uma esponja com água fria nas pernas e fazer compressas frias com óleos essenciais de cipreste, alecrim e hortelã pode trazer alívio às veias dilatadas. Se os sintomas piorarem, você deve consultar um médico, que injetará o medicamento diretamente nas veias ou optará por uma terapia a *laser*.

Não há instruções específicas sobre como evitar essa doença, mas há sugestões de como reduzir alguns dos fatores de risco. Embora a gravidez em si não provoque varizes, muitas mulheres grávidas apresentam varizes devido ao aumento da pressão sobre as veias pélvicas e às mudanças hormonais que ocorrem durante esse período. Ter um dos pais com varizes é o maior fator de risco. Entre os outros fatores estão o hábito de fumar, a obesidade, o uso de roupas apertadas e uma ocupação sedentária, que requeira que se fique sentado ou em pé durante períodos prolongados.

Se você tem propensão para varizes, evite ficar sentado por muito tempo e faça bastante exercício. Andar, correr, andar de bicicleta e nadar são ótimas maneiras de melhorar o vigor muscular e a circulação. Se precisar ficar sentado por períodos prolongados, sempre que possível descruze as pernas e as eleve acima do nível do peito, usando almofadas ou uma cadeira. Meias de forte compressão também podem aliviar a pressão. As vitaminas B (especialmente a niacina) e C são necessárias para manter fortes os vasos sangüíneos e para evitar coágulos. A vitamina E ajuda a dilatar os vasos sangüíneos, a melhorar a circulação e pode reduzir a suscetibilidade a veias varicosas.

Para estimular a circulação nas pernas, evite banhos muito quentes, que podem romper as veias da superfície da pele. Fazer uma massagem diária nas pernas, dos dedos dos pés até as coxas, com óleo de vitamina E pode melhorar a circulação. O óleo deve estar em temperatura ambiente ou ser ligeiramente aquecido.

1. Sente-se no chão com as pernas esticadas e dobre-as na altura dos joelhos.
2. Passe óleo na perna, esfregando com vigor a parte da frente e a parte de trás da perna, num movimento de sobe e desce. Isso aquece a perna e estimula a circulação.
3. Primeiro comprima cada parte dos músculos, descendo até os tornozelos, e, depois, fazendo movimentos circulares para cima e para baixo, na região entre o tornozelo e o joelho.
4. Faça pequenos movimentos circulares ao redor da articulação do joelho e acima dela.
5. Abaixe ligeiramente a perna e esfregue óleo na área entre o joelho e a coxa.
6. Usando ambas as mãos, uma atrás da outra, pressione a região do joelho até a coxa com a ponta dos dedos, amassando cada área, e depois volte até o joelho.
7. Usando os nós dos dedos, comprima a região que vai do joelho até a virilha. O atrito aquecerá a perna e aumentará o fluxo sangüíneo.
8. Depois de terminar a massagem nas duas pernas, estique-as à sua frente, flexionando os pés para a frente.

Depois da massagem, procure se sentar, durante vinte minutos a meia hora com os pés elevados. A massagem é um instrumento maravilhoso para estimular o fluxo sangüíneo. Você não tem de ser um profissional. Pode ser seu próprio massagista e praticar a automassagem seguindo os passos acima.

Como Aquário rege as canelas, os tornozelos e a parte inferior da perna, é provável que você tenha tendência a cãibras nas pernas. Se estiver se exercitando ou caminhando quando isso ocorrer, pare imediatamente. A dor pode sumir tão depressa quanto surgiu. As cãibras geralmente acontecem à noite ou depois de qualquer atividade, mas também são comuns em pessoas com má circulação e arteriosclerose. Ter cãibras pode ser problemático em qualquer idade, especialmente se houver um fator hereditário ou se você não cuidar devidamente de si mesmo.

A primeira providência é colocar gelo na área afetada em intervalos de vinte minutos, durante o dia. Depois de algum tempo, talvez você prefira mudar para compressas quentes, banhos ou uma almofada térmica. Qualquer antiinflamatório ajudará a reduzir a dor. Recomenda-se elevar a perna mais alto do que o coração.

Cãibras freqüentes podem ser causadas por deficiências de cálcio, tiamina, ácido pantotênico, biotina, magnésio ou sódio. A vitamina C é necessária para assegurar uma circulação adequada e ajuda a aliviar a dor nos músculos e nas articulações. A proteína acelera o processo de cura.

Posturas da Yoga
Padahastasana (Abraçando as Pernas)

O Padahastasana (abraçando as pernas) é um exercício simples de yoga, bom para os joelhos, as panturrilhas e os calcanhares. É especialmente adequado para fortalecer a barriga da perna e as coxas.

1. Fique de pé com os calcanhares juntos.
2. Lentamente, curve-se para a frente, dobrando os quadris e mantendo as pernas esticadas.
3. Leve os braços para trás e cruze as mãos atrás dos joelhos.
4. Incline lentamente a cabeça, aproximando-a o mais que puder dos joelhos e do tronco.
5. Mantenha essa posição durante dez minutos.
6. Endireite-se e relaxe rapidamente antes de repetir o exercício.

Aromaterapia e Óleos Essenciais

Os óleos de jasmim, malmequer, flor de laranjeira e lavanda são igualmente úteis para amenizar a ansiedade, a insônia e a tensão nervosa, especialmente se você diluir dez gotas do seu aroma favorito na água quente do banho antes de dormir. Esses óleos também podem ser inalados ou esfregados no abdômen (plexo solar). A manjerona, a camomila, o sândalo, a lavanda ou o ilangue-ilangue, adicionados ao banho, inalados, friccionados no abdômen ou usados no difusor de aroma ou no vaporizador, ajudam a combater a depressão. A flor de laranjeira e a rosa, dois aromas extraordinários, podem aliviar a irritabilidade e o mau humor, simplesmente porque evocam a serenidade e a paz interior. Para melhorar a aparência de varizes causadas pelo rompimento de capilares, aplique durante o dia ungüentos ou cremes que contenham óleo de menta, de lavanda e de limão e, à noite, de néroli, rosas e camomila. Recomenda-se adicionar ao banho ou inalar tanto o óleo de juníperoquanto o óleo de alecrim para estimular a circulação.

Medicina Ayurvédica

Como Aquário é regido por Saturno e Urano, ambos planetas Vata, não é de admirar que os que nasceram sob esse signo aéreo sejam pessoas sensíveis, nervosas e freqüentemente estressadas. Como a maioria dos outros tipos Vata, os nativos de Aquário têm um sistema nervoso muito delicado, e acham difícil relaxar e aproveitar a vida, vivendo um dia de cada vez. Sua mente trabalha o tempo todo e, em decorrência disso, eles muitas vezes sofrem de insônia. O jeito preocupado, ansioso e pessimista de encarar a vida não é raro nos aquarianos e em qualquer pessoa com temperamento Vata.

Para os aquarianos, é muito terapêutico exercitar-se regularmente, fazer três refeições equilibradas por dia e deitar-se todos os dias na mesma hora. Eles devem evitar estimulantes a todo custo, especialmente no final da tarde e início da noite. Receber uma massagem feita por um profissional é altamente recomendado para os tipos Vata, cujo principal problema é a incapacidade de relaxar e diminuir o ritmo de vida. Para essa finalidade, a meditação é imperativa, mesmo que aquietar a mente seja um tremendo desafio.

Os aquarianos têm necessidade de cultivar uma alimentação que tranqüilize sua personalidade Vata. Como o dosha Vata é frio e seco, é importante consumir alimentos quentes como sopas, cozidos, pães recém-saídos do forno e assados apetitosos. Como os aquarianos tendem a ser magros e a queimar gorduras com seu metabolismo acelerado, acrescentar manteiga quente derretida aos alimentos (com moderação, é claro) ajuda a tranqüilizar os tipos Vata, especialmente pelo fato de serem em geral magros e nervosos. Também são recomendáveis alimentos salgados, doces e azedos (veja o Capítulo 4). Como o seu estômago é sensível, procure fazer as refeições em ambientes sossegados, comer devagar e fazer toda a refeição sentado. Comer e sair correndo simplesmente não dará certo. Comece o dia com um cereal quente, especialmente creme de arroz ou mingau de aveia, ou algo que se acrescente ao leite. Macarrão, arroz e lentilhas são aprovados para o jantar. Beber leite quente antes de se deitar ajudará você a dormir a noite toda — algo que os aquarianos geralmente não fazem.

Sais Minerais

O sal mineral associado a Aquário é o cloreto de sódio (NaCl), também conhecido como sal de cozinha. O cloreto de sódio ajuda a reter a água do organismo. Eliminado rapidamente do corpo, o sal tem de ser substituído. Embora a deficiência provoque coriza, olhos lacrimosos, pele e mucosas secas, não acrescente sal de cozinha aos alimentos, pois isso aumentará a retenção de água e a hipertensão, para as quais os aquarianos têm tendência natural. Em vez disso, coma mais espinafre, repolho, alface, pepino, lentilha, figo, morango, maçã, cenoura, rabanete e nozes — alimentos ricos em cloreto de sódio.

Terapia com Pedras e Cores

Se você nasceu entre os dias 20 e 31 de janeiro, sua pedra natal é a granada, uma pedra vermelha-escura que também é associada ao Sol, que rege Leão — um signo que, como Aquário, tem propensão para problemas de circulação. Se você nasceu entre 1º e 18 de fevereiro, sua pedra natal é a ametista, uma adorável pedra lilás, famosa pelas suas propriedades terapêuticas, especialmente no tratamento das dores de cabeça e enxaquecas. Outras pedras que estimulam a circulação, reduzem a hipertensão e revigoram o coração são o coral, a cornalina e o heliotrópio. As cores regidas por Aquário são o vermelho, que simboliza o fluxo do sangue, e o preto, associado a Saturno, o co-regente de Aquário. Sentar-se ao sol, tomar banho de luz vermelha, usar roupas vermelhas e cercar-se de rosas vermelhas recém-colhidas também restaura a vitalidade e aumenta o fluxo sangüíneo.

Capítulo 13

Peixes

Mantenha os Pés Firmes no Chão

Peixes (de 19 de fevereiro a 20 de março)
Planeta Regente: Netuno (Co-Regente: Júpiter)
Elemento: Água
Modalidade: Mutável

Traços e conceitos positivos de Peixes: imaginativo, criativo, bondoso, sensível, simpático, generoso, sensual, prestativo, honesto, flexível, inteligente, compassivo, romântico, humilde, emotivo e intuitivo.

Traços e conceitos negativos de Peixes: dado a vícios, escapista, indulgente, fraudulento, desonesto, preguiçoso, indeciso, tem baixa auto-estima, inseguro, descuidado, vago, confuso, pouco prático, medroso e tímido.

Partes do corpo regidas por Peixes: dedos dos pés, pés, nodos linfáticos, pituitária e glândula pineal. Seu planeta regente, Netuno, governa o sistema linfático.

Problemas de saúde: tornozelos inchados, obesidade, alcoolismo, vício em drogas, má circulação, retenção de líqüidos, distúrbios glandulares e catarro nos pulmões.

Profissões que atraem os nativos de Peixes em virtude da sua criatividade, sua imaginação, seu hábito de fantasiar, seu altruísmo e sua sensibilidade: artista, dançarino, pintor, poeta, ator, desenhista, enfermeiro, paramédico, fotógrafo, sacerdote e restaurador.

Peixes:
Você Tem o que Precisa
Para Realizar os seus Sonhos

Peixes, signo mutável de Água simbolizado por dois peixes nadando em direções opostas, é emotivo, imaginativo e sensível, no entanto também é ingênuo e extremamente impressionável. Compreensivo e cheio de compaixão pelas pessoas, você muitas vezes deixa de ver as próprias capacidades e espera que os amigos e parceiros lhe dêem a confiança de que carece. Embora faça o que estiver ao seu alcance para ser gentil e generoso, especialmente com aqueles menos afortunados, você luta para encontrar a auto-afirmação, a determinação e a agressividade necessárias para enfrentar este mundo duro e cruel. Não há dúvida de que sua indecisão e timidez são responsáveis pelo fato de algumas oportunidades pessoais e profissionais não darem certo. Não que lhe faltem ideais e opiniões firmes. Acontece simplesmente que assim que você se depara com a adversidade, sua insegurança e autodesvalorização o impedem de dar valor àquilo em que acredita.

Os nativos de Peixes não só ficam facilmente magoados com comentários aos quais os outros nem dariam importância, mas também têm imensa dificuldade para tomar decisões, visto que sempre colocam os sentimentos dos outros acima dos próprios. Embora você tenha consciência de que essa hesitação, essa inibição e essa interminável indecisão irritam os outros, é quase impossível para você dar um passo adiante enquanto todos os outros não forem felizes — uma tarefa impossível. Seja como for, você fica mais do que aliviado quando o processo de tomada de decisão é tirado de suas mãos. Se acabar se vendo numa posição de autoridade, sempre existe a probabilidade de tirarem vantagem de você, a menos que se levante e se imponha. Para trabalhar com os outros com sucesso, você tem de ter mais confiança em seus pontos de vista e não se deixar afetar tanto pelas opiniões dos outros. Infelizmente, a idéia do confronto amedronta você mais do que pode imaginar.

Aprender a ser firme é meramente uma das formas de terapia que pode ajudá-lo a defender suas opiniões com desenvoltura. Como você é intuitivo e não analítico ou metódico, esse tipo de terapia, que pode ser feito individualmente ou em grupo, pode ensiná-lo a confiar em seus instintos e a agir de acordo com eles.

No final, você talvez prefira que o deixem trabalhar no próprio ritmo e seguir seus impulsos. A falta de disciplina e a incapacidade de ficar quieto por longos períodos torna difícil, mas não impossível, você voltar sua criatividade para uma conclusão bem-sucedida. Assim que fizer isso, no entanto, a admiração que os outros mostrarão pelo seu surpreendente dom artístico, pela sua imaginação e espontaneidade em geral é imediata e imensamente compensadora.

A necessidade de ser amado é tão forte que torna você desnecessariamente dependente e inseguro. Quando confrontado com problemas, você tende a tomar o caminho da menor resistência. Naturalmente tímido, apreensivo e medroso, você sacrifica as próprias necessidades para tornar outra pessoa feliz ou para evitar confrontos. A empatia e o altruísmo que norteiam seu comportamento são tão prementes que literalmente fazem você dar aos outros "a roupa do corpo". Aprenda a dizer não de vez em quando. Você ficará surpreso ao perceber como é boa a sensação de se livrar da culpa que determina muitas das suas atitudes.

Sempre que possível, você oferece apoio financeiro e emocional a quem necessite. Se conseguir melhorar a vida de uma pessoa que seja, você já se sente realizado, mas, em resultado, muitas vezes confunde simpatia com amor. A crença de que a força emocional ou o apoio financeiro são formas de atrair as outras pessoas pode impedir que você desenvolva um sólido senso de identidade e levá-lo a manter relacionamentos destrutivos.

Verdadeiramente benevolente e compassivo, você muitas vezes se sente compelido a sacrificar seus compromissos pessoais para conquistar amor e afeição. Devido à simpatia mal direcionada, você atrai pessoas carentes, formando assim relacionamentos confusos, de co-dependência. (Veja o Capítulo 8.) Se seu parceiro consegue se emancipar, o relacionamento com freqüência se desintegra, visto que não é fundamentado no amor mas na necessidade de ajudar e de lhe dar apoio. Sensível, sensual, criativo e amoroso, você precisa aceitar que qualquer pessoa o amará pelo que você é e não pelo que tem a oferecer. As profissões de ajuda, o serviço voluntário e o trabalho de caridade são uma saída para sua compaixão e senso de dever. Em última análise, você não precisa mais enfatizar esses traços em seus relacionamentos pessoais.

Incrivelmente gentis, delicados, afáveis e apreciados por todas as pessoas que encontram, os nativos de Peixes, como você, em geral são motivados pela pura necessidade de se sentir bem. Visto que você simplesmente quer amar e ser amado, sentir-se bem significa que prestam atenção em você, significa prazer sexual ou a sensação de enlevo que surge quando você sente que está ajudando alguém a se colocar outra vez em pé. É necessário desenvolver a perseverança e a resistência para se reequilibrar depois de passar por decepções e perdas.

É vital que você reconheça seu próprio valor e que compreenda que merece felicidade e serenidade. Devido à sua imaginação fértil, sua espiritualidade e crença na paranormalidade, os exercícios de visualização criativa e de hipnoterapia são especialmente úteis.

Fisionomia e Tipo Físico

Em geral, o rosto é redondo com grandes olhos em forma de pires, bochechas pronunciadas, queixo pontudo e um pescoço gracioso. Seus lábios são grossos e sensuais. Com apreço por prazeres sensuais e tendência para reter líqüidos, você pode facilmente ficar obeso. Quando se sente bem, você nem sempre sabe quando parar. Como os nativos de Peixes são suscetíveis ao álcool e às drogas, você deve ser cauteloso quando beber num evento social. Um simples aperitivo pode ser demais. Essa sensibilidade também pode se manifestar como uma alergia a antibióticos, especialmente à penicilina. Se for esse o caso, use uma pulseira médica de alerta, que contenha essa informação vital.

Você pode, de fato, ser alérgico a chocolate, morango, nozes, poeira ou gatos. Doenças como a febre do feno e a asma também não são raras entre os piscianos. Muitas dessas reações alérgicas muitas vezes se manifestam quando você é criança, e diminuem de gravidade ou desaparecem totalmente assim que você se torna adulto. Não se surpreenda, no entanto, se essas alergias ressurgirem depois dos cinqüenta anos ou sempre que você beber demais.

O Sistema Linfático

Regido por Peixes, o sistema linfático, um grupo de órgãos e vasos que formam a maior parte do sistema imunológico do nosso corpo, está intimamente ligado ao sistema circulatório, regido por Aquário. Não é de admirar que os nativos de Peixes e de Aquário sejam ambos propensos a ter tornozelos inchados e má circulação (Aquário rege os tornozelos e Peixes retém líqüidos).

O sistema linfático (e os órgãos que o compõem) é a primeira linha de defesa do corpo para o bloqueio das toxinas da corrente sangüínea. Quando existe uma infecção, suas glândulas, em especial os nódulos linfáticos do pescoço e das axilas, podem aumentar de tamanho e ficar doloridos. Assim que a infecção é debelada, o inchaço desaparece. Quanto maior o *stress* do corpo, mais os nódulos linfáticos precisam trabalhar para voltar ao estado normal.

Outros fatores que enfraquecem o sistema linfático deixando-o incapacitado para combater as doenças são as alergias, uma alimentação pobre em nutrientes, roupas apertadas e um acúmulo excessivo de hormônios, o que resulta numa variedade de distúrbios. Entre eles estão as lesões na pele, a sinusite crônica, problemas nos ouvidos, perda do equilíbrio, dores de cabeça, sudorese, olhos inchados, fadiga e edemas.

Visto que os nativos de Peixes têm tendência para a retenção de líqüidos, muitas das ervas diuréticas e remédios mencionados em todo este livro podem ser usados para eliminar o excesso de fluidos. (Veja o Capítulo 12.) Brotos de alfafa, adicionados à salada ou ingeridos na forma de chá, são um ótimo diurético que pode ajudar no combate à retenção de água, aumento de peso e à má circulação.

Altamente criativo, porém preguiçoso, o seu gosto pela ginástica, a patinação artística e todas as formas de dança (da moderna ao jazz e até à popular) pode lhe proporcionar o exercício de que precisa e a criatividade pela qual anseia. Nadar, praticar esqui, canoagem e outros esportes aquáticos também atrai os nativos de Peixes que, como os nativos de Câncer, sentem-se à vontade dentro ou perto da água. (Veja o Capítulo 5 sobre técnicas de hidroterapia.) A sua sensibilidade e pouca determinação podem tornar os esportes competitivos um desafio para você. Se treinar bastante e desenvolver uma crença firme em si mesmo, talvez você cultive a sua capacidade de viver sob grande pressão e, mais importante ainda, de enfrentar a rejeição. O apoio da família, dos amigos e de um treinador físico pode ajudá-lo a se lembrar dos seus talentos e forças.

O Alcoolismo e os Vícios

Devido à vulnerabilidade emocional e à insegurança geral, você tem grande dificuldade para se recuperar depois de uma decepção ou rejeição. Embora muitas pessoas simplesmente esqueçam as experiências negativas e sigam em frente, você nem sempre tem força de vontade suficiente para fazer isso e logo se julga um fracassado. Se um amigo ou parceiro não confirmarem logo o seu valor depois de uma recaída, você buscará satisfação instantânea gastando, comendo ou bebendo demais, ou até mesmo através do vício das drogas. Embora um excesso ocasional não seja nocivo, sua falta de força de vontade o faz correr o grande risco de adotar um comportamento autodestrutivo de dependência e indulgência.

Com a água, os fluidos e o escapismo sob os auspícios do seu planeta regente, Netuno, o deus greco-romano do mar, você pode estar propenso ao alcoolismo, uma doença crônica progressiva, potencialmente fatal, caracterizada pela dependência física e emocional do álcool. Embora haja divergências quanto ao fato de o alcoolismo ser hereditário ou não, a maioria dos especialistas concorda com o fato de que a predisposição, quer biológica quer psicológica, para o vício do alcoolismo é um fato. As pessoas que têm essa doença desenvolvem o hábito incontrolável de beber e até mesmo um único aperitivo pode estimular a necessidade física e psicológica de beber mais.

Se você não consegue passar o dia sem beber e acha que precisa de duas ou três doses de bebida alcoólica para obter o efeito de uma, talvez esteja no caminho do alcoolismo, caso ainda não seja um alcoólatra consumado. Um modo de saber se você tem esse problema é observar se você apresenta os sintomas psicológicos e físicos provocados pela abstinência, se fica sem beber por algumas horas.

A dependência psicológica ocorre quando você só consegue pensar em quando tomará o próximo gole. Esse fato estimula a apatia, o atraso crônico, a irritabilidade, a raiva e o comportamento insensível, inclusive cruel. Com freqüência você cancela compromissos e seu desempenho no trabalho declina de forma constante. Nos estágios avançados do alcoolismo, há perda de memória e inconsciência a curto prazo, que podem durar de alguns minutos até algumas horas. Se fatos da sua vida diária desaparecem da sua lembrança, isso é uma indicação clara de que existe um problema de alcoolismo e de que você deve procurar ajuda. Além das ramificações psicológicas do abuso do álcool a longo prazo, os efeitos físicos do alcoolismo incluem cãibras, vômitos, pressão arterial elevada, sudorese, pupilas dilatadas, insônia e, no estágio mais avançado, convulsões. Se você conseguir se abster de beber por dois ou três dias, os sintomas podem desaparecer. Sem força de vontade ou o apoio de uma terapia apropriada, é mais do que provável que você volte à bebida e recomece o ciclo novamente.

O abuso do álcool a longo prazo é considerado um fator para o surgimento do diabete, das doenças renais, da doença cardíaca, das úlceras, gastrite e, nos casos extremos, da cirrose do fígado, uma doença que surge depois de muitos anos de abuso e resulta na total destruição das células hepáticas e na formação de cicatrizes nos tecidos. (Veja o Capítulo 10.)

Talvez você negue inteiramente o seu problema. Segundo os Alcoólicos Anônimos, os seguintes sinais de aviso podem alertá-lo para um potencial problema com a bebida.

1. Você já se decidiu a parar de beber durante cerca de uma semana, mas a abstenção durou apenas uns dois dias?
2. Você preferia que as pessoas cuidassem da própria vida em vez de comentar que você está bebendo ou lhe dizer o que fazer?
3. Você já mudou de um tipo de bebida para outro na esperança de que isso o impeça de ficar embriagado?
4. Você mal conseguia se levantar da cama durante o ano passado?
5. Você precisa de uma bebida para começar o dia ou para parar de tremer?
6. Você inveja as pessoas que conseguem beber sem se meter em encrencas?
7. No ano passado, você teve problemas relacionados com o fato de beber?
8. O fato de beber causou problemas em casa?
9. Você sempre tenta obter bebidas "extras" numa festa, porque nunca se satisfaz?
10. Você diz a si mesmo que pode parar de beber na hora que quiser, mesmo que continue se embriagando quando não era essa a sua intenção?
11. Você já perdeu dias de trabalho ou de escola por causa do hábito de beber?

12. Você costuma perder a consciência?
13. Você já sentiu que sua vida seria melhor se não bebesse?

Se você respondeu sim a pelo menos quatro perguntas feitas acima, pense duas vezes antes de tomar sua próxima dose. Você está sofrendo de alcoolismo — uma doença crônica, no entanto, controlável.

Tratamento

O tratamento padronizado para o alcoolismo nada mais é do que a abstinência total. Assim que chegar ao fundo do poço, e tomar a decisão de buscar ajuda, é imperativo obter aconselhamento e juntar-se a um grupo de apoio tal como os Alcoólicos Anônimos (AA). Esse grupo de auto-ajuda em doze passos capacitou milhares de alcoólatras a controlar sua doença e a voltar a ter uma vida normal. Consciente de que a maioria dos alcoólicos tem sentimentos de culpa, recrimina a si mesmo e sente medo de ser descoberto, os AA oferecem anonimato numa atmosfera de total apoio — assim como o nome sugere. As reuniões dos AA ajudam a pessoa a compreender a natureza da sua doença e a melhorar a sua auto-estima de modo que possa enfrentar as situações da vida sem lançar mão da bebida. Os grupos de apoio ajudam você a encontrar um tutor, que o orientará através do processo de recuperação em doze passos e em quem você pode confiar para obter conselhos e se beneficiar da experiência que essa pessoa teve ao lutar contra a mesma doença.

Se você está se recuperando do alcoolismo, é necessário introduzir os nutrientes que provavelmente foram eliminados do seu organismo. Entre eles estão os alimentos que contêm zinco (inclusive carnes, aves domésticas, peixe, alimentos com grãos integrais, lêvedo de cerveja, germe de trigo e sementes de abóbora), vitamina B, que fortalece o sistema nervoso, e vitamina C. Como o baixo nível de açúcar no sangue é uma conseqüência do alcoolismo, também é uma boa idéia aumentar o consumo de carboidratos, inclusive grãos integrais, vegetais frescos e frutas, e todos os açúcares e pão branco. As ervas e as técnicas de relaxamento podem ajudar você a evitar sintomas de abstinência, entre eles a ansiedade, o nervosismo e a insônia. Para a depressão são recomendadas gatária, camomila, hortelã, exutelária e hipérico. A raiz de bardana e a equinácia são purificadores muito bons. A raiz de *kudzu* foi descoberta pelos médicos chineses como um meio de reduzir a ânsia pelo álcool.

Combinadas com o aconselhamento e as mudanças no estilo de vida, a acupuntura e a auriculoterapia (acupuntura ao redor das orelhas) comprovaram ser muito eficazes no tratamento do vício de fumar, de comer demais e do álcool.

Embora esses padrões de comportamento muitas vezes sejam causados pela falta de auto-estima e pela necessidade de obter gratificação instantânea, o alcoolismo, a compulsão alimentar e a dependência das drogas podem também ser problemas aos quais você está geneticamente predisposto.* Vícios psicológicos, como gastar e jogar compulsivamente, em geral são tão incontroláveis e difíceis de tratar quanto os vícios físicos. Existem programas de doze passos, grupos de apoio, programas de reabilitação e terapias para cada um desses vícios. O único pré-requisito é a vontade de combater esses padrões de comportamento destrutivo e, o que é mais importante, descobrir ou redescobrir o próprio valor.

Hipnoterapia

Pelo fato de os nativos de Peixes serem impressionáveis e confiantes, a hipnoterapia, uma forma de hipnose que se baseia no poder de sugestão, pode ser a melhor opção de tratamento para qualquer tipo de vício. Ela também serve para melhorar a auto-estima, muitas vezes causa subjacente desses problemas de comportamento. Embora a hipnose induza um transe leve durante o qual você recebe uma sugestão, a hipnoterapia usa um processo terapêutico enquanto você está nesse estado de transe. A hipnoterapia tem sido bem-sucedida no tratamento de doenças psicológicas, emocionais e físicas, visto que os pacientes mostram menos medo e resistência num estado de semiconsciência e, portanto, são mais receptivos a novos modos de lidar com as emoções, com a mente ou com o corpo.

Como você é intuitivo e confiante, essa terapia pode ajudá-lo a vencer medos profundos e até mesmo fobias, que não são raras entre os piscianos, inseguros e donos de uma imaginação fértil. Algumas dessas fobias podem ser medo do escuro, hipocondria, vertigem (medo de alturas) e agorafobia (medo de sair de casa). Quando criança, você pode ter tido terríveis pesadelos e, mesmo agora, ter sonhos vívidos e inesquecíveis. Através das sugestões do hipnoterapeuta durante as sessões particulares de terapia, e, de acordo com sua vontade, com fitas de áudio, as mensagens que ele transmite podem de fato fazer maravilhas. A sua receptividade lhe permite adotar outras técnicas terapêuticas como a terapia dos sonhos, na qual você registra e revive os sonhos para entender a si mesmo, e a regressão, que leva você a reviver e a resolver traumas da infância.

A expressão criativa é de longe o melhor antídoto para combater o vício e reconquistar a fé em sua capacidade. Sempre que você ficar desapontado e sentir pena de si mesmo, volte-se para a arte, para a música ou a dança — passatempos gratificantes e agradáveis que o ajudarão a não sair da linha.

---

* Há muito os pesquisadores acreditam que, devido a fatores genéticos, algumas pessoas não conseguem perceber quando ingeriram comida suficiente e, portanto, comem demais. Algumas pessoas também podem ser alérgicas a alguns alimentos e essa alergia as faz regurgitar.

Anemia

Caracterizada por fadiga e tontura constantes, a anemia, ou carência de ferro no sangue é uma doença que surge quando o sangue oxigenado não é transportado às células do corpo pela hemoglobina, uma combinação de ferro, cobre e proteína presente nas células do sangue arterial. Os sintomas incluem fraqueza geral, fadiga, palidez, unhas quebradiças, perda de apetite, azia e dor de estômago. Embora o ferro, a proteína, o cobre, o ácido fólico e as vitaminas B_6, B_{12} e C sejam todos necessários para a formação dos glóbulos, a deficiência de ferro é a principal causa da anemia.

Para tratar a anemia, o primeiro método simples e prático é suplementar a dieta com ferro para melhorar a qualidade do sangue, aumentando assim a resistência ao *stress* e à doença. Os suplementos de ferro são encontrados em cápsulas ou nas verduras de folhas verdes (especialmente o espinafre), no tomate, na uva-passa, nos grãos integrais e nos legumes. Uma das melhores fontes de ferro é o fígado, que também é rico em proteínas, fósforo, cobre e vitaminas A, B, C e D. No entanto, a carne dos órgãos é um alimento extremamente rico em colesterol, não devendo ser consumida mais do que uma vez por semana. Recomenda-se que você adicione outros alimentos ricos em ferro à sua dieta. Como uvas-passas de vez em quando, como aperitivo.

O cobre, que também é necessário para a formação dos ossos, pode prevenir a anemia facilitando a absorção do ferro. As melhores fontes de cobre são: fígado, alimentos com grãos integrais, amêndoas, algas marinhas, vegetais de folhas verdes e legumes secos.

Além da terapia por meio da nutrição, ingira alfafa, que contém ferro, cálcio, fósforo, potássio, cloro, sódio, silício, magnésio, proteína e vitaminas A, B, D, E e K. Tônica e purificadora do sangue, a urtiga, rica em sais minerais, também é usada para tratar a anemia. Visto que o chá de urtigas é uma bebida popular, a urtiga, rica em vitamina C, pode ser encontrada nas lojas de alimentos naturais.

Massagem nos Pés

Visto que os pés contêm uma rede completa de terminais nervosos, a massagem nos pés é um modo maravilhoso de acalmar o corpo todo no final de um longo dia. Peça que seu parceiro faça em você uma relaxante massagem nos pés ou massageie você mesmo seus pés, seguindo as seguintes diretrizes:

1. Comece esfregando óleo num dos pés, que em geral é a área mais seca do seu corpo. Certifique-se de que o óleo esteja morno ou na temperatura ambiente.

2. Envolva o pé com ambas as mãos, então lentamente deslize-as pelo pé, até os dedos. Repita esse movimento quatro ou cinco vezes.
3. Usando os polegares, circule o tornozelo.
4. Massageie a região do tornozelo até os dedos dos pés, fazendo pequenos círculos com os polegares. Repita esse movimento três ou quatro vezes.
5. Com um movimento circular, esfregue cada artelho, terminando com uma rotação, de início no sentido horário, em seguida no sentido anti-horário.
6. Delicadamente, puxe cada artelho, usando o polegar e o dedo indicador. Você talvez ouça um estalo quando a tensão for aliviada.
7. Passe as mãos pela sola do pé, dos dedos até o calcanhar.
8. Outra vez, com a palma das mãos esfregue o pé, vigorosamente para gerar atrito.
9. Termine girando o pé, esticando os dedos para a frente e, em seguida, flexionando o tornozelo.
10. Embrulhe o pé com uma toalha para que fique quente.
11. Repita este exercício no outro pé.[11]

Depois da massagem, continue a suavizar os pés com um escalda-pé de quinze minutos, no qual você diluiu os óleos essenciais de limão, sálvia ou hortelã.

REFLEXOLOGIA DOS PÉS

Se, ao pressionar os pés, você sentir dor em algum ponto, uma aplicação de reflexologia pode ser o próximo passo. Em oposição à relaxante massagem nos pés, a reflexologia dos pés, um sistema pelo qual se aplica pressão a pontos do pés correspondentes às partes e órgãos do corpo, tanto é um instrumento de diagnóstico quanto um instrumento de cura (veja Fig. 13.1). Durante a massagem nos pés, um reflexologista pode, por exemplo, descobrir que os rins estão fracos, se o ponto do pé correspondente a eles estiver sensível ou dolorido ao toque.

Embora haja pontos de reflexologia em todo o corpo, os pés são os mais habitualmente usados, visto que contêm aproximadamente sete mil terminais nervosos que correspondem às diferentes áreas do corpo inteiro. Aplicar pressão nesses pontos dos pés alivia a tensão e ajuda a área do corpo correspondente, desbloqueando a energia e aliviando a dor. Se você tem dor de cabeça, por exemplo, trabalhe os dedos dos pés. A reflexologia ativa o sistema nervoso e estimula o poder de cura do sistema linfático, desobstruindo o fluxo de fluido linfático para as áreas com problemas.[12]

Como os nativos de Peixes são famosos por ter pés frios e secos, use talco para os pés ou óleo com vitamina E durante o inverno, quando as solas dos pés se tornam extremamente secas. O pé-de-atleta, uma infecção por fungo que aparece na forma de inflamação, rachadura ou pele escamosa, é uma doença comum aos piscianos. Não ande descalço em vestiários, saunas, academias ou banheiros públicos, visto que os fungos são transmitidos facilmente em condições de calor e umidade. Troque de meias algumas vezes por dia, use talco para os pés e tome vitaminas A, C e E para a saúde geral da sua pele. Não use sapatos apertados e tente não andar descalço, mesmo em casa. Óleos essenciais ajudarão a manter as articulações flexíveis e prevenir a escamação, especialmente no inverno.

Tai Chi para os Piscianos

Como você é gentil, sensível e não aprecia agressões, o tai chi chuan (geralmente chamado de tai chi), que consiste em movimentos longos, fluidos e delicados em vez de movimentos bruscos e agressivos, é a forma perfeita de meditação para a mente e para o corpo. O tai chi é uma disciplina chinesa milenar, que foi, como qualquer outra forma de arte marcial, originalmente concebida como uma série de manobras de ataque e defesa, concentradas na rapidez, vitalidade e flexibilidade; no entanto, ela evoluiu para uma série de exercícios suaves, usados para aumentar o autocontrole, melhorar a concentração e desenvolver a disciplina. Como a acupuntura, o tai chi promove o fluxo do chi — a energia vital — e substitui rigidez por flexibilidade e bom condicionamento físico. Embora essas qualidades expliquem por que o tai chi originalmente funcionou como método de autodefesa, essa série de movimentos melhora a circulação, torna o corpo flexível, tonifica os músculos, melhora a forma física e aumenta a circulação sangüínea. Como forma de meditação para relaxar corpo e mente, o tai chi promove a tranqüilidade mental, fortalece o sistema nervoso e ajuda a aliviar a tensão.

O tai chi é composto de uma série de posturas que fluem e fazem o corpo e a mente funcionar harmoniosamente. Com ambos os pés no chão, a coluna reta e os joelhos ligeiramente flexionados, os praticantes do tai chi se movem de um lado para o outro como se estivessem dançando em câmara lenta, usando os braços para orientar cada movimento. Esse movimento da esquerda para a direita exemplifica o princípio chinês do yin e yang, que representa a dualidade noite e dia, ativo e passivo, macho e fêmea. Cada passo, originalmente adaptado dos movimentos naturais dos animais e pássaros, tem um nome poético diferente como "A grande garça branca estende as asas", que descreve exatamente esse movimento.

Como a Saudação ao Sol da Hatha Ioga, o tai chi é tradicionalmente praticado ao ar livre, no momento do nascimento do Sol, para saudar a aurora do novo dia. Praticado regularmente, o tai chi chuan pode dar energia, disciplina

Peixes

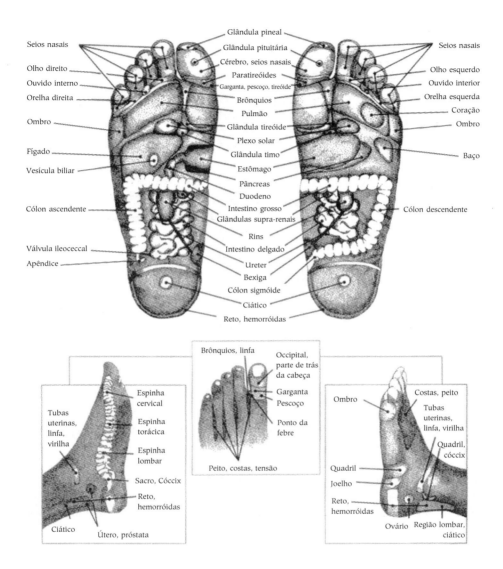

Figura 13.1. Reflexologia

e concentração de que você precisa para executar suas atividades diárias. Assim que você aprender todas as posições, elas devem ser feitas devagar, suave e graciosamente como um longo movimento contínuo, prestando atenção à posição do corpo e ao ritmo natural da respiração. O tai chi ajudará você a se sentir centrado, à medida que os movimentos se sucedem, trazendo você de volta à Terra — o centro da gravidade. Mesmo que você não aprenda toda a série de movimentos ou não possa praticar essa atividade ao ar livre na hora

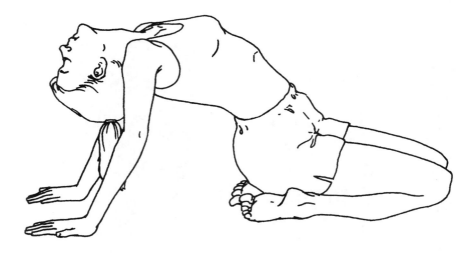

Figura 13.2. Flexão para Trás

do nascer do Sol, tente reservar alguns minutos algumas vezes por semana para praticar tai chi.

FLEXÃO PARA TRÁS (FIG. 13.2)

A Flexão para Trás é uma postura de yoga que aumenta a flexibilidade dos pés, dos tornozelos e dos artelhos, como segue:

1. Pegue uma esteira na qual possa se deitar.
2. Ajoelhe-se e apóie as nádegas nos calcanhares.
3. Estique os braços para trás e coloque a palma das mãos no chão. Seus braços têm de estar paralelos, com os dedos apontando para a frente.
4. Como na ilustração, abaixe lentamente a cabeça para trás, arqueie a espinha e mantenha essa posição por cerca de dez minutos, continuando a respirar regularmente.

Se você fizer esse exercício da maneira correta algumas vezes por semana, ele não só alongará e fortalecerá suas pernas e pés, mas também melhorará sua postura e senso de equilíbrio.

Medicina Ayurvédica

Como Júpiter é o co-regente de Peixes, você se encaixa perfeitamente no perfil de uma personalidade Kapha. Caracterizado por dormir longas horas, por reter líqüidos e ter metabolismo preguiçoso e por uma maneira tranqüila e relaxada de viver, você pode ser obeso se comer demais, ou flexível, se sua forma de indulgência for o álcool. Como os nativos de Touro, Câncer e Libra, você também está sujeito a inchaço e bolsas nos olhos — sinais indicadores de que os líqüidos não estão sendo eliminados do corpo. Quando seu organismo funciona bem, você é extremamente paciente, generoso e produtivo. Mas, quando está desequilibrado, existe uma tendência à letargia, à preguiça e à má circulação, resultando em edema e mãos e pés frios.

Para acelerar seu metabolismo, os nativos de Peixes, como todos os tipos Kapha, precisam estimular o organismo mudando os hábitos alimentares e iniciando uma rotina regular de exercícios. Os alimentos que devem ser evitados (ao menos até você ter restabelecido seu equilíbrio) são os alimentos doces como açúcar, mel, arroz, leite, creme e manteiga; e os alimentos ácidos como limão, queijo, iogurte, tomate, uva, ameixa e vinagre. Devido ao seu peso, todos os produtos de trigo, inclusive o pão, o macarrão e a maioria dos cereais, que induzem ainda mais letargia, devem ser eliminados da dieta. Além disso, corte o sal e os alimentos muito salgados, visto que eles estimulam a retenção de líqüidos.

Para estimular o metabolismo, inclua alimentos picantes como pimenta-caiena, *chili*, cebola, alho, o rabanete, gengibre e *curry*; e alimentos amargos como endívia, chicória, alface romana e espinafre; e feijão, lentilha, maçã, pêra, repolho, brócolis, couve-flor e batata, que caem na categoria de alimentos adstringentes. Visto que são considerados alimentos "leves", eles promovem uma digestão melhor e, ao mesmo tempo, controlam o apetite. Em vez de fazer três refeições, os tipos Kapha se sentem melhor ao fazer cinco ou seis refeições menores durante o dia.

Como já foi dito, os nativos indisciplinados de Peixes provavelmente darão preferência aos esportes aquáticos, à dança, à patinação ou à ginástica. Correr, praticar ginástica aeróbica e fazer levantamento de peso também são recomendados. Visto que Kapha é um dosha frio, você anseia por calor e, portanto, prefere atividades que também possam ser praticadas dentro de casa. (Para maiores informações sobre o dosha Kapha, consulte o Capítulo 3.)

Ervas Medicinais para Doenças Piscianas

O hissopo, membro conhecido da família das mentas, foi usado desde os tempos bíblicos para facilitar a digestão. O chá de hissopo ajuda a aliviar resfriados, tosses, rouquidão e dor de garganta. Essa erva também é usada externamente para tratar feridas e queimaduras. A *kelp*, uma alga marinha que contêm ferro, pode ser tomada como suplemento para tratar anemia. A baga de mirtilo combate a retenção de líqüidos, a chicória reduz o catarro, a eufrásia ajuda na conjuntivite, e o rábano-silvestre é recomendado para os problemas glandulares.

Aromaterapia e Óleos Essenciais

Como você é sensual e extremamente sensível aos aromas, óleos essenciais doces, como o de rosas, jasmim e flor de laranjeira ajudam a elevar o ânimo, especialmente quando você está deprimido e sentindo-se inseguro. Para perfumar a casa, compre ou faça sua própria combinação de flores, com uma série de fragrâncias que ache especialmente agradáveis. Para fazer um *potpourri*, comece por esfarelar ramos de flores e ervas secas. Acrescente os óleos da sua escolha, de modo que a combinação de aromas permeie a sala. Para obter um aroma fresco e leve, tente usar limão, coriandro, vetiver e melissa; para uma fragrância quente e picante use canela, trevo e patchouli; se preferir um odor doce, floral, flor de laranjeira (néroli), jasmim, lavanda e sândalo darão esse resultado. Assim que você conseguir a fragrância que deseja, coloque uma porção em cada aposento e sua casa ficará muito perfumada.

Sal Mineral

O tecido ou sal mineral apropriado para Peixes é o fosfato de ferro (Ferr. Phos.) que, segundo dizem, oxigena e purifica o sangue. Esse sal ajuda a manter normais as funções do sangue, facilita a respiração e pode ajudar a curar dores de garganta, tosses, resfriados, febres e inflamações. O fosfato de ferro fortalece as paredes dos vasos sangüíneos e das artérias, evitando a arteriosclerose à medida que a pessoa envelhece. A deficiência desse mineral resulta em anemia ou na incapacidade de eliminar resíduos tóxicos. Alimentos ricos em fosfato de ferro: alface, rabanete, espinafre, frutas secas (tâmaras, passas, figos e ameixas), feijão, morango, lentilha, cebola, repolho, maçã, nozes e aveia.

Terapia com Pedras e Cores

Se o seu aniversário for entre 19 e 29 de fevereiro, a sua pedra natal é a ametista, uma bela pedra violeta, famosa pela suas propriedades terapêuticas, especialmente no tratamento das enxaquecas. Se você nasceu entre 1º e 20 de março, a sua pedra natal é a água-marinha, uma pedra que combina perfeitamente com o signo aquático de Peixes. Essas pedras devem ser de preferência engastadas em prata. A cor azul sempre foi usada para se obter um efeito calmante e diz-se que ela melhora os relacionamentos, facilitando a comunicação. Se você não puder fazer passeios até a praia, mantenha uma lâmpada azul acesa em seu quarto. É conveniente pintar as paredes de azul e usar roupas azuis.

Capítulo 14

Os Ciclos Planetários

Há Tempo para Tudo Sob o Sol

Agora que você conhece as doenças e condições a que está sujeito, o passo seguinte é examinar como a posição dos planetas, conhecida como trânsito, afeta a sua saúde, aumentando ou diminuindo sua vitalidade. Desde que você nasceu, os planetas continuam viajando pelo zodíaco, cada um em seu ritmo particular. Em diferentes pontos de sua jornada, cada planeta, ao transitar, passa pelo mesmo signo e grau zodiacal ocupado pelo planeta no seu mapa, ou forma um ângulo com ele. Quando isso acontece, o planeta em trânsito exerce uma influência que corresponde aos traços específicos do seu caráter (veja Tabela 1.2). Por exemplo, se Júpiter, o planeta da abundância, influencia o seu horóscopo, o efeito será de expansão. Por outro lado, Saturno limita e restringe tudo que toca. Com o seu mapa na mão, você pode calcular facilmente quando cada planeta em trânsito atinge o grau ou forma ângulo com um planeta natal. Se você não tem uma cópia do seu mapa, mesmo assim pode avaliar as influências planetárias correntes, observando quando há trânsitos dos planetas pelo seu signo solar (que todos conhecem) e pelo seu signo ascendente (que você pode calcular por meio das tabelas do Apêndice I).

Para descobrir o signo e grau zodiacal (inclusive os minutos) de cada planeta num determinado dia, o astrólogo consulta a efeméride, seu instrumento de trabalho mais precioso. A efeméride, disponível em livros ou como parte de um programa de computador, assinala a posição diária de cada planeta, bem como uma variedade de outros fatores astronômicos para uso do astrólogo.

Se você não tem um programa de astrologia ou uma efeméride, você pode consultar as tabelas 14.1 e 14.2 para descobrir a posição zodiacal dos planetas de 1º de janeiro de 2000 a 31 de dezembro de 2004. A Tabela 14.1 é uma efeméride semanal que assinala as posições semanais de todos os planetas, exceto da Lua. Para consultar essa tabela, examine a coluna do lado esquerdo para localizar a data na qual está interessado, e siga com o dedo a coluna horizontal para descobrir a posição do planeta na coluna apropriada. Cada planeta está assinalado segundo seu grau, signo e minutos e está calculado para o Eastern Standard Time (EST), o tempo padrão do Ocidente. Como essa efeméride é calculada apenas em intervalos semanais, nem sempre você poderá obter o grau e minuto exatos de cada planeta. No entanto, ela lhe mostrará em que signo o seu planeta está, bem como sua longitude aproximada. Por exemplo, se você quiser descobrir onde o seu Marte estava posicionado no dia 11 de setembro de 2000, você irá consultar o dia 9 de setembro de 2000 e ler a coluna relativa à Marte, onde descobrirá que Marte estava localizado a 26° de Leão.

A Tabela 14.2 assinala a posição diária da Lua, a partir do dia 1º de janeiro de 2000 até o dia 31 de dezembro de 2004. Ela deve ser usada da mesma maneira que a Tabela 14.1. Para descobrir a posição da Lua no dia 11 de setembro de 2000, você deve consultar a coluna da esquerda, relativa à data, e depois ver a coluna seguinte para saber que a Lua estava localizada a 10° de Aquário. Como a Lua se move aproximadamente um grau a cada duas horas e, por isso, entra num novo signo zodiacal a cada dois dias e meio, pode ser mais difícil precisar o grau e o signo exatos da Lua.

Como cada planeta se move numa velocidade diferente, é fácil verificar que alguns planetas ficam num signo por mais tempo do que outros. Por exemplo, o Sol leva cerca de trinta dias para transitar através de um signo, ao passo que a Lua leva apenas dois dias e meio. Júpiter demora um ano para viajar por um signo zodiacal, portanto, doze anos para passar por todo o zodíaco. Isso significa que Júpiter viajará através do signo do seu Sol a cada doze anos, ao passo que Saturno, que leva aproximadamente dois a dois anos e meio para passar por um signo e cerca de vinte e nove anos e meio para passar pelo zodíaco todo, viajará através do signo do seu Sol a cada vinte e nove anos e meio. Dependendo da sua idade, você pode calcular facilmente quantas vezes Júpiter ou Saturno passaram através do signo pelo seu Sol ou ascendente. Se, por exemplo, você é um nativo de Capricórnio nascido em 1953, Júpiter estava no signo de Touro no momento do seu nascimento. Desde então, Júpiter transitou quatro vezes pelo signo de Capricórnio, o seu signo solar (1960-61, 1972-73, 1984 e 1996-97), enquanto Saturno passou apenas duas vezes pelo seu signo solar (1959-60 e 1988-91). Marte, por outro lado, um indicador de aumento de energia, febres e acidentes, leva aproximadamente dois anos para viajar pelo zodíaco, e, portanto, influencia o seu signo solar e ascendente de dois em dois anos.

Além de verificar quando cada planeta passa pelo signo do seu Sol ou ascendente nos próximos cinco anos, é importante tomar nota do(s) dia(s) em que o trânsito passa sobre o grau exato do seu Sol. Ao usar a Tabela 14.1, certifique-se de verificar o grau do planeta no dia em questão, a partir de suas posições semanais. Veja a seguir a influência que cada planeta exerce sobre você quando passa pelo signo solar e o seu signo ascendente, os quais você conhece sem precisar do seu mapa:

Sol – Quando o Sol transita pelo seu signo solar ou pelo seu signo ascendente, por cerca de um mês a cada ano, a sua vitalidade aumenta e você tem capacidade de curar a si mesmo sem precisar fazer esforço mental. Você sente que é o centro do universo e que o mundo de fato é a sua redoma de proteção.

Lua – A passagem da Lua por um signo do zodíaco leva cerca de dois dias e meio. Caso ela esteja em seu signo solar ou em seu ascendente, você vai ficar mais emotivo do que de costume. Tome nota dos problemas físicos relacionados com as emoções ou psicossomáticos, visto que esse é um período bom para reagir a eles.

Mercúrio – A jornada de Mercúrio por um signo em geral dura cerca de três semanas. Como se trata de um planeta tenso e nervoso, sua passagem através do seu signo solar ou ascendente deixa você inquieto, loquaz e mais nervoso do que o habitual. Você pode ter dificuldade para dormir, portanto, tome chás tranqüilizantes e faça exercícios de relaxamento. Diminua o consumo de cafeína, visto que esse trânsito pode deixá-lo irritadiço.

Vênus – Como o Sol, Vênus passa pelo zodíaco durante cerca de um ano. Durante seu trânsito pelo seu signo solar ou ascendente, você é amoroso, doce e, em geral, coopera com os outros. Tenha o cuidado de não ser indulgente demais, visto que você talvez tenha uma queda para os doces, o que resulta em erupções cutâneas, reações alérgicas e aumento de peso. Se você tem tendência para a hipoglicemia, diabete, distúrbios alimentares ou doenças relacionadas com a pele e os rins, exercite-se regularmente. Vênus representa o amor e a amizade, portanto, em vez de procurar algo gostoso para comer, telefone para um amigo e divirta-se um pouco.

Marte – Marte leva cerca de dois anos para atravessar o zodíaco. Como esse planeta quente representa as febres, os resfriados e as inflamações, a mensagem é diminuir o ritmo e se distrair. Em vez de ficar correndo de um lado para o outro, respire fundo e ande devagar. Faça as coisas com calma e evitará se machucar, cair e sofrer acidente. Observe o seu estado de espírito. Quando Marte atinge algo em seu mapa, você age antes de pensar, fazendo de velhos amigos, inimigos potenciais.

Júpiter – Quando Júpiter, o planeta da expansão e da abundância, passa pelo seu signo solar ou ascendente, você é mais enérgico, otimista e tem a capacidade de curar a si mesmo. Durante o ano em que Júpiter atravessa o seu signo solar ou ascendente, você sente mais vitalidade e pode ficar mais consciente das novas oportunidades que atravessam seu caminho. Você se torna exuberante, entusiasmado, disposto a cultivar hábitos mais saudáveis e a começar um programa de exercícios físicos. Contudo, tome cuidado. Visto que Júpiter é o planeta dos excessos e da expansão, não é raro você ficar um pouco "sociável" demais sob a influência dele, e a sua cintura pode engrossar além do que você desejaria. Se você já tiver um problema de excesso de peso, esteja preparado para fazer uma dieta e para se exercitar durante o trânsito de Júpiter.

Saturno — A jornada de dois anos e meio de Saturno pelo seu signo solar e ascendente pode lhe trazer restrição, disciplina e a necessidade de conservar sua energia. Talvez você se sinta deprimido e mais pessimista do que de hábito. Se você costuma ficar de mau humor e não consegue ver o lado alegre da vida, siga as instruções dadas em todo este livro, começando bem antes do período em que Saturno transita pelos pontos sensíveis do seu mapa. Lembre-se de que possivelmente se sentirá mais fraco e não estará tão vigoroso como sempre. Como terá de iniciar uma atividade física durante esse período, use ginseng, gengibre, alho e outras ervas estimulantes para concentrar e focalizar energia. Não exagere ou se sobrecarregue visto que simplesmente ficará esgotado.

Urano* — Durante os sete anos em que Urano viaja pelo seu signo solar e ascendente, você pode ter dores inesperadas que aparecem e desaparecem tão rapidamente quanto muda o seu estado de espírito. Como Urano é um planeta manhoso, você pode ficar mais tenso do que de costume e seu sistema nervoso mais vulnerável e sensível do que antes. É vital manter suas emoções sob controle e evitar estimulantes tanto quanto possível. Além disso, podem ocorrer torções nos tornozelos e lesões nos outros ligamentos, especialmente se você não olhar onde pisa. Se você for cuidadoso e diminuir o ritmo, e evitar compromissos que o obriguem a correr de um lado para o outro, você conseguirá usar o alto nível de adrenalina a seu favor.

Netuno — Leva aproximadamente quatorze anos para Netuno atravessar o seu signo solar ou ascendente; você achará extremamente difícil se concentrar, focalizar a mente e manter a disciplina. A influência de Netuno traz confusão, deixa você sonhador e fatigado e, como resultado, demora um

---

* Como Urano, Netuno e Plutão transitam muito lentamente pelo zodíaco, quaisquer doenças e males causados por esses três planetas não serão constantes. Antes, eles são descrições genéricas de doenças que podem aparecer de tempos em tempos.

pouco mais do que de hábito para você atingir seus objetivos durante esse período. Comece os dias meditando ou fazendo exercícios simples de yoga, o que permitirá que você supere a inércia e dê um passo à frente sem desperdiçar muito tempo. Alimente-se bem, exercite-se regularmente e lembre-se de ficar bastante tempo ao ar livre. Isso evitará a tendência para reter líqüidos, o desenvolvimento de alergias e dores físicas e problemas dos quais você não conhece a causa imediata.

Plutão — A jornada de cerca de doze anos de Plutão através do seu signo solar ou ascendente às vezes fará você se sentir como se estivesse batendo a cabeça contra uma parede de tijolos. Os obstáculos parecem estar constantemente no caminho e você descobrirá novas fontes de energia que desconhecia até então. Esse é um período magnífico para você descobrir o quanto é realmente resistente, corajoso e perseverante. A palavra-chave de qualquer período influenciado por Plutão é "intensidade"; a hora é boa para você aceitar desafios, assumir riscos e fazer qualquer coisa estimulante e aventurosa que, até o momento, pareceu-lhe assustadora e o deixou com medo. Se você já pensou em mudar de profissão, voltar à escola, mudar de casa, trabalhar no aperfeiçoamento dos seus relacionamentos ou fazer qualquer mudança maior — interior ou exterior —, esse é o momento certo. Busque aconselhamento, envolva-se com a comunidade e participe de uma entidade beneficente.

Tabela 14.1 — Efemérides Semanais de 2000-2004

EST + 05:00 Tropical Geo. Long.	Sol ☉	Mercúrio ☿	Vênus ♀	Marte ♂	Júpiter ♃	Saturno ♄	Urano ♅	Netuno ♆	Plutão ♇
Jan 1 2000	10°♑04'	01°♑26'	01°♐12'	27°♒44'	25°♈14'	10°♉24'	14°♒47'	03°♒10'	11°♐26'
Jan 8 2000	17°♑12'	12°♑27'	09°♐41'	03°♓10'	25°♈36'	10°♉18'	15°♒09'	03°♒26'	11°♐40'
Jan 15 2000	24°♑20'	23°♑48'	18°♐13'	08°♓35'	26°♈07'	10°♉17' D	15°♒32'	03°♒41'	11°♐54'
Jan 22 2000	01°♒28'	05°♒33'	26°♐47'	14°♓00'	26°♈47'	10°♉22'	15°♒55'	03°♒57'	12°♐06'
Jan 29 2000	08°♒34'	17°♒40'	05°♑22'	19°♓23'	27°♈35'	10°♉33'	16°♒19'	04°♒13'	12°♐17'
Fev 5 2000	15°♒41'	29°♒46'	13°♑59'	24°♓46'	28°♈31'	10°♉49'	16°♒44'	04°♒29'	12°♐27'
Fev 12 2000	22°♒46'	10°♓29'	22°♑36'	00°♈07'	29°♈34'	11°♉10'	17°♒08'	04°♒45'	12°♐36'
Fev 19 2000	29°♒51'	16°♓43'	01°♒14'	05°♈27'	00°♉43'	11°♉36'	17°♒32'	05°♒00'	12°♐43'
Fev 26 2000	06°♓53'	15°♓24' ℞	09°♒53'	10°♈44'	01°♉57'	12°♉06'	17°♒56'	05°♒14'	12°♐48'
Mar 4 2000	13°♓55'	08°♓39'	18°♒32'	16°♈00'	03°♉17'	12°♉40'	18°♒19'	05°♒28'	12°♐51'
Mar 11 2000	20°♓55'	03°♓28'	27°♒11'	21°♈14'	04°♉41'	13°♉18'	18°♒41'	05°♒40'	12°♐53'
Mar 18 2000	27°♓54'	03°♓19' D	05°♓50'	26°♈25'	06°♉08'	14°♉00'	19°♒02'	05°♒52'	12°♐53' ℞
Mar 25 2000	04°♈51'	07°♓22'	14°♓28'	01°♉34'	07°♉39'	14°♉44'	19°♒22'	06°♒02'	12°♐52'
Abr 1 2000	11°♈46'	14°♓14'	23°♓07'	06°♉41'	09°♉13'	15°♉31'	19°♒40'	06°♒11'	12°♐49'
Abr 8 2000	18°♈40'	23°♓03'	01°♈46'	11°♉46'	10°♉49'	16°♉20'	19°♒56'	06°♒19'	12°♐44'
Abr 15 2000	25°♈32'	03°♈23'	10°♈24'	16°♉48'	12°♉26'	17°♉11'	20°♒10'	06°♒25'	12°♐38'
Abr 22 2000	02°♉22'	15°♈04'	19°♈01'	21°♉48'	14°♉05'	18°♉03'	20°♒22'	06°♒30'	12°♐31'
Abr 29 2000	09°♉11'	28°♈07'	27°♈38'	26°♉45'	15°♉44'	18°♉56'	20°♒32'	06°♒32'	12°♐22'
Mai 6 2000	15°♉58'	12°♉28'	06°♉16'	01°♊41'	17°♉24'	19°♉50'	20°♒40'	06°♒34'	12°♐13'
Mai 13 2000	22°♉44'	27°♉38'	14°♉52'	06°♊34'	19°♉04'	20°♉44'	20°♒45'	06°♒34' ℞	12°♐03'
Mai 20 2000	29°♉29'	12°♊19'	23°♉29'	11°♊24'	20°♉44'	21°♉38'	20°♒48'	06°♒32'	11°♐52'
Mai 27 2000	06°♊12'	25°♊13'	02°♊05'	16°♊13'	22°♉22'	22°♉32'	20°♒49' ℞	06°♒28'	11°♐41'
Jun 3 2000	12°♊55'	05°♋44'	10°♊41'	21°♊00'	24°♉00'	23°♉24'	20°♒47'	06°♒23'	11°♐29'
Jun 10 2000	19°♊37'	13°♋37'	19°♊17'	25°♊44'	25°♉36'	24°♉16'	20°♒43'	06°♒17'	11°♐18'
Jun 17 2000	26°♊18'	18°♋31'	27°♊53'	00°♋27'	27°♉10'	25°♉06'	20°♒36'	06°♒10'	11°♐07'
Jun 24 2000	02°♋59'	19°♋56' ℞	06°♋29'	05°♋08'	28°♉42'	25°♉54'	20°♒28'	06°♒01'	10°♐56'
Jul 1 2000	09°♋39'	17°♋47'	15°♋05'	09°♋47'	00°♊11'	26°♉39'	20°♒18'	05°♒52'	10°♐46'
Jul 8 2000	16°♋20'	13°♋38'	23°♋41'	14°♋25'	01°♊36'	27°♉22'	20°♒05'	05°♒42'	10°♐37'
Jul 15 2000	23°♋00'	10°♋37'	02°♌18'	19°♋01'	02°♊58'	28°♉03'	19°♒52'	05°♒31'	10°♐29'
Jul 22 2000	29°♋41'	11°♋23' D	10°♌54'	23°♋35'	04°♊16'	28°♉39'	19°♒37'	05°♒20'	10°♐22'
Jul 29 2000	06°♌22'	16°♋47'	19°♌31'	28°♋09'	05°♊29'	29°♉13'	19°♒21'	05°♒08'	10°♐17'
Ago 5 2000	13°♌04'	26°♋30'	28°♌07'	02°♌41'	06°♊38'	29°♉42'	19°♒05'	04°♒57'	10°♐12'
Ago 12 2000	19°♌47'	09°♌24'	06°♍44'	07°♌11'	07°♊38'	00°♊07'	18°♒48'	04°♒46'	10°♐10'
Ago 19 2000	26°♌31'	23°♌33'	15°♍20'	11°♌41'	08°♊33'	00°♊27'	18°♒31'	04°♒35'	10°♐09' D
Ago 26 2000	03°♍15'	07°♍22'	23°♍56'	16°♌09'	09°♊21'	00°♊42'	18°♒15'	04°♒25'	10°♐09' D
Set 2 2000	10°♍01'	20°♍14'	02°♎31'	20°♌37'	10°♊01'	00°♊53'	17°♒59'	04°♒16'	10°♐11'
Set 9 2000	16°♍49'	02°♎05'	11°♎06'	25°♌03'	10°♊33'	00°♊58'	17°♒45'	04°♒08'	10°♐15'
Set 16 2000	23°♍37'	13°♎00'	19°♎41'	29°♌29'	10°♊56'	00°♊57' ℞	17°♒32'	04°♒01'	10°♐20'
Set 23 2000	00°♎28'	23°♎01'	28°♎14'	03°♍54'	11°♊10'	00°♊52'	17°♒20'	03°♒55'	10°♐27'
Set 30 2000	07°♎20'	02°♏00'	06°♏47'	08°♍18'	11°♊14' ℞	00°♊41'	17°♒10'	03°♒51'	10°♐35'
Out 7 2000	14°♎14'	09°♏34'	15°♏20'	12°♍41'	11°♊08'	00°♊26'	17°♒03'	03°♒48'	10°♐45'
Out 14 2000	21°♎09'	14°♏42'	23°♏51'	17°♍03'	10°♊52'	00°♊06'	16°♒57'	03°♒47'	10°♐56'
Out 21 2000	28°♎06'	15°♏19' ℞	02°♐21'	21°♍24'	10°♊27'	29°♉41'	16°♒54'	03°♒47' D	11°♐08'
Out 28 2000	05°♏04'	09°♏21'	10°♐50'	25°♍45'	09°♊53'	29°♉13'	16°♒53' D	03°♒50'	11°♐21'
Nov 4 2000	12°♏05'	01°♏23'	19°♐18'	00°♎04'	09°♊11'	28°♉42'	16°♒55'	03°♒53'	11°♐35'
Nov 11 2000	19°♏06'	00°♏47' D	27°♐44'	04°♎22'	08°♊22'	28°♉09'	16°♒59'	03°♒59'	11°♐50'
Nov 18 2000	26°♏09'	07°♏18'	06°♑07'	08°♎40'	07°♊29'	27°♉35'	17°♒06'	04°♒06'	12°♐06'
Nov 25 2000	03°♐13'	16°♏54'	14°♑28'	12°♎56'	06°♊32'	27°♉01'	17°♒15'	04°♒14'	12°♐22'
Dez 2 2000	10°♐19'	27°♏28'	22°♑45'	17°♎11'	05°♊35'	26°♉28'	17°♒27'	04°♒24'	12°♐38'
Dez 9 2000	17°♐25'	08°♐17'	00°♒59'	21°♎24'	04°♊39'	25°♉56'	17°♒41'	04°♒35'	12°♐54'
Dez 16 2000	24°♐32'	19°♐11'	09°♒06'	25°♎36'	03°♊47'	25°♉27'	17°♒56'	04°♒48'	13°♐10'
Dez 23 2000	01°♑40'	00°♑11'	17°♒06'	29°♎45'	03°♊00'	25°♉01'	18°♒14'	05°♒01'	13°♐26'
Dez 30 2000	08°♑48'	11°♑22'	24°♒58'	03°♏53'	02°♊19'	24°♉40'	18°♒33'	05°♒15'	13°♐42'
Jan 6 2001	15°♑56'	22°♑47'	02°♓39'	07°♏58'	01°♊48'	24°♉23'	18°♒54'	05°♒30'	13°♐56'
Jan 13 2001	23°♑04'	04°♒24'	10°♓06'	12°♏00'	01°♊26'	24°♉11'	19°♒16'	05°♒46'	14°♐10'
Jan 20 2001	00°♒12'	15°♒49'	17°♓15'	15°♏59'	01°♊13'	24°♉04'	19°♒39'	06°♒02'	14°♐23'
Jan 27 2001	07°♒19'	25°♒39'	24°♓02'	19°♏55'	01°♊11' D	24°♉03' D	20°♒02'	06°♒17'	14°♐35'
Fev 3 2001	14°♒25'	00°♓37'	00°♈21'	23°♏46'	01°♊19'	24°♉08'	20°♒27'	06°♒33'	14°♐45'
Fev 10 2001	21°♒31'	27°♒25' ℞	06°♈01'	27°♏33'	01°♊36'	24°♉18'	20°♒51'	06°♒49'	14°♐54'
Fev 17 2001	28°♒35'	19°♒40'	10°♈52'	01°♐14'	02°♊03'	24°♉33'	21°♒15'	07°♒04'	15°♐02'
Fev 24 2001	05°♓38'	15°♒31'	14°♈39'	04°♐48'	02°♊39'	24°♉54'	21°♒39'	07°♒19'	15°♐08'
Mar 3 2001	12°♓40'	16°♒57' D	17°♈03'	08°♐16'	03°♊23'	25°♉19'	22°♒03'	07°♒33'	15°♐12'
Mar 10 2001	19°♓41'	22°♒15'	17°♈42' ℞	11°♐34'	04°♊14'	25°♉49'	22°♒26'	07°♒46'	15°♐15'

EST + 05:00 Tropical Geo. Long.	Sol ☉	Mercúrio ☿	Vênus ♀	Marte ♂	Júpiter ♃	Saturno ♄	Urano ♅	Netuno ♆	Plutão ♇
Mar 17 2001	26°♓39'	29°♒56'	16°♈21'	14°♐43'	05°♊13'	26°♉23'	22°♒47'	07°♒59'	15°♐16'
Mar 24 2001	03°♈37'	09°♓15'	13°♈09'	17°♐40'	06°♊18'	27°♉01'	23°♒08'	08°♒10'	15°♐15' ℞
Mar 31 2001	10°♈32'	19°♓50'	08°♈52'	20°♐22'	07°♊28'	27°♉42'	23°♒27'	08°♒19'	15°♐13'
Abr 7 2001	17°♈26'	01°♈35'	04°♈49'	22°♐49'	08°♊43'	28°♉26'	23°♒45'	08°♒28'	15°♐09'
Abr 14 2001	24°♈18'	14°♈32'	02°♈10'	24°♐56'	10°♊03'	29°♉13'	24°♒00'	08°♒34'	15°♐04'
Abr 21 2001	01°♉09'	28°♈40'	01°♈28' D	26°♐41'	11°♊27'	00°♊02'	24°♒14'	08°♒40'	14°♐58'
Abr 28 2001	07°♉58'	13°♉35'	02°♈39'	27°♐59'	12°♊54'	00°♊52'	24°♒26'	08°♒43'	14°♐50'
Mai 5 2001	14°♉46'	28°♉04'	05°♈23'	28°♐47'	14°♊23'	01°♊45'	24°♒35'	08°♒46'	14°♐41'
Mai 12 2001	21°♉32'	10°♊35'	09°♈22'	29°♐02' ℞	15°♊55'	02°♊38'	24°♒42'	08°♒46' ℞	14°♐31'
Mai 19 2001	28°♉17'	20°♊18'	14°♈17'	28°♐41'	17°♊29'	03°♊32'	24°♒47'	08°♒45'	14°♐21'
Mai 26 2001	05°♊01'	26°♊50'	19°♈54'	27°♐42'	19°♊04'	04°♊26'	24°♒49'	08°♒42'	14°♐10'
Jun 2 2001	11°♊43'	29°♊48'	26°♈04'	26°♐10'	20°♊40'	05°♊21'	24°♒49' ℞	08°♒38'	13°♐58'
Jun 9 2001	18°♊25'	29°♊04' ℞	02°♉39'	24°♐11'	22°♊17'	06°♊15'	24°♒47'	08°♒33'	13°♐47'
Jun 16 2001	25°♊07'	25°♊39'	09°♉33'	21°♐57'	23°♊54'	07°♊08'	24°♒42'	08°♒26'	13°♐36'
Jun 23 2001	01°♋48'	22°♊11'	16°♉43'	19°♐43'	25°♊30'	08°♊00'	24°♒35'	08°♒18'	13°♐25'
Jun 30 2001	08°♋28'	21°♊25' D	24°♉05'	17°♐44'	27°♊07'	08°♊51'	24°♒27'	08°♒09'	13°♐15'
Jul 7 2001	15°♋09'	24°♊31'	01°♊38'	16°♐14'	28°♊42'	09°♊39'	24°♒16'	07°♒59'	13°♐05'
Jul 14 2001	21°♋49'	01°♋32'	09°♊20'	15°♐20'	00°♋16'	10°♊26'	24°♒03'	07°♒48'	12°♐57'
Jul 21 2001	28°♋30'	12°♋05'	17°♊09'	15°♐07' D	01°♋48'	11°♊10'	23°♒49'	07°♒37'	12°♐49'
Jul 28 2001	05°♌11'	25°♋25'	25°♊04'	15°♐35'	03°♋18'	11°♊51'	23°♒34'	07°♒26'	12°♐43'
Ago 4 2001	11°♌53'	09°♌59'	03°♋05'	16°♐42'	04°♋45'	12°♊29'	23°♒18'	07°♒15'	12°♐38'
Ago 11 2001	18°♌36'	24°♌12'	11°♋12'	18°♐23'	06°♋09'	13°♊04'	23°♒02'	07°♒03'	12°♐34'
Ago 18 2001	25°♌19'	07°♍22'	19°♋24'	20°♐36'	07°♋30'	13°♊34'	22°♒45'	06°♒53'	12°♐32'
Ago 25 2001	02°♍04'	19°♍22'	27°♋39'	23°♐16'	08°♋46'	14°♊00'	22°♒28'	06°♒42'	12°♐32' D
Set 1 2001	08°♍49'	00°♎16'	05°♌59'	26°♐20'	09°♋58'	14°♊22'	22°♒12'	06°♒33'	12°♐33'
Set 8 2001	15°♍36'	10°♎03'	14°♌23'	29°♐43'	11°♋05'	14°♊38'	21°♒57'	06°♒24'	12°♐36'
Set 15 2001	22°♍25'	18°♎35'	22°♌51'	03°♑24'	12°♋06'	14°♊50'	21°♒42'	06°♒16'	12°♐40'
Set 22 2001	29°♍15'	25°♎22'	01°♍21'	07°♑20'	13°♋01'	14°♊56'	21°♒30'	06°♒10'	12°♐46'
Set 29 2001	06°♎07'	29°♎18'	09°♍55'	11°♑29'	13°♋48'	14°♊57' ℞	21°♒18'	06°♒05'	12°♐54'
Out 6 2001	13°♎00'	28°♎29' ℞	18°♍31'	15°♑49'	14°♋28'	14°♊53'	21°♒09'	06°♒01'	13°♐02'
Out 13 2001	19°♎55'	21°♎49'	27°♍10'	20°♑18'	15°♋00'	14°♊43'	21°♒02'	05°♒59'	13°♐13'
Out 20 2001	26°♎52'	14°♎56'	05°♎51'	24°♑55'	15°♋23'	14°♊29'	20°♒57'	05°♒59' D	13°♐24'
Out 27 2001	03°♏50'	15°♎44' D	14°♎34'	29°♑38'	15°♋37'	14°♊09'	20°♒54'	06°♒00'	13°♐37'
Nov 3 2001	10°♏50'	23°♎17'	23°♎18'	04°♒18'	15°♋41' ℞	13°♊45'	20°♒54' D	06°♒03'	13°♐51'
Nov 10 2001	17°♏51'	03°♏40'	02°♏03'	09°♒22'	15°♋35'	13°♊18'	20°♒57'	06°♒08'	14°♐05'
Nov 17 2001	24°♏54'	14°♏47'	10°♏50'	14°♒19'	15°♋20'	12°♊47'	21°♒02'	06°♒14'	14°♐20'
Nov 24 2001	01°♐58'	25°♏56'	19°♏37'	19°♒20'	14°♋55'	12°♊14'	21°♒09'	06°♒22'	14°♐36'
Dez 1 2001	09°♐03'	07°♐00'	28°♏25'	24°♒24'	14°♋21'	11°♊40'	21°♒19'	06°♒31'	14°♐52'
Dez 8 2001	16°♐09'	18°♐00'	07°♐13'	29°♒29'	13°♋39'	11°♊06'	21°♒31'	06°♒42'	15°♐08'
Dez 15 2001	23°♐16'	29°♐01'	16°♐01'	04°♓35'	12°♋51'	10°♊32'	21°♒45'	06°♒54'	15°♐24'
Dez 22 2001	00°♑24'	10°♑06'	24°♐50'	09°♓42'	11°♋58'	10°♊00'	22°♒01'	07°♒07'	15°♐40'
Dez 29 2001	07°♑32'	21°♑13'	03°♑38'	14°♓50'	11°♋02'	09°♊30'	22°♒19'	07°♒20'	15°♐56'
Jan 5 2002	14°♑47'	01°♒55'	12°♑27'	19°♓57'	10°♋05'	09°♊04'	22°♒39'	07°♒35'	16°♐11'
Jan 12 2002	21°♑48'	10°♒48'	21°♑15'	25°♓04'	09°♋10'	08°♊41'	23°♒00'	07°♒50'	16°♐25'
Jan 19 2002	28°♑56'	14°♒28' ℞	00°♒04'	00°♈11'	08°♋18'	08°♊23'	23°♒22'	08°♒06'	16°♐38'
Jan 26 2002	06°♒00'	09°♒36'	08°♒51'	05°♈16'	07°♋31'	08°♊11'	23°♒45'	08°♒22'	16°♐50'
Fev 2 2002	13°♒09'	01°♒29'	17°♒39'	10°♈21'	06°♋50'	08°♊03'	24°♒09'	08°♒38'	17°♐01'
Fev 9 2002	20°♒15'	28°♑38' D	26°♒26'	15°♈24'	06°♋18'	08°♊01' D	24°♒33'	08°♒54'	17°♐11'
Fez 16 2002	27°♒20'	01°♒31'	05°♓12'	20°♈25'	05°♋55'	08°♊05'	24°♒57'	09°♒09'	17°♐19'
Fev 23 2002	04°♓23'	07°♒51'	13°♓57'	25°♈26'	05°♋41'	08°♊14'	25°♒22'	09°♒24'	17°♐26'
Mar 2 2002	11°♓25'	16°♒11'	22°♓41'	00°♉24'	05°♋37' D	08°♊29'	25°♒45'	09°♒39'	17°♐31'
Mar 9 2002	18°♓25'	25°♒52'	01°♈24'	05°♉21'	05°♋43'	08°♊49'	26°♒09'	09°♒52'	17°♐35'
Mar 16 2002	25°♓25'	06°♓36'	10°♈07'	10°♉16'	05°♋58'	09°♊13'	26°♒31'	10°♒05'	17°♐37'
Mar 23 2002	02°♈23'	18°♓20'	18°♈47'	15°♉09'	06°♋22'	09°♊42'	26°♒53'	10°♒16'	17°♐37' ℞
Mar 30 2002	09°♈13'	01°♈07'	27°♈26'	20°♉01'	06°♋55'	10°♊16'	27°♒11'	10°♒27'	17°♐36'
Abr 6 2002	16°♈13'	14°♈58'	06°♉04'	24°♉50'	07°♋35'	10°♊53'	27°♒31'	10°♒36'	17°♐33'
Abr 13 2002	23°♈05'	29°♈32'	14°♉40'	29°♉38'	08°♋24'	11°♊34'	27°♒48'	10°♒43'	17°♐28'
Abr 20 2002	29°♈56'	13°♉42'	23°♉41'	04°♊24'	09°♋19'	12°♊17'	28°♒04'	10°♒49'	17°♐22'
Abr 27 2002	06°♉45'	25°♉43'	01°♊46'	09°♊08'	10°♋20'	13°♊04'	28°♒17'	10°♒54'	17°♐15'
Mai 4 2002	13°♉33'	04°♊22'	10°♊16'	13°♊51'	11°♋26'	13°♊52'	28°♒28'	10°♒57'	17°♐07'
Mai 11 2002	20°♉20'	09°♊07'	18°♊44'	18°♊32'	12°♋38'	14°♊43'	28°♒37'	10°♒58'	16°♐57'
Mai 18 2002	27°♉05'	09°♊45' ℞	27°♊10'	23°♊12'	13°♋54'	15°♊35'	28°♒44'	10°♒58' ℞	16°♐47'
Mai 25 2002	03°♊49'	06°♊59'	05°♋33'	27°♊50'	15°♋13'	16°♊28'	28°♒48'	10°♒56'	16°♐37'

EST + 05:00 Tropical Geo. Long.	Sol ☉	Mercúrio ☿	Vênus ♀	Marte ♂	Júpiter ♃	Saturno ♄	Urano ♅	Netuno ♆	Plutão ♇
Jun 1 2002	10° ♊ 32'	03° ♊ 12'	13° ♋ 54'	02° ♋ 26'	16° ♋ 36'	17° ♊ 22'	28° ♒ 50'	10° ♒ 53'	16° ♐ 26'
Jun 8 2002	17° ♊ 14'	01° ♊ 21'	22° ♋ 11'	07° ♋ 02'	18° ♋ 02'	18° ♊ 17'	28° ♒ 49' ℞	10° ♒ 48'	16° ♐ 14'
Jun 15 2002	23° ♊ 56'	02° ♊ 58' D	00° ♌ 25'	11° ♋ 36'	19° ♋ 31'	19° ♊ 12'	28° ♒ 46'	10° ♒ 42'	16° ♐ 03'
Jun 22 2002	00° ♋ 37'	08° ♊ 08'	08° ♌ 35'	16° ♋ 09'	21° ♋ 01'	20° ♊ 06'	28° ♒ 41'	10° ♒ 34'	15° ♐ 52'
Jul 29 2002	07° ♋ 17'	16° ♊ 29'	16° ♌ 41'	20° ♋ 41'	22° ♋ 32'	20° ♊ 59'	28° ♒ 33'	10° ♒ 26'	15° ♐ 42'
Jul 6 2002	13° ♋ 58'	27° ♊ 44'	24° ♌ 42'	25° ♋ 12'	24° ♋ 05'	21° ♊ 52'	28° ♒ 24'	10° ♒ 16'	15° ♐ 32'
Jul 13 2002	20° ♋ 38'	11° ♋ 25'	02° ♍ 37'	29° ♋ 43'	25° ♋ 39'	22° ♊ 43'	28° ♒ 13'	10° ♒ 06'	15° ♐ 23'
Jul 20 2002	27° ♋ 19'	26° ♋ 18'	10° ♍ 25'	04° ♌ 12'	27° ♋ 12'	23° ♊ 33'	28° ♒ 00'	09° ♒ 55'	15° ♐ 15'
Jul 27 2002	04° ♌ 00'	10° ♌ 52'	18° ♍ 05'	08° ♌ 41'	28° ♋ 46'	24° ♊ 20'	27° ♒ 46'	09° ♒ 44'	15° ♐ 08'
Ago 3 2002	10° ♌ 42'	24° ♌ 17'	25° ♍ 36'	13° ♌ 10'	00° ♌ 19'	25° ♊ 05'	27° ♒ 30'	09° ♒ 33'	15° ♐ 02'
Ago 10 2002	17° ♌ 24'	06° ♍ 24'	02° ♎ 56'	17° ♌ 38'	01° ♌ 52'	25° ♊ 48'	27° ♒ 14'	09° ♒ 21'	14° ♐ 58'
Ago 17 2002	24° ♌ 08'	17° ♍ 14'	10° ♎ 01'	22° ♌ 06'	03° ♌ 23'	26° ♊ 27'	26° ♒ 58'	09° ♒ 10'	14° ♐ 55'
Ago 24 2002	00° ♍ 52'	26° ♍ 45'	16° ♎ 49'	26° ♌ 33'	04° ♌ 52'	27° ♊ 02'	26° ♒ 41'	08° ♒ 59'	14° ♐ 53'
Ago 31 2002	07° ♍ 37'	04° ♎ 43'	23° ♎ 16'	01° ♍ 01'	06° ♌ 20'	27° ♊ 34'	26° ♒ 24'	08° ♒ 49'	14° ♐ 54' D
Set 7 2002	14° ♍ 24'	10° ♎ 36'	29° ♎ 15'	05° ♍ 28'	07° ♌ 44'	28° ♊ 01'	26° ♒ 08'	08° ♒ 40'	14° ♐ 56'
Set 14 2002	21° ♍ 13'	13° ♎ 13'	04° ♏ 38'	09° ♍ 55'	09° ♌ 06'	28° ♊ 24'	25° ♒ 53'	08° ♒ 32'	14° ♐ 59'
Set 21 2002	28° ♍ 02'	10° ♎ 57' ℞	09° ♏ 14'	14° ♍ 22'	10° ♌ 24'	28° ♊ 42'	25° ♒ 39'	08° ♒ 25'	15° ♐ 04'
Set 28 2002	04° ♎ 54'	03° ♎ 59'	12° ♏ 48'	18° ♍ 49'	11° ♌ 39'	28° ♊ 55'	25° ♒ 27'	08° ♒ 19'	15° ♐ 11'
Out 5 2002	11° ♎ 47'	28° ♍ 32'	15° ♏ 01'	23° ♍ 17'	12° ♌ 48'	29° ♊ 02'	25° ♒ 16'	08° ♒ 15'	15° ♐ 19'
Out 12 2002	18° ♎ 42'	00° ♎ 46' D	15° ♏ 34' ℞	27° ♍ 45'	13° ♌ 52'	29° ♊ 05' ℞	25° ♒ 07'	08° ♒ 12'	15° ♐ 29'
Out 19 2002	25° ♎ 38'	09° ♎ 18'	14° ♏ 11'	02° ♎ 12'	14° ♌ 51'	29° ♊ 01'	25° ♒ 00'	08° ♒ 11'	15° ♐ 39'
Out 26 2002	02° ♏ 36'	20° ♎ 26'	11° ♏ 00'	06° ♎ 41'	15° ♌ 43'	28° ♊ 53'	24° ♒ 56'	08° ♒ 12' D	15° ♐ 51'
Nov 2 2002	09° ♏ 35'	02° ♏ 05'	06° ♏ 51'	11° ♎ 09'	16° ♌ 27'	28° ♊ 39'	24° ♒ 54'	08° ♒ 14'	16° ♐ 04'
Nov 9 2002	16° ♏ 37'	13° ♏ 36'	03° ♏ 00'	15° ♎ 38'	17° ♌ 05'	28° ♊ 20'	24° ♒ 55' D	08° ♒ 18'	16° ♐ 18'
Nov 16 2002	23° ♏ 39'	24° ♏ 50'	00° ♏ 35'	20° ♎ 07'	17° ♌ 33'	27° ♊ 57'	24° ♒ 58'	08° ♒ 23'	16° ♐ 33'
Nov 23 2002	00° ♐ 43'	05° ♐ 50'	00° ♏ 07' D	24° ♎ 36'	17° ♌ 53'	27° ♊ 30'	25° ♒ 03'	08° ♒ 30'	16° ♐ 48'
Nov 30 2002	07° ♐ 48'	16° ♐ 42'	01° ♏ 35'	29° ♎ 06'	18° ♌ 04'	27° ♊ 00'	25° ♒ 11'	08° ♒ 39'	17° ♐ 04'
Dez 7 2002	14° ♐ 54'	27° ♐ 29'	04° ♏ 38'	03° ♏ 36'	18° ♌ 05' ℞	26° ♊ 27'	25° ♒ 22'	08° ♒ 49'	17° ♐ 20'
Dez 14 2002	22° ♐ 01'	08° ♑ 05'	08° ♏ 56'	08° ♏ 06'	17° ♌ 56'	25° ♊ 53'	25° ♒ 34'	09° ♒ 00'	17° ♐ 36'
Dez 21 2002	29° ♐ 08'	18° ♑ 03'	14° ♏ 12'	12° ♏ 36'	17° ♌ 38'	25° ♊ 18'	25° ♒ 49'	09° ♒ 12'	17° ♐ 52'
Dez 28 2002	06° ♑ 16'	25° ♑ 55'	20° ♏ 11'	17° ♏ 07'	17° ♌ 11'	24° ♊ 44'	26° ♒ 05'	09° ♒ 26'	18° ♐ 08'
Jan 4 2003	13° ♑ 24'	28° ♑ 15' ℞	26° ♏ 43'	21° ♏ 38'	16° ♌ 36'	24° ♊ 11'	26° ♒ 24'	09° ♒ 40'	18° ♐ 23'
Jan 11 2003	20° ♑ 32'	22° ♑ 00'	03° ♐ 41'	26° ♏ 08'	15° ♌ 53'	23° ♊ 41'	26° ♒ 44'	09° ♒ 55'	18° ♐ 38'
Jan 18 2003	27° ♑ 40'	14° ♑ 01'	10° ♐ 57'	00° ♐ 39'	15° ♌ 04'	23° ♊ 14'	27° ♒ 05'	10° ♒ 10'	18° ♐ 51'
Jan 25 2003	04° ♒ 47'	12° ♑ 35' D	18° ♐ 30'	05° ♐ 10'	14° ♌ 11'	22° ♊ 51'	27° ♒ 27'	10° ♒ 26'	19° ♐ 04'
Fev 1 2003	11° ♒ 54'	16° ♑ 47'	26° ♐ 14'	09° ♐ 41'	13° ♌ 15'	22° ♊ 32'	27° ♒ 51'	10° ♒ 42'	19° ♐ 16'
Fev 8 2003	19° ♒ 00'	24° ♑ 00'	04° ♑ 07'	14° ♐ 11'	12° ♌ 19'	22° ♊ 19'	28° ♒ 14'	10° ♒ 58'	19° ♐ 26'
Fev 15 2003	26° ♒ 05'	02° ♒ 52'	12° ♑ 08'	18° ♐ 41'	11° ♌ 25'	22° ♊ 10'	28° ♒ 39'	11° ♒ 14'	19° ♐ 35'
Fev 22 2003	03° ♓ 08'	12° ♒ 49'	20° ♑ 15'	23° ♐ 10'	10° ♌ 35'	22° ♊ 07'	29° ♒ 03'	11° ♒ 29'	19° ♐ 42'
Mar 1 2003	10° ♓ 11'	23° ♒ 38'	28° ♑ 26'	27° ♐ 39'	09° ♌ 50'	22° ♊ 10' D	29° ♒ 27'	11° ♒ 44'	19° ♐ 48'
Mar 8 2003	17° ♓ 12'	05° ♓ 18'	06° ♒ 42'	02° ♑ 06'	09° ♌ 11'	22° ♊ 18'	29° ♒ 51'	11° ♒ 58'	19° ♐ 53'
Mar 15 2003	24° ♓ 11'	17° ♓ 53'	15° ♒ 00'	06° ♑ 33'	08° ♌ 41'	22° ♊ 32'	00° ♓ 14'	12° ♒ 11'	19° ♐ 55'
Mar 22 2003	01° ♈ 09'	01° ♈ 23'	23° ♒ 21'	10° ♑ 58'	08° ♌ 19'	22° ♊ 51'	00° ♓ 36'	12° ♒ 23'	19° ♐ 56'
Mar 29 2003	08° ♈ 05'	15° ♈ 32'	01° ♓ 44'	15° ♑ 22'	08° ♌ 07'	23° ♊ 14'	00° ♓ 57'	12° ♒ 34'	19° ♐ 56' ℞
Abr 5 2003	15° ♈ 00'	29° ♈ 15'	10° ♓ 08'	19° ♑ 44'	08° ♌ 03' D	23° ♊ 43'	01° ♓ 17'	12° ♒ 44'	19° ♐ 54'
Abr 12 2003	21° ♈ 53'	10° ♉ 37'	18° ♓ 34'	24° ♑ 03'	08° ♌ 09'	24° ♊ 15'	01° ♓ 35'	12° ♒ 52'	19° ♐ 50'
Abr 19 2003	28° ♈ 44'	17° ♉ 58'	27° ♓ 00'	28° ♑ 19'	08° ♌ 24'	24° ♊ 52'	01° ♓ 52'	12° ♒ 59'	19° ♐ 45'
Abr 26 2003	05° ♉ 33'	20° ♉ 32'	05° ♈ 27'	02° ♒ 31'	08° ♌ 48'	25° ♊ 31'	02° ♓ 06'	13° ♒ 04'	19° ♐ 38'
Mai 3 2003	12° ♉ 22'	18° ♉ 42' ℞	13° ♈ 56'	06° ♒ 39'	09° ♌ 20'	26° ♊ 14'	02° ♓ 19'	13° ♒ 08'	19° ♐ 30'
Mai 10 2003	19° ♉ 08'	14° ♉ 33'	22° ♈ 25'	10° ♒ 42'	10° ♌ 00'	27° ♊ 00'	02° ♓ 30'	13° ♒ 10'	19° ♐ 22'
Mai 17 2003	25° ♉ 54'	11° ♉ 29'	00° ♉ 54'	14° ♒ 37'	10° ♌ 47'	27° ♊ 48'	02° ♓ 38'	13° ♒ 10' ℞	19° ♐ 12'
Mai 24 2003	02° ♊ 38'	11° ♉ 41' D	09° ♉ 24'	18° ♒ 26'	11° ♌ 40'	28° ♊ 39'	02° ♓ 44'	13° ♒ 10'	19° ♐ 02'
Mai 31 2003	09° ♊ 21'	15° ♉ 28'	17° ♉ 54'	22° ♒ 04'	12° ♌ 39'	29° ♊ 30'	02° ♓ 47'	13° ♒ 07'	18° ♐ 51'
Jun 7 2003	16° ♊ 03'	22° ♉ 17'	26° ♉ 25'	25° ♒ 31'	13° ♌ 44'	00° ♋ 23'	02° ♓ 49' ℞	13° ♒ 03'	18° ♐ 40'
Jun 14 2003	22° ♊ 45'	01° ♊ 42'	04° ♊ 56'	28° ♒ 44'	14° ♌ 53'	01° ♋ 17'	02° ♓ 48'	12° ♒ 57'	18° ♐ 29'
Jun 21 2003	29° ♊ 26'	13° ♊ 30'	13° ♊ 28'	01° ♓ 41'	16° ♌ 07'	02° ♋ 12'	02° ♓ 44'	12° ♒ 51'	18° ♐ 18'
Jun 28 2003	06° ♋ 06'	27° ♊ 24'	22° ♊ 01'	04° ♓ 17'	17° ♌ 24'	03° ♋ 08'	02° ♓ 38'	12° ♒ 43'	18° ♐ 07'
Jul 5 2003	12° ♋ 47'	12° ♋ 31'	00° ♋ 34'	06° ♓ 30'	18° ♌ 45'	04° ♋ 01'	02° ♓ 31'	12° ♒ 33'	17° ♐ 57'
Jul 12 2003	19° ♋ 27'	27° ♋ 21'	09° ♋ 08'	08° ♓ 14'	20° ♌ 08'	04° ♋ 55'	02° ♓ 21'	12° ♒ 24'	17° ♐ 47'
Jul 19 2003	26° ♋ 08'	10° ♌ 59'	17° ♋ 44'	09° ♓ 27'	21° ♌ 34'	05° ♋ 48'	02° ♓ 09'	12° ♒ 13'	17° ♐ 39'
Jul 26 2003	02° ♌ 49'	23° ♌ 08'	26° ♋ 20'	10° ♓ 04'	23° ♌ 02'	06° ♋ 40'	01° ♓ 56'	11° ♒ 51'	17° ♐ 31'
Ago 2 2003	09° ♌ 31'	03° ♍ 49'	04° ♌ 57'	10° ♓ 01' ℞	24° ♌ 31'	07° ♋ 30'	01° ♓ 41'	11° ♒ 51'	17° ♐ 25'
Ago 9 2003	16° ♌ 13'	12° ♍ 57'	13° ♌ 35'	09° ♓ 21'	26° ♌ 02'	08° ♋ 18'	01° ♓ 26'	11° ♒ 39'	17° ♐ 20'

EST + 05:00 Tropical Geo. Long.	Sol ☉	Mercúrio ☿	Vênus ♀	Marte ♂	Júpiter ♃	Saturno ♄	Urano ♅	Netuno ♆	Plutão ♇
Ago 16 2003	22°♌56'	20°♍15'	22°♌14'	08°♓08'	27°♌33'	09°♋04'	01°♓09'	11°♒28'	17°♐16'
Ago 23 2003	29°♌40'	25°♍02'	00°♍53'	06°♓29'	29°♌05'	09°♋47'	00°♓53'	11°♒17'	17°♐14'
Ago 30 2003	06°♍25'	26°♍11' ℞	09°♍34'	04°♓37'	00°♍36'	10°♋27'	00°♓36'	11°♒07'	17°♐13' D
Set 6 2003	13°♍12'	22°♍35'	18°♍15'	02°♓51'	02°♍07'	11°♋03'	00°♓20'	10°♒57'	17°♐15'
Set 13 2003	20°♍00'	15°♍53'	26°♍56'	01°♓24'	03°♍38'	11°♋36'	00°♓04'	10°♒48'	17°♐17'
Set 20 2003	26°♍49'	12°♍12'	05°♎38'	00°♓27'	05°♍06'	12°♋04'	29°♒49'	10°♒41'	17°♐21'
Set 27 2003	03°♎41'	15°♍51' D	14°♎21'	00°♓07'	06°♍34'	12°♋28'	29°♒35'	10°♒34'	17°♐27'
Out 4 2003	10°♎33'	25°♍18'	23°♎03'	00°♓26' D	07°♍59'	12°♋48'	29°♒23'	10°♒29'	17°♐35'
Out 11 2003	17°♎28'	07°♎09'	01°♏45'	01°♓23'	09°♍21'	13°♋02'	29°♒13'	10°♒26'	17°♐43'
Out 18 2003	24°♎24'	19°♎21'	10°♏28'	02°♓54'	10°♍40'	13°♋10'	29°♒04'	10°♒24'	17°♐53'
Out 25 2003	01°♏21'	01°♏13'	19°♏10'	04°♓55'	11°♍55'	13°♋14'	28°♒58'	10°♒24' D	18°♐05'
Nov 1 2003	08°♏21'	12°♏38'	27°♏53'	07°♓23'	13°♍06'	13°♋12' ℞	28°♒55'	10°♒25'	18°♐17'
Nov 8 2003	15°♏22'	23°♏41'	06°♐35'	10°♓13'	14°♍13'	13°♋04'	28°♒53'	10°♒28'	18°♐31'
Nov 15 2003	22°♏24'	04°♐25'	15°♐17'	13°♓21'	15°♍13'	12°♋51'	28°♒54' D	10°♒33'	18°♐45'
Nov 22 2003	29°♏27'	14°♐53'	23°♐59'	16°♓44'	16°♍08'	12°♋33'	28°♒58'	10°♒39'	19°♐00'
Nov 29 2003	06°♐32'	24°♐58'	02°♑40'	20°♓21'	16°♍56'	12°♋11'	29°♒04'	10°♒47'	19°♐15'
Dez 6 2003	13°♐38'	04°♑10'	11°♑21'	24°♓08'	17°♍36'	11°♋44'	29°♒13'	10°♒56'	19°♐31'
Dez 13 2003	20°♐45'	10°♑58'	20°♑01'	28°♓04'	18°♍09'	11°♋15'	29°♒24'	11°♒07'	19°♐47'
Dez 20 2003	27°♐52'	11°♑57' ℞	28°♑41'	02°♈07'	18°♍33'	10°♋42'	29°♒37'	11°♒18'	20°♐03'
Dez 27 2003	05°♑00'	04°♑37'	07°♒19'	06°♈16'	18°♍48'	10°♋08'	29°♒52'	11°♒31'	20°♐19'
Jan 3 2004	12°♑08'	27°♐10'	15°♒55'	10°♈30'	18°♍54'	09°♋34'	00°♓09'	11°♒45'	20°♐34'
Jan 10 2004	19°♑16'	27°♐09' D	24°♒29'	14°♈48'	18°♍50' ℞	08°♋59'	00°♓28'	12°♒00'	20°♐49'
Jan 17 2004	26°♑24'	02°♑32'	03°♓01'	19°♈09'	18°♍37'	08°♋26'	00°♓48'	12°♒15'	21°♐03'
Jan 24 2004	03°♒31'	10°♑32'	11°♓30'	23°♈32'	18°♍15'	07°♋56'	01°♓10'	12°♒31'	21°♐16'
Jan 31 2004	10°♒38'	19°♑52'	19°♓55'	27°♈57'	17°♍44'	07°♋28'	01°♓32'	12°♒47'	21°♐28'
Fev 7 2004	17°♒44'	00°♒02'	28°♓15'	02°♉24'	17°♍05'	07°♋04'	01°♓56'	13°♒03'	21°♐39'
Fev 14 2004	24°♒49'	10°♒54'	06°♈30'	06°♉52'	16°♍20'	06°♋45'	02°♓19'	13°♒18'	21°♐48'
Fev 21 2004	01°♓53'	22°♒28'	14°♈38'	11°♉20'	15°♍30'	06°♋30'	02°♓44'	13°♒34'	21°♐57'
Fev 28 2004	08°♓56'	04°♓47'	22°♈38'	15°♉49'	14°♍36'	06°♋21'	03°♓08'	13°♒49'	22°♐03'
Mar 6 2004	15°♓57'	17°♓54'	00°♉29'	20°♉18'	13°♍42'	06°♋17'	03°♓32'	14°♒03'	22°♐08'
Mar 13 2004	22°♓57'	01°♈34'	08°♉09'	24°♉48'	12°♍47'	06°♋18' D	03°♓55'	14°♒17'	22°♐12'
Mar 20 2004	29°♓55'	14°♈45'	15°♉36'	29°♉17'	11°♍55'	06°♋25'	04°♓18'	14°♒30'	22°♐14'
Mar 27 2004	06°♈52'	25°♈21'	22°♉46'	03°♊46'	11°♍08'	06°♋38'	04°♓40'	14°♒41'	22°♐14' ℞
Abr 3 2004	13°♈46'	01°♉09'	29°♉36'	08°♊15'	10°♍26'	06°♋55'	05°♓01'	14°♒52'	22°♐13'
Abr 10 2004	20°♈39'	01°♉19' ℞	06°♊00'	12°♊43'	09°♍51'	07°♋18'	05°♓20'	15°♒01'	22°♐10'
Abr 17 2004	27°♈31'	27°♈14'	11°♊52'	17°♊11'	09°♍24'	07°♋45'	05°♓38'	15°♒08'	22°♐05'
Abr 24 2004	04°♉21'	22°♈42'	17°♊02'	21°♊38'	09°♍05'	08°♋17'	05°♓54'	15°♒14'	21°♐59'
Mai 1 2004	11°♉09'	21°♈08' D	21°♊19'	26°♊05'	08°♍56'	08°♋52'	06°♓08'	15°♒19'	21°♐52'
Mai 8 2004	17°♉56'	23°♈23'	24°♊24'	00°♋32'	08°♍55' D	09°♋31'	06°♓20'	15°♒22'	21°♐44'
Mai 15 2004	24°♉42'	28°♈54'	25°♊59'	04°♋58'	09°♍04'	10°♋13'	06°♓30'	15°♒23'	21°♐35'
Mai 22 2004	01°♊26'	06°♉58'	25°♊46' ℞	09°♋23'	09°♍21'	10°♋58'	06°♓38'	15°♒23' ℞	21°♐25'
Mai 29 2004	08°♊09'	17°♉11'	23°♊36'	13°♋49'	09°♍46'	11°♋45'	06°♓43'	15°♒21'	21°♐15'
Jun 5 2004	14°♊52'	29°♉23'	19°♊51'	18°♋14'	10°♍19'	12°♋35'	06°♓47'	15°♒18'	21°♐04'
Jun 12 2004	21°♊33'	13°♊25'	15°♊30'	22°♋39'	11°♍00'	13°♋26'	06°♓47' ℞	15°♒13'	20°♐53'
Jun 19 2004	28°♊15'	28°♊38'	11°♊53'	27°♋03'	11°♍47'	14°♋19'	06°♓46'	15°♒07'	20°♐41'
Jun 26 2004	04°♋55'	13°♋40'	09°♊54'	01°♌28'	12°♍41'	15°♋12'	06°♓41'	14°♒59'	20°♐31'
Jul 3 2004	11°♋36'	27°♋25'	09°♊49' D	05°♌52'	13°♍40'	16°♋07'	06°♓35'	14°♒51'	20°♐20'
Jul 10 2004	18°♋16'	09°♌31'	11°♊30'	10°♌17'	14°♍45'	17°♋01'	06°♓27'	14°♒41'	20°♐10'
Jul 17 2004	24°♋57'	19°♌57'	14°♊39'	14°♌42'	15°♍54'	17°♋56'	06°♓17'	14°♒31'	20°♐01'
Jul 24 2004	01°♌38'	28°♌33'	18°♊54'	19°♌07'	17°♍07'	18°♋50'	06°♓05'	14°♒20'	19°♐53'
Jul 31 2004	08°♌19'	04°♍57'	24°♊00'	23°♌32'	18°♍24'	19°♋43'	05°♓51'	14°♒09'	19°♐46'
Ago 7 2004	15°♌01'	08°♍25'	29°♊46'	27°♌57'	19°♍45'	20°♋35'	05°♓36'	13°♒57'	19°♐41'
Ago 14 2004	21°♌44'	07°♍58' ℞	06°♋04'	02°♍23'	21°♍08'	21°♋25'	05°♓20'	13°♒46'	19°♐36'
Ago 21 2004	28°♌28'	03°♍23'	12°♋46'	06°♍50'	22°♍33'	22°♋14'	05°♓04'	13°♒35'	19°♐33'
Ago 28 2004	05°♍13'	27°♌35'	19°♋48'	11°♍17'	24°♍00'	23°♋00'	04°♓47'	13°♒24'	19°♐32'
Set 4 2004	12°♍00'	25°♌56' D	27°♋06'	15°♍45'	25°♍29'	23°♋44'	04°♓31'	13°♒14'	19°♐32' D
Set 11 2004	18°♍47'	00°♍59'	04°♌37'	20°♍14'	26°♍59'	24°♋25'	04°♓14'	13°♒05'	19°♐34'
Set 18 2004	25°♍37'	11°♍16'	12°♌20'	24°♍43'	28°♍30'	25°♋02'	03°♓59'	12°♒57'	19°♐37'
Set 25 2004	02°♎28'	23°♍47'	20°♌13'	29°♍14'	00°♎00'	25°♋36'	03°♓44'	12°♒50'	19°♐42'
Out 2 2004	09°♎20'	06°♎32'	28°♌14'	03°♎45'	01°♎31'	26°♋05'	03°♓31'	12°♒44'	19°♐49'
Out 9 2004	16°♎14'	18°♎46'	06°♍23'	08°♎18'	03°♎01'	26°♋30'	03°♓19'	12°♒40'	19°♐57'
Out 16 2004	23°♎10'	00°♏24'	14°♍39'	12°♎52'	04°♎30'	26°♋50'	03°♓09'	12°♒37'	20°♐06'
Out 23 2004	00°♏07'	11°♏29'	23°♍00'	17°♎27'	05°♎58'	27°♋06'	03°♓01'	12°♒36'	20°♐17'

EST + 05:00 Tropical Geo. Long.	Sol ☉	Mercúrio ☿	Vênus ♀	Marte ♂	Júpiter ♃	Saturno ♄	Urano ♅	Netuno ♆	Plutão ♇
Out 30 2004	07°♏06'	22°♏06'	01°♎25'	22°♎03'	07°♎23'	27°♋15'	02°♓56'	12°♒36' D	20°♐29'
Nov 6 2004	14°♏07'	02°♐16'	09°♎55'	26°♎40'	08°♎47'	27°♋20'	02°♓53'	12°♒39'	20°♐42'
Nov 13 2004	21°♏09'	11°♐50'	18°♎29'	01°♏19'	10°♎07'	27°♋19' ℞	02°♓52' D	12°♒43'	20°♐55'
Nov 20 2004	28°♏13'	20°♐14'	27°♎05'	05°♏59'	11°♎24'	27°♋12'	02°♓54'	12°♒48'	21°♐10'
Nov 27 2004	05°♐17'	25°♐54'	05°♏44'	10°♏41'	12°♎36'	27°♋00'	02°♓58'	12°♒55'	21°♐25'
Dez 4 2004	12°♐23'	25°♐31' ℞	14°♏25'	15°♏23'	13°♎44'	26°♋43'	03°♓05'	13°♒04'	21°♐40'
Dez 11 2004	19°♐29'	17°♐26'	23°♏08'	20°♏08'	14°♎47'	26°♋21'	03°♓14'	13°♒14'	21°♐56'
Dez 18 2004	26°♐37'	10°♐48'	01°♐51'	24°♏53'	15°♎44'	25°♋56'	03°♓25'	13°♒25'	22°♐12'
Dez 25 2004	03°♑44'	12°♐11' D	10°♐36'	29°♏41'	16°♎35'	25°♋26'	03°♓39'	13°♒37'	22°♐28'

Tabela 14.2 — Posição da Lua 2000-2004

EST + 05:00 Tropical Geo. Long.	Lua ☽
Jan 1 2000	09°♏48'
Jan 3 2000	03°♐41'
Jan 5 2000	27°♐20'
Jan 7 2000	21°♑05'
Jan 9 2000	15°♒10'
Jan 11 2000	09°♓53'
Jan 13 2000	05°♈33'
Jan 15 2000	02°♉31'
Jan 17 2000	00°♊58'
Jan 19 2000	00°♋37'
Jan 21 2000	00°♌38'
Jan 23 2000	29°♌55'
Jan 25 2000	27°♍41'
Jan 27 2000	23°♎43'
Jan 29 2000	18°♏22'
Jan 31 2000	12°♐12'
Fev 2 2000	05°♑50'
Fev 4 2000	29°♑44'
Fev 6 2000	24°♒15'
Fev 8 2000	19°♓34'
Fev 10 2000	15°♈47'
Fev 12 2000	12°♉55'
Fev 14 2000	10°♊59'
Fev 16 2000	09°♋50'
Fev 18 2000	09°♌00'
Fev 20 2000	07°♍46'
Fev 22 2000	05°♎26'
Fev 24 2000	01°♏36'
Fev 26 2000	26°♏23'
Fev 28 2000	20°♐16'
Mar 1 2000	13°♑55'
Mar 3 2000	07°♒58'
Mar 5 2000	02°♓54'
Mar 7 2000	28°♓57'
Mar 9 2000	25°♈59'
Mar 11 2000	23°♉43'
Mar 13 2000	21°♊50'
Mar 15 2000	20°♋08'
Mar 17 2000	18°♌24'
Mar 19 2000	16°♍20'
Mar 21 2000	13°♎28'
Mar 23 2000	09°♏26'
Mar 25 2000	04°♐12'
Mar 27 2000	28°♐06'
Mar 29 2000	21°♑45'
Mar 31 2000	15°♒53'
Abr 2 2000	11°♓05'
Abr 4 2000	07°♈42'
Abr 6 2000	05°♉36'
Abr 8 2000	04°♊12'
Abr 10 2000	02°♋48'
Abr 12 2000	01°♌00'
Abr 14 2000	28°♌41'
Abr 16 2000	25°♍46'
Abr 18 2000	22°♎09'
Abr 20 2000	17°♏38'
Abr 22 2000	12°♐11'
Abr 24 2000	06°♑01'
Abr 26 2000	29°♑39'
Abr 28 2000	23°♒46'
Abr 30 2000	19°♓02'
Mai 2 2000	15°♈58'
Mai 4 2000	14°♉29'

EST + 05:00 Tropical Geo. Long.	Lua ☽
Mai 6 2000	13°♊54'
Mai 8 2000	13°♋14'
Mai 10 2000	11°♌45'
Mai 12 2000	09°♍13'
Mai 14 2000	05°♎45'
Mai 16 2000	01°♏26'
Mai 18 2000	26°♏21'
Mai 20 2000	20°♐34'
Mai 22 2000	14°♑16'
Mai 24 2000	07°♒53'
Mai 26 2000	01°♓59'
Mai 28 2000	27°♓12'
Mai 30 2000	24°♈08'
Jun 1 2000	22°♉51'
Jun 3 2000	22°♊46'
Jun 5 2000	22°♋46'
Jun 7 2000	21°♌49'
Jun 9 2000	19°♍27'
Jun 11 2000	15°♎45'
Jun 13 2000	10°♏57'
Jun 15 2000	05°♐23'
Jun 17 2000	29°♐17'
Jun 19 2000	22°♑54'
Jun 21 2000	16°♒34'
Jun 23 2000	10°♓44'
Jun 25 2000	05°♈56'
Jun 27 2000	02°♉41'
Jun 29 2000	01°♊13'
Jul 1 2000	01°♋10'
Jul 3 2000	01°♌29'
Jul 5 2000	01°♍01'
Jul 7 2000	29°♍00'
Jul 9 2000	25°♎19'
Jul 11 2000	20°♏19'
Jul 13 2000	14°♐27'
Jul 15 2000	08°♑08'
Jul 17 2000	01°♒45'
Jul 19 2000	25°♒36'
Jul 21 2000	20°♓01'
Jul 23 2000	15°♈21'
Jul 25 2000	11°♉59'
Jul 27 2000	10°♊08'
Jul 29 2000	09°♋39'
Jul 31 2000	09°♌49'
Ago 2 2000	09°♍30'
Ago 4 2000	07°♎45'
Ago 6 2000	04°♏15'
Ago 8 2000	29°♏14'
Ago 10 2000	23°♐14'
Ago 12 2000	16°♑50'
Ago 14 2000	10°♒33'
Ago 16 2000	04°♓44'
Ago 18 2000	29°♓37'
Ago 20 2000	25°♈20'
Ago 22 2000	22°♉03'
Ago 24 2000	19°♊53'
Ago 26 2000	18°♋47'
Ago 28 2000	18°♌20'
Ago 30 2000	17°♍43'
Set 1 2000	15°♎58'
Set 3 2000	12°♏34'
Set 5 2000	07°♐36'
Set 7 2000	01°♑35'

EST + 05:00 Tropical Geo. Long.	Lua ☽
Set 9 2000	25°♑12'
Set 11 2000	19°♒04'
Set 13 2000	13°♓38'
Set 15 2000	09°♈08'
Set 17 2000	05°♉31'
Set 19 2000	02°♊39'
Set 21 2000	00°♋26'
Set 23 2000	28°♋48'
Set 25 2000	27°♌35'
Set 27 2000	26°♍15'
Set 29 2000	24°♎05'
Out 1 2000	20°♏33'
Out 3 2000	15°♐34'
Out 5 2000	09°♑33'
Out 7 2000	03°♒10'
Out 9 2000	27°♒09'
Out 11 2000	22°♓03'
Out 13 2000	18°♈09'
Out 15 2000	15°♉21'
Out 17 2000	13°♊14'
Out 19 2000	11°♋23'
Out 21 2000	09°♌34'
Out 23 2000	07°♍40'
Out 25 2000	05°♎27'
Out 27 2000	02°♏33'
Out 29 2000	28°♏35'
Out 31 2000	23°♐26'
Nov 2 2000	17°♑22'
Nov 4 2000	10°♒59'
Nov 6 2000	04°♓57'
Nov 8 2000	29°♓59'
Nov 10 2000	26°♈28'
Nov 12 2000	24°♉22'
Nov 14 2000	23°♊09'
Nov 16 2000	22°♋03'
Nov 18 2000	20°♌30'
Nov 20 2000	18°♍18'
Nov 22 2000	15°♎22'
Nov 24 2000	11°♏38'
Nov 26 2000	07°♐01'
Nov 28 2000	01°♑32'
Nov 30 2000	25°♑21'
Dez 2 2000	18°♒56'
Dez 4 2000	12°♓51'
Dez 6 2000	07°♈47'
Dez 8 2000	04°♉17'
Dez 10 2000	02°♊30'
Dez 12 2000	01°♋59'
Dez 14 2000	01°♌45'
Dez 16 2000	00°♍54'
Dez 18 2000	28°♍51'
Dez 20 2000	25°♎33'
Dez 22 2000	21°♏10'
Dez 24 2000	15°♐55'
Dez 26 2000	10°♑02'
Dez 28 2000	03°♒43'
Dez 30 2000	27°♒18'
Jan 1 2001	21°♓14'
Jan 3 2001	16°♈01'
Jan 5 2001	12°♉16'
Jan 7 2001	10°♊17'
Jan 9 2001	09°♋55'
Jan 11 2001	10°♌18'

EST + 05:00 Tropical Geo. Long.	Lua ☽
Jan 13 2001	10°♍11'
Jan 15 2001	08°♎39'
Jan 17 2001	05°♏25'
Jan 19 2001	00°♐43'
Jan 21 2001	25°♐02'
Jan 23 2001	18°♑49'
Jan 25 2001	12°♒25'
Jan 27 2001	06°♓07'
Jan 29 2001	00°♈13'
Jan 31 2001	25°♈02'
Fev 2 2001	21°♉02'
Fev 4 2001	18°♊36'
Fev 6 2001	17°♋51'
Fev 8 2001	18°♌11'
Fev 10 2001	18°♍28'
Fev 12 2001	17°♎26'
Fev 14 2001	14°♏30'
Fev 16 2001	09°♐43'
Fev 18 2001	03°♑59'
Fev 20 2001	27°♑36'
Fev 22 2001	21°♒12'
Fev 24 2001	15°♓08'
Fev 26 2001	09°♈35'
Fev 28 2001	04°♉43'
Mar 2 2001	00°♊46'
Mar 4 2001	28°♊01'
Mar 6 2001	26°♋38'
Mar 8 2001	26°♌24'
Mar 10 2001	26°♍25'
Mar 12 2001	25°♎29'
Mar 14 2001	22°♏47'
Mar 16 2001	18°♐11'
Mar 18 2001	12°♑28'
Mar 20 2001	06°♒05'
Mar 22 2001	29°♒46'
Mar 24 2001	23°♓58'
Mar 26 2001	18°♈55'
Mar 28 2001	14°♉38'
Mar 30 2001	11°♊07'
Abr 1 2001	08°♋24'
Abr 3 2001	06°♌36'
Abr 5 2001	05°♍37'
Abr 7 2001	04°♎53'
Abr 9 2001	03°♏29'
Abr 11 2001	00°♐40'
Abr 13 2001	26°♐13'
Abr 15 2001	20°♑30'
Abr 17 2001	14°♒11'
Abr 19 2001	07°♓59'
Abr 21 2001	02°♈26'
Abr 23 2001	27°♈52'
Abr 25 2001	24°♉17'
Abr 27 2001	21°♊29'
Abr 29 2001	19°♋14'
Mai 1 2001	17°♌25'
Mai 3 2001	15°♍52'
Mai 5 2001	14°♎15'
Mai 7 2001	12°♏02'
Mai 9 2001	08°♐42'
Mai 11 2001	04°♑03'
Mai 13 2001	28°♑20'
Mai 15 2001	22°♒05'
Mai 17 2001	15°♓56'

EST + 05:00 Tropical Geo. Long.	Lua ☽	EST + 05:00 Tropical Geo. Long.	Lua ☽	EST + 05:00 Tropical Geo. Long.	Lua ☽	EST + 05:00 Tropical Geo. Long.	Lua ☽
Mai 19 2001	10°♈32'	Set 22 2001	03°♐19'	Jan 26 2002	29°♊15'	Jun 1 2002	20°♒32'
Mai 21 2001	06°♉18'	Set 24 2001	29°♐03'	Jan 28 2002	27°♋51'	Jun 3 2002	14°♓42'
Mai 23 2001	03°♊19'	Set 26 2001	23°♑29'	Jan 30 2002	27°♌42'	Jun 5 2002	08°♉29'
Mai 25 2001	01°♋21'	Set 28 2001	17°♒16'	Fev 1 2002	27°♍41'	Jun 7 2002	02°♉28'
Mai 27 2001	29°♋53'	Set 30 2001	10°♓58'	Fev 3 2002	26°♎43'	Jun 9 2002	27°♉07'
Mai 29 2001	28°♌26'	Out 2 2001	04°♈58'	Fev 5 2002	24°♏15'	Jun 11 2002	22°♊44'
Mai 31 2001	26°♍41'	Out 4 2001	29°♈28'	Fev 7 2002	20°♐24'	Jun 13 2002	19°♋23'
Jun 2 2001	24°♎22'	Out 6 2001	24°♉34'	Fev 9 2002	15°♑32'	Jun 15 2002	16°♌55'
Jun 4 2001	21°♏15'	Out 8 2001	20°♊26'	Fev 11 2002	10°♒00'	Jun 17 2002	15°♍05'
Jun 6 2001	17°♐12'	Out 10 2001	17°♋19'	Fev 13 2002	04°♓02'	Jun 19 2002	13°♎33'
Jun 8 2001	12°♑10'	Out 12 2001	15°♌28'	Fev 15 2002	27°♓49'	Jun 21 2002	12°♏00'
Jun 10 2001	06°♒19'	Out 14 2001	14°♍49'	Fev 17 2002	21°♈33'	Jun 23 2002	10°♐02'
Jun 12 2001	00°♓03'	Out 16 2001	14°♎38'	Fev 19 2002	15°♉39'	Jun 25 2002	07°♑16'
Jun 14 2001	23°♓55'	Out 18 2001	13°♏48'	Fev 21 2002	10°♊40'	Jun 27 2002	03°♒25'
Jun 16 2001	18°♈31'	Out 20 2001	11°♐25'	Fev 23 2002	07°♋13'	Jun 29 2002	28°♒28'
Jun 18 2001	14°♉23'	Out 22 2001	07°♑16'	Fev 25 2002	05°♌44'	Jul 1 2002	22°♓38'
Jun 20 2001	11°♊46'	Out 24 2001	01°♒47'	Fev 27 2002	05°♍52'	Jul 3 2002	16°♈29'
Jun 22 2001	10°♋29'	Out 26 2001	25°♒36'	Mar 1 2002	06°♎29'	Jul 5 2002	10°♉26'
Jun 24 2001	09°♌52'	Out 28 2001	19°♓21'	Mar 3 2002	06°♏08'	Jul 7 2002	05°♊15'
Jun 26 2001	09°♍05'	Out 30 2001	13°♈34'	Mar 5 2002	04°♐00'	Jul 9 2002	01°♋30'
Jun 28 2001	07°♎29'	Nov 1 2001	08°♉30'	Mar 7 2002	00°♑06'	Jul 11 2002	28°♋45'
Jun 30 2001	04°♏46'	Nov 3 2001	04°♊14'	Mar 9 2002	24°♑57'	Jul 13 2002	27°♌12'
Jul 2 2001	00°♐57'	Nov 5 2001	00°♋42'	Mar 11 2002	19°♒05'	Jul 15 2002	26°♍01'
Jul 4 2001	26°♐12'	Nov 7 2001	27°♋57'	Mar 13 2002	12°♓54'	Jul 17 2002	24°♎35'
Jul 6 2001	20°♑41'	Nov 9 2001	25°♌58'	Mar 15 2002	06°♈39'	Jul 19 2002	22°♏32'
Jul 8 2001	14°♒38'	Nov 11 2001	24°♍39'	Mar 17 2002	00°♉29'	Jul 21 2002	19°♐45'
Jul 10 2001	08°♓21'	Nov 13 2001	23°♎34'	Mar 19 2002	24°♉42'	Jul 23 2002	16°♑12'
Jul 12 2001	02°♈12'	Nov 15 2001	22°♏00'	Mar 21 2002	19°♊42'	Jul 25 2002	11°♒49'
Jul 14 2001	26°♈44'	Nov 17 2001	19°♐15'	Mar 23 2002	16°♋03'	Jul 27 2002	06°♓35'
Jul 16 2001	22°♉30'	Nov 19 2001	15°♑04'	Mar 25 2002	14°♌10'	Jul 29 2002	00°♈40'
Jul 18 2001	19°♊55'	Nov 21 2001	09°♒39'	Mar 27 2002	14°♍01'	Jul 31 2002	24°♈25'
Jul 20 2001	18°♋58'	Nov 23 2001	03°♓31'	Mar 29 2002	14°♎38'	Ago 2 2002	18°♉22'
Jul 22 2001	19°♌01'	Nov 25 2001	27°♓19'	Mar 31 2002	14°♏35'	Ago 4 2002	13°♊12'
Jul 24 2001	18°♍57'	Nov 27 2001	21°♈39'	Abr 2 2002	12°♐48'	Ago 6 2002	09°♋29'
Jul 26 2001	17°♎44'	Nov 29 2001	16°♉55'	Abr 4 2002	09°♑08'	Ago 8 2002	07°♌28'
Jul 28 2001	14°♏57'	Dez 1 2001	13°♊17'	Abr 6 2002	04°♒01'	Ago 10 2002	06°♍45'
Jul 30 2001	10°♐43'	Dez 3 2001	10°♋38'	Abr 8 2002	28°♒02'	Ago 12 2002	06°♎22'
Ago 1 2001	05°♑28'	Dez 5 2001	08°♌39'	Abr 10 2002	21°♓45'	Ago 14 2002	05°♏21'
Ago 3 2001	29°♑33'	Dez 7 2001	06°♍59'	Abr 12 2002	15°♈32'	Ago 16 2002	03°♐10'
Ago 5 2001	23°♒20'	Dez 9 2001	05°♎20'	Abr 14 2002	09°♉37'	Ago 18 2002	29°♐51'
Ago 7 2001	17°♓03'	Dez 11 2001	03°♏23'	Abr 16 2002	04°♊10'	Ago 20 2002	25°♑38'
Ago 9 2001	10°♈58'	Dez 13 2001	00°♐51'	Abr 18 2002	29°♊27'	Ago 22 2002	20°♒41'
Ago 11 2001	05°♉30'	Dez 15 2001	27°♐24'	Abr 20 2002	25°♋50'	Ago 24 2002	15°♓06'
Ago 13 2001	01°♊06'	Dez 17 2001	22°♑54'	Abr 22 2002	23°♌40'	Ago 26 2002	09°♈01'
Ago 15 2001	28°♊17'	Dez 19 2001	17°♒26'	Abr 24 2002	22°♍55'	Ago 28 2002	02°♉42'
Ago 17 2001	27°♋15'	Dez 21 2001	11°♓19'	Abr 26 2002	22°♎58'	Ago 30 2002	26°♉35'
Ago 19 2001	27°♌32'	Dez 23 2001	05°♈06'	Abr 28 2002	22°♏38'	Set 1 2002	21°♊19'
Ago 21 2001	27°♍56'	Dez 25 2001	29°♈22'	Abr 30 2002	20°♐56'	Set 3 2002	17°♋34'
Ago 23 2001	27°♎09'	Dez 27 2001	24°♉44'	Mai 2 2002	17°♑28'	Set 5 2002	15°♌43'
Ago 25 2001	24°♏32'	Dez 29 2001	21°♊31'	Mai 4 2002	12°♒30'	Set 7 2002	15°♍29'
Ago 27 2001	20°♐11'	Dez 31 2001	19°♋41'	Mai 6 2002	06°♓35'	Set 9 2002	15°♎48'
Ago 29 2001	14°♑39'	Jan 2 2002	18°♌42'	Mai 8 2002	00°♈19'	Set 11 2002	15°♏21'
Ago 31 2001	08°♒31'	Jan 4 2002	17°♍48'	Mai 10 2002	24°♈12'	Set 13 2002	13°♐23'
Set 2 2001	02°♓12'	Jan 6 2002	16°♎17'	Mai 12 2002	18°♉34'	Set 15 2002	09°♑54'
Set 4 2001	26°♓01'	Jan 8 2002	13°♏50'	Mai 14 2002	13°♊38'	Set 17 2002	05°♒15'
Set 6 2001	20°♈09'	Jan 10 2002	10°♐27'	Mai 16 2002	09°♋30'	Set 19 2002	29°♒51'
Set 8 2001	14°♉51'	Jan 12 2002	06°♑12'	Mai 18 2002	06°♌18'	Set 21 2002	23°♓56'
Set 10 2001	10°♊26'	Jan 14 2002	01°♒11'	Mai 20 2002	04°♍07'	Set 23 2002	17°♈43'
Set 12 2001	07°♋21'	Jan 16 2002	25°♒30'	Mai 22 2002	02°♎50'	Set 25 2002	11°♉23'
Set 14 2001	05°♌55'	Jan 18 2002	19°♓20'	Mai 24 2002	02°♏03'	Set 27 2002	05°♊18'
Set 16 2001	05°♍54'	Jan 20 2002	13°♈04'	Mai 26 2002	00°♐54'	Set 29 2002	29°♊59'
Set 18 2001	06°♎18'	Jan 22 2002	07°♉14'	Mai 28 2002	28°♐55'	Out 1 2002	26°♋04'
Set 20 2001	05°♏43'	Jan 24 2002	02°♊27'	Mai 30 2002	25°♑25'	Out 3 2002	24°♌01'

EST + 05:00 Tropical Geo. Long.	Lua ☽	EST + 05:00 Tropical Geo. Long.	Lua ☽	EST + 05:00 Tropical Geo. Long.	Lua ☽	EST + 05:00 Tropical Geo. Long.	Lua ☽
Out 5 2002	23°♍45'	Fev 8 2003	05°♉25'	Jun 14 2003	19°♐08'	Out 18 2003	20°♋50'
Out 7 2002	24°♎19'	Fev 10 2003	29°♉07'	Jun 16 2003	18°♑23'	Out 20 2003	16°♌09'
Out 9 2002	24°♏19'	Fev 12 2003	23°♊32'	Jun 18 2003	16°♒13'	Out 22 2003	13°♍09'
Out 11 2002	22°♐45'	Fev 14 2003	19°♋18'	Jun 20 2003	12°♓21'	Out 24 2003	11°♎54'
Out 13 2002	19°♑25'	Fev 16 2003	16°♌43'	Jun 22 2003	07°♈02'	Out 26 2003	11°♏50'
Out 15 2002	14°♒39'	Fev 18 2003	15°♍29'	Jun 24 2003	00°♉51'	Out 28 2003	11°♐53'
Out 17 2002	08°♓59'	Fev 20 2003	14°♎46'	Jun 26 2003	24°♉27'	Out 30 2003	11°♑00'
Out 19 2002	02°♈51'	Fev 22 2003	13°♏40'	Jun 28 2003	18°♊22'	Nov 1 2003	08°♒39'
Out 21 2002	26°♈34'	Fev 24 2003	11°♐42'	Jun 30 2003	12°♋59'	Nov 3 2003	04°♓53'
Out 23 2002	20°♉22'	Fev 26 2003	08°♑51'	Jul 2 2003	08°♌29'	Nov 5 2003	29°♓58'
Out 25 2002	14°♊30'	Fev 28 2003	05°♒12'	Jul 4 2003	04°♍52'	Nov 7 2003	24°♈16'
Out 27 2002	09°♋20'	Mar 2 2003	00°♓49'	Jul 6 2003	02°♎06'	Nov 9 2003	18°♉04'
Out 29 2002	05°♌21'	Mar 4 2003	25°♓41'	Jul 8 2003	00°♏10'	Nov 11 2003	11°♊40'
Out 31 2002	02°♍58'	Mar 6 2003	19°♈49'	Jul 10 2003	28°♏54'	Nov 13 2003	05°♋22'
Nov 2 2002	02°♎12'	Mar 8 2003	13°♉28'	Jul 12 2003	27°♐58'	Nov 15 2003	29°♋35'
Nov 4 2002	02°♏25'	Mar 10 2003	07°♊07'	Jul 14 2003	26°♑41'	Nov 17 2003	24°♌47'
Nov 6 2002	02°♐27'	Mar 12 2003	01°♋27'	Jul 16 2003	24°♒18'	Nov 19 2003	21°♍29'
Nov 8 2002	01°♑10'	Mar 14 2003	27°♋09'	Jul 18 2003	20°♓25'	Nov 21 2003	19°♎55'
Nov 10 2002	28°♑08'	Mar 16 2003	24°♌42'	Jul 20 2003	15°♈08'	Nov 23 2003	19°♏49'
Nov 12 2002	23°♒30'	Mar 18 2003	23°♍56'	Jul 22 2003	08°♉58'	Nov 25 2003	20°♐15'
Nov 14 2002	17°♓46'	Mar 20 2003	23°♎59'	Jul 24 2003	02°♊37'	Nov 27 2003	19°♑57'
Nov 16 2002	11°♈32'	Mar 22 2003	23°♏38'	Jul 26 2003	26°♊44'	Nov 29 2003	18°♒03'
Nov 18 2002	05°♉15'	Mar 24 2003	22°♐05'	Jul 28 2003	21°♋47'	Dez 1 2003	14°♓21'
Nov 20 2002	29°♉17'	Mar 26 2003	19°♑09'	Jul 30 2003	17°♌58'	Dez 3 2003	09°♈13'
Nov 22 2002	23°♊51'	Mar 28 2003	15°♒05'	Ago 1 2003	15°♍07'	Dez 5 2003	03°♉13'
Nov 24 2002	19°♋11'	Mar 30 2003	10°♓07'	Ago 3 2003	12°♎55'	Dez 7 2003	26°♉50'
Nov 26 2002	15°♌28'	Abr 1 2003	04°♈29'	Ago 5 2003	11°♏02'	Dez 9 2003	20°♊29'
Nov 28 2002	12°♍54'	Abr 3 2003	28°♈21'	Ago 7 2003	09°♐20'	Dez 11 2003	14°♋25'
Nov 30 2002	11°♎30'	Abr 5 2003	21°♉56'	Ago 9 2003	07°♑37'	Dez 13 2003	08°♌55'
Dez 2 2002	10°♏56'	Abr 7 2003	15°♊37'	Ago 11 2003	05°♒32'	Dez 15 2003	04°♍13'
Dez 4 2002	10°♐24'	Abr 9 2003	09°♋56'	Ago 13 2003	02°♓35'	Dez 17 2003	00°♎41'
Dez 6 2002	09°♑00'	Abr 11 2003	05°♌31'	Ago 15 2003	28°♓25'	Dez 19 2003	28°♎36'
Dez 8 2002	06°♒07'	Abr 13 2003	02°♍52'	Ago 17 2003	23°♈03'	Dez 21 2003	27°♏58'
Dez 10 2002	01°♓41'	Abr 15 2003	02°♎03'	Ago 19 2003	16°♉52'	Dez 23 2003	28°♐09'
Dez 12 2002	26°♓02'	Abr 17 2003	02°♏22'	Ago 21 2003	10°♊32'	Dez 25 2003	28°♑02'
Dez 14 2002	19°♈47'	Abr 19 2003	02°♐34'	Ago 23 2003	04°♋44'	Dez 27 2003	26°♒29'
Dez 16 2002	13°♉32'	Abr 21 2003	01°♑34'	Ago 25 2003	00°♌06'	Dez 29 2003	23°♓02'
Dez 18 2002	07°♊48'	Abr 23 2003	28°♑55'	Ago 27 2003	26°♌53'	Dez 31 2003	17°♈57'
Dez 20 2002	02°♋55'	Abr 25 2003	24°♒45'	Ago 29 2003	24°♍51'	Jan 2 2004	11°♉51'
Dez 22 2002	29°♋00'	Abr 27 2003	19°♓28'	Ago 31 2003	23°♎26'	Jan 4 2004	05°♊25'
Dez 24 2002	25°♌57'	Abr 29 2003	13°♈29'	Set 2 2003	22°♏00'	Jan 6 2004	29°♊10'
Dez 26 2002	23°♍38'	Mai 1 2003	07°♉09'	Set 4 2003	20°♐12'	Jan 8 2004	23°♋29'
Dez 28 2002	21°♎52'	Mai 3 2003	00°♊46'	Set 6 2003	17°♑55'	Jan 10 2004	18°♌29'
Dez 30 2002	20°♏27'	Mai 5 2003	24°♊37'	Set 8 2003	15°♒01'	Jan 12 2004	14°♍15'
Jan 1 2003	18°♐59'	Mai 7 2003	19°♋05'	Set 10 2003	11°♓20'	Jan 14 2004	10°♎50'
Jan 3 2003	16°♑59'	Mai 9 2003	14°♌40'	Set 12 2003	06°♈41'	Jan 16 2004	08°♏25'
Jan 5 2003	13°♒53'	Mai 11 2003	11°♍46'	Set 14 2003	01°♉05'	Jan 18 2004	07°♐05'
Jan 7 2003	09°♓28'	Mai 13 2003	10°♎33'	Set 16 2003	24°♉49'	Jan 20 2004	06°♑32'
Jan 9 2003	03°♈53'	Mai 15 2003	10°♏35'	Set 18 2003	18°♊27'	Jan 22 2004	05°♒58'
Jan 11 2003	27°♈38'	Mai 17 2003	10°♐51'	Set 20 2003	12°♋39'	Jan 24 2004	04°♓20'
Jan 13 2003	21°♉23'	Mai 19 2003	10°♑11'	Set 22 2003	08°♌05'	Jan 26 2004	01°♈01'
Jan 15 2003	15°♊49'	Mai 21 2003	07°♒53'	Set 24 2003	05°♍09'	Jan 28 2004	26°♈04'
Jan 17 2003	11°♋23'	Mai 23 2003	03°♓51'	Set 26 2003	03°♎45'	Jan 30 2004	20°♉01'
Jan 19 2003	08°♌15'	Mai 25 2003	28°♓30'	Set 28 2003	03°♏09'	Fev 1 2004	13°♊36'
Jan 21 2003	06°♍09'	Mai 27 2003	22°♈21'	Set 30 2003	02°♐27'	Fev 3 2004	07°♋30'
Jan 23 2003	04°♎31'	Mai 29 2003	15°♉56'	Out 2 2003	00°♑57'	Fev 5 2004	02°♌10'
Jan 25 2003	02°♏51'	Mai 31 2003	09°♊40'	Out 4 2003	28°♑27'	Fev 7 2004	27°♌48'
Jan 27 2003	00°♐55'	Jun 2 2003	03°♋50'	Out 6 2003	24°♒57'	Fev 9 2004	24°♍16'
Jan 29 2003	28°♐34'	Jun 4 2003	28°♋43'	Out 8 2003	20°♓33'	Fev 11 2004	21°♎25'
Jan 31 2003	25°♑41'	Jun 6 2003	24°♌33'	Out 10 2003	15°♈20'	Fev 13 2004	19°♏07'
Fev 2 2003	22°♒01'	Jun 8 2003	21°♍35'	Out 12 2003	09°♉25'	Fev 15 2004	17°♐22'
Fev 4 2003	17°♓20'	Jun 10 2003	19°♎54'	Out 14 2003	03°♊04'	Fev 17 2004	15°♑59'
Fev 6 2003	11°♈41'	Jun 12 2003	19°♏18'	Out 16 2003	26°♊41'	Fev 19 2004	14°♒33'

EST + 05:00 Tropical Geo. Long.	Lua ☽	EST + 05:00 Tropical Geo. Long.	Lua ☽	EST + 05:00 Tropical Geo. Long.	Lua ☽	EST + 05:00 Tropical Geo. Long.	Lua ☽
Fev 21 2004	12°♓20'	Mai 11 2004	17°♒37'	Jul 30 2004	15°♑39'	Out 18 2004	19°♐09'
Fev 23 2004	08°♈47'	Mai 13 2004	14°♓25'	Ago 1 2004	15°♒36'	Out 20 2004	17°♑48'
Fev 25 2004	03°♉49'	Mai 15 2004	09°♈57'	Ago 3 2004	14°♓31'	Out 22 2004	16°♒01'
Fev 27 2004	27°♉50'	Mai 17 2004	04°♉35'	Ago 5 2004	11°♈38'	Out 24 2004	13°♓32'
Fev 29 2004	21°♊29'	Mai 19 2004	28°♉37'	Ago 7 2004	07°♉01'	Out 26 2004	10°♈14'
Mar 2 2004	15°♋27'	Mai 21 2004	22°♊19'	Ago 9 2004	01°♊13'	Out 28 2004	06°♉02'
Mar 4 2004	10°♌21'	Mai 23 2004	16°♋00'	Ago 11 2004	24°♊54'	Out 30 2004	00°♊55'
Mar 6 2004	06°♍29'	Mai 25 2004	10°♌00'	Ago 13 2004	18°♋41'	Nov 1 2004	25°♊05'
Mar 8 2004	03°♎44'	Mai 27 2004	04°♍48'	Ago 15 2004	12°♌59'	Nov 3 2004	18°♋51'
Mar 10 2004	01°♏44'	Mai 29 2004	00°♎54'	Ago 17 2004	07°♍59'	Nov 5 2004	12°♌42'
Mar 12 2004	00°♐01'	Mai 31 2004	28°♎43'	Ago 19 2004	03°♎43'	Nov 7 2004	07°♍16'
Mar 14 2004	28°♐19'	Jun 2 2004	28°♏12'	Ago 21 2004	00°♏13'	Nov 9 2004	03°♎06'
Mar 16 2004	26°♑25'	Jun 4 2004	28°♐36'	Ago 23 2004	27°♏35'	Nov 11 2004	00°♏32'
Mar 18 2004	24°♒04'	Jun 6 2004	28°♑40'	Ago 25 2004	25°♐55'	Nov 13 2004	29°♏25'
Mar 20 2004	20°♓59'	Jun 8 2004	27°♒19'	Ago 27 2004	25°♑02'	Nov 15 2004	29°♐02'
Mar 22 2004	16°♈52'	Jun 10 2004	24°♓10'	Ago 29 2004	24°♒15'	Nov 17 2004	28°♑24'
Mar 24 2004	11°♉40'	Jun 12 2004	19°♈29'	Ago 31 2004	22°♓40'	Nov 19 2004	26°♒45'
Mar 26 2004	05°♊39'	Jun 14 2004	13°♉45'	Set 2 2004	19°♈38'	Nov 21 2004	23°♓51'
Mar 28 2004	29°♊19'	Jun 16 2004	07°♊31'	Set 4 2004	15°♉02'	Nov 23 2004	19°♈50'
Mar 30 2004	23°♋18'	Jun 18 2004	01°♋10'	Set 6 2004	09°♊18'	Nov 25 2004	14°♉56'
Abr 1 2004	18°♌14'	Jun 20 2004	24°♋58'	Set 8 2004	03°♋02'	Nov 27 2004	09°♊24'
Abr 3 2004	14°♍35'	Jun 22 2004	19°♌08'	Set 10 2004	26°♋55'	Nov 29 2004	03°♋23'
Abr 5 2004	12°♎24'	Jun 24 2004	14°♍01'	Set 12 2004	21°♌28'	Dez 1 2004	27°♋07'
Abr 7 2004	11°♏15'	Jun 26 2004	09°♎59'	Set 14 2004	16°♍57'	Dez 3 2004	20°♌56'
Abr 9 2004	10°♐24'	Jun 28 2004	07°♏29'	Set 16 2004	13°♎23'	Dez 5 2004	15°♍21'
Abr 11 2004	09°♑11'	Jun 30 2004	06°♐37'	Set 18 2004	10°♏37'	Dez 7 2004	10°♎59'
Abr 13 2004	07°♒10'	Jul 2 2004	06°♑59'	Set 20 2004	08°♐28'	Dez 9 2004	08°♏20'
Abr 15 2004	04°♓13'	Jul 4 2004	07°♒15'	Set 22 2004	06°♑45'	Dez 11 2004	07°♐30'
Abr 17 2004	00°♈19'	Jul 6 2004	06°♓13'	Set 24 2004	05°♒15'	Dez 13 2004	07°♑48'
Abr 19 2004	25°♈31'	Jul 8 2004	03°♈14'	Set 26 2004	03°♓33'	Dez 15 2004	07°♒58'
Abr 21 2004	19°♉56'	Jul 10 2004	28°♈32'	Set 28 2004	01°♈09'	Dez 17 2004	06°♓49'
Abr 23 2004	13°♊47'	Jul 12 2004	22°♉42'	Set 30 2004	27°♈38'	Dez 19 2004	03°♈55'
Abr 25 2004	07°♋26'	Jul 14 2004	16°♊22'	Out 2 2004	22°♉53'	Dez 21 2004	29°♈32'
Abr 27 2004	01°♌24'	Jul 16 2004	10°♋03'	Out 4 2004	17°♊08'	Dez 23 2004	24°♉10'
Abr 29 2004	26°♌16'	Jul 18 2004	04°♌04'	Out 6 2004	10°♋55'	Dez 25 2004	18°♊15'
Mai 1 2004	22°♍33'	Jul 20 2004	28°♌35'	Out 8 2004	04°♌50'	Dez 27 2004	12°♋04'
Mai 3 2004	20°♎32'	Jul 22 2004	23°♍46'	Out 10 2004	29°♌28'	Dez 29 2004	05°♌49'
Mai 5 2004	19°♏56'	Jul 24 2004	19°♎50'	Out 12 2004	25°♍16'	Dez 31 2004	29°♌43'
Mai 7 2004	19°♐54'	Jul 26 2004	17°♏08'	Out 14 2004	22°♎22'		
Mai 9 2004	19°♑22'	Jul 28 2004	15°♐50'	Out 16 2004	20°♏30'		

Apêndice I

Como Calcular o seu Ascendente

Para calcular o seu Ascendente — o signo que surgia no horizonte no momento em que você nasceu — siga estas instruções usando a Tabela 1, do Apêndice I.*

1. Localize o seu signo solar na coluna da esquerda.
2. Deslize o dedo pela linha até encontrar o horário em que você nasceu.
3. Assim que encontrar o horário, veja o signo ascendente que está assinalado no alto dessa coluna.

Digamos que você tenha nascido no dia 28 de janeiro às 13h20. Localize primeiro a linha horizontal correspondente a Aquário, seu signo solar, no lado esquerdo. Percorra a linha com o dedo até encontrar a coluna que assinala o horário entre 13 e 15 horas. Gêmeos, o signo no alto da coluna, é o seu ascendente.

Se você nasceu durante o horário de verão, subtraia primeiro uma hora antes de procurar seu signo ascendente. Digamos que você tenha nascido no dia 3 de junho às 3h05, no horário de verão**: você deve procurar na coluna de Gêmeos o horário de 2h05, que mostra Áries como seu signo ascendente.

---

* Essa tabela mostra somente o seu signo ascendente aproximado e pode não ser totalmente exata.
** No hemisfério norte.

Apêndice I

Tabela 1. Calcule o seu Signo Ascendente

SIGNO ASCENDENTE	ÁRIES	TOURO	GÊMEOS	CÂNCER	LEÃO	VIRGEM	LIBRA
Áries	5h / 7h	7h / 9h	9h / 11h	11h / 13h	13h / 15h	15h / 17h	17h / 19h
Touro	3h / 5h	5h / 7h	7h / 9h	9h / 11h	11h / 13h	13h / 15h	15h / 17h
Gêmeos	1h / 3h	3h / 5h	5h / 7h	7h / 9h	9h / 11h	11h / 13h	13h / 15h
Câncer	23h / 1h	1h / 3h	3h / 5h	5h / 7h	7h / 9h	9h / 11h	11h / 13h
Leão	21h / 23h	23h / 1h	1h / 3h	3h / 5h	5h / 7h	7h / 9h	9h / 11h
Virgem	19h / 21h	21h / 23h	23h / 1h	1h / 3h	3h / 5h	5h / 7h	7h / 9h
Libra	17h / 19h	19h / 21h	21h / 23h	23h / 1h	1h / 3h	3h / 5h	5h / 7h
Escorpião	15h / 17h	17h / 19h	19h / 21h	21h / 23h	23h / 1h	1h / 3h	3h / 5h
Sagitário	13h / 15h	15h / 17h	17h / 19h	19h / 21h	21h / 23h	23h / 1h	1h / 3h
Capricórnio	11h / 13h	13h / 15h	15h / 17h	17h / 19h	19h / 21h	21h / 23h	23h / 1h
Aquário	9h / 11h	11h / 13h	13h / 15h	15h / 17h	17h / 19h	19h / 21h	21h / 23h
Peixes	7h / 9h	9h / 11h	11h / 13h	13h / 15h	15h / 17h	17h / 19h	19h / 21h

SIGNO ASCENDENTE	ESCORPIÃO	SAGITÁRIO	CAPRICÓRNIO	AQUÁRIO	PEIXES
Áries	19h / 21h	21h / 23h	23h / 1h	1h / 3h	3h / 5h
Touro	17h / 19h	19h / 21h	21h / 23h	23h / 1h	1h / 3h
Gêmeos	15h / 17h	17h / 19h	19h / 21h	21h / 23h	23h / 1h
Câncer	13h / 15h	15h / 17h	17h / 19h	19h / 21h	21h / 23h
Leão	11h / 13h	13h / 15h	15h / 17h	17h / 19h	19h / 21h
Virgem	9h / 11h	11h / 13h	13h / 15h	15h / 17h	17h / 19h
Libra	7h / 9h	9h / 11h	11h / 13h	13h / 15h	15h / 17h
Escorpião	5h / 7h	7h / 9h	9h / 11h	11h / 13h	13h / 15h
Sagitário	3h / 5h	5h / 7h	7h / 9h	9h / 11h	11h / 13h
Capricórnio	1h / 3h	3h / 5h	5h / 7h	7h / 9h	9h / 11h
Aquário	23h / 1h	1h / 3h	3h / 5h	5h / 7h	7h / 9h
Peixes	21h / 23h	23h / 1h	1h / 3h	3h / 5h	5h / 7h

Apêndice II

Técnicas de Cura Holística

As técnicas analisadas em todo este livro restauram o equilíbrio natural do corpo e impedem o surgimento de doenças, dando alívio àquelas que já podem ser conseqüência de um estilo de vida pouco saudável e/ou estressante. Antes de iniciar um novo regime ou um plano de exercícios vigorosos sempre consulte o seu médico. Se você corre o risco de sofrer ou se já sofre de uma doença grave, crônica ou que seja fatal, não abandone o tratamento ortodoxo, alopático, a favor de uma cura inteiramente holística. Se você obtiver a permissão do seu médico, no entanto, esses métodos podem ser usados paralelamente ao tratamento e à medicação tradicionais. Embora a medicina ortodoxa e o tratamento com remédios sejam inestimáveis para combater certas infecções e outras doenças graves, o tratamento alternativo oferece alívio para o *stress*, para os problemas causados pelo *stress* e para doenças crônicas como a artrite, a osteoporose, a asma, dores de cabeça e outras doenças mencionadas neste livro.

DIETA E NUTRIÇÃO

A nutrição está relacionada com o modo como o alimento nutre, energiza e mantém o corpo saudável. Ao consultar um nutricionista, ele lhe prescreverá nutrientes apropriados para manter o equilíbrio ou combater a doença, visto que a quantidade certa de vitaminas, minerais e aminoácidos fortalece o sistema imunológico como um todo, e é benéfico para o sangue, para a vitalidade e para áreas muito específicas do corpo. Além de obter esses nutrientes com uma alimentação bem equilibrada, os suplementos de vitamina e sais minerais podem suprir a dosagem diária necessária para a boa saúde e prevenir certas deficiências.

Alguns alimentos ajudam a prevenir doenças, ao passo que outros provocam doenças ou agravam as já existentes. Por exemplo, alimentos ricos em colesterol prejudicam o coração, alimentos gordurosos agravam os cálculos biliares, o álcool danifica o fígado e o açúcar é mortal para os diabéticos. Pelo mesmo critério, as fibras beneficiam o cólon e a água purifica os rins.

Embora a escola de medicina não inclua necessariamente aulas de nutrição (acredite você ou não), muitos médicos estão começando a compreender que a nutrição adequada representa um importante papel na promoção da saúde e no funcionamento apropriado dos órgãos. Uma dieta pobre, ao contrário, interfere no processo de cura e é, em parte, responsável por doenças cardíacas, diabete, distúrbios do fígado, problemas renais e intestinais. Se você tem predisposição genética para essas doenças, uma alimentação apropriada pode, em alguns casos, evitá-las.

Visto que há nutrientes especialmente benéficos para cada signo zodiacal e para os órgãos e doenças relacionados com ele, convém explicar como os nutrientes afetam o corpo e que alimentos os contêm.

VITAMINAS

Vitaminas são substâncias químicas que o corpo não produz, embora elas sejam necessárias para o crescimento, para a conservação da saúde e para outras funções vitais. As vitaminas se dividem em duas categorias — solúveis em gordura (lipossolúveis) e solúveis em água (hidrossolúveis). Visto que certos alimentos contêm concentrações de determinadas vitaminas, quanto mais nutrientes você incluir na sua dieta, mais provável será consumir a maioria das vitaminas essenciais. Na maioria das vezes, as frutas e os vegetais frescos crus são as melhores fontes de vitaminas e minerais, especialmente se forem consumidos com a casca; o cozimento e a fervura eliminam as vitaminas. A Tabela A, a seguir, relaciona as vitaminas, sua utilidade, os alimentos que as contêm e os resultados da sua deficiência.

TABELA A — VITAMINAS

VITAMINAS	SOLÚVEL EM ÁGUA OU GORDURA	FUNÇÃO NO CORPO	ALIMENTOS QUE A CONTÊM	DOSE DIÁRIA RECOMENDADA E RESULTADOS DA DEFICIÊNCIA
Vitamina A (Caroteno)	Solúvel em gordura	Conservação da pele, dos olhos, dos ossos, do cabelo e dos dentes. Melhora a visão. Crescimento e reconstituição dos tecidos do corpo.	Cenoura, beterraba, legumes e verduras verdes, espinafre, brócoli e óleo de fígado de peixe.	1000 RE* para os homens e 800 RE para as mulheres. Cegueira noturna; pele áspera, seca e escamosa; fadiga freqüente; perda do apetite.
B_1 (Tiamina)	Solúvel em água	Fortalece o sistema nervoso; mantém o apetite normal; estimula o crescimento e a tonicidade dos músculos.	Grãos integrais, farinha de aveia, legumes e grãos, batata, carnes magras e peixe.	1,5mg para homens e 1,1mg para mulheres. Fadiga e perda de apetite; sistema nervoso fraco; distúrbios gastrointestinais.
Vitamina B_2 (Riboflavina)	Solúvel em água	Mantém a pele e os olhos saudáveis; ajuda na formação de anticorpos e dos glóbulos vermelhos do sangue.	Fígado, carne, ovo, feijão, nozes e laticínios.	1,7mg para os homens e 1,3mg para as mulheres. Rachaduras na pele; distúrbios digestivos.
Vitamina B_3 (Niacina)	Solúvel em água	Mantém a pele e o sistema digestivo sadios e fortalece o sistema nervoso.	Pães, amendoim, batata, feijão e chocolate.	1,9mg para os homens e 1,5mg para as mulheres. Sistema nervoso frágil; pele sensível.
Vitamina B_6 (Piridoxina)	Solúvel em água	Controlar o sistema nervoso; atua sobre a proteína e o metabolismo das gorduras; essencial para a função dos glóbulos vermelhos e para a formação de anticorpos.	Banana, amendoim, peixe, fígado, batata, uva-passa.	2mg para os homens e 1,6mg para as mulheres. Sistema nervoso fraco; fraqueza muscular, pele sensível.

* Equivalente a Retinol.

VITAMINAS	SOLÚVEL EM ÁGUA OU GORDURA	FUNÇÃO NO CORPO	ALIMENTOS QUE A CONTÊM	DOSE DIÁRIA RECOMENDADA E RESULTADOS DA DEFICIÊNCIA
Vitamina B$_{12}$ (Cianocobalamina)	Solúvel em água	Previne a anemia perniciosa; necessária para um sistema nervoso saudável; sintetiza o material genético (DNA).	Leite, carne, ovo peixe.	2mcg para homens e mulheres. Sistema nervoso fraco; anemia.
Biotina	Solúvel em água	Auxilia na utilização das outras vitaminas B; necessária para a produção e para o crescimento normal do cabelo.	A maioria dos vegetais, carne de fígado e rins, leite, queijo cheddar, salmão enlatado.	30-100mg para homens e mulheres. Pele sensível; alergias de pele; depressão; inapetência; incapacidade de metabolizar gorduras.
Colina	Solúvel em água	Regula o metabolismo e a quebra das gorduras; fortalece os nervos.	Gema de ovo, carne de fígado, lêvedo de cerveja, germe de trigo.	Não há indicação da dose recomendada. Pressão arterial alta; disfunção do fígado e mau funcionamento da vesícula biliar.
Ácido fólico	Solúvel em água	Necessário para a formação dos glóbulos vermelhos; ajuda a metabolizar gorduras e aminoácidos; necessário para o crescimento e a divisão das células do corpo.	Carnes, frutas e vegetais.	200mcg para homens e mulheres. Distúrbios gastrointestinais; anemia.
Inositol	Solúvel em água	Ajuda a metabolizar gorduras e colesterol; necessário para manter o cabelo sadio.	Grãos integrais, frutas cítricas, lêvedo de cerveja, melaço não-refinado, carne de fígado.	Não há indicações da dose recomendada. Problemas da pele; enfraquecimento e possível queda do cabelo; colesterol elevado.

VITAMINAS	SOLÚVEL EM ÁGUA OU GORDURA	FUNÇÃO NO CORPO	ALIMENTOS QUE A CONTÊM	DOSE DIÁRIA RECOMENDADA E RESULTADOS DA DEFICIÊNCIA
Ácido pantotênico	Solúvel em água	Necessário para o funcionamento normal das glândulas supra-renais.	Carne de fígado e de rins, leite, cogumelo cru, gema de ovo, cereais.	4-7mg para homens e mulheres. Falta de atenção, náuseas, sistema imunológico fraco.
Vitamina C (Ácido ascórbico)	Solúvel em água	Ajuda a conservar os ossos, os dentes e os vasos sangüíneos; melhora a absorção do ferro e a formação dos glóbulos vermelhos; ajuda na cicatrização e fortalece o sistema imunológico.	Laranja, limão, toranja, brócoli, brotos, pimenta e morango.	60mg para homens e mulheres. Suscetibilidade a resfriados; sangramento nas gengivas; articulações doloridas; processo de cura lento; hemorragia no nariz.
Vitamina D	Solúvel em gordura	Ajuda a absorção e o metabolismo do cálcio e do fósforo para conservação de ossos e dentes fortes.	Leite vitaminado, óleo de fígado de peixe.	200 IU* para homens e mulheres. Ossos, dentes e pele fracos.
Vitamina E	Solúvel em gordura	Mantém os glóbulos vermelhos; previne coágulos, essencial na respiração celular.	Óleos vegetais, sementes cruas e nozes, soja.	10mg para os homens e 8mg para as mulheres. Músculos fracos, fadiga, problemas de pele.
Vitamina K	Solúvel em gordura	Coagulação apropriada do sangue.	Vegetais de folhas verdes, leite, iogurte, óleos poliinsaturados, gema de ovo.	80mg para os homens e 65mg para as mulheres. Hemorragias.

* Unidades Internacionais.

Sais Minerais

Os minerais são elementos químicos, como o cálcio, o sódio, o ferro e o magnésio, que o corpo não produz, mas dos quais precisa em quantidades pequenas para várias funções corporais. Como as vitaminas, os sais minerais são encontrados em alimentos ou em cápsulas disponíveis nas lojas de alimentos naturais. A Tabela B relaciona os sais minerais, sua função, os alimentos em que estão contidos e as conseqüências das deficiências.

TABELA B

SAIS MINERAIS	FUNÇÃO NO CORPO	ALIMENTOS QUE O CONTÊM	DOSE DIÁRIA RECOMENDADA E RESULTADOS DA DEFICIÊNCIA
Cálcio	Forma ossos e dentes fortes; participa da transmissão nervosa e da contração muscular; mantém o sangue sadio e o crescimento muscular e regula o ritmo cardíaco.	Leite e derivados do leite, brócoli, tomate, laranja, farinha de ossos.	800mg para homens e mulheres. Ossos frágeis, hemorragia nas gengivas, osteoporose, nervosismo e irritabilidade.
Cromo	Atua com a insulina para regular os níveis de açúcar do sangue; estimula as enzimas.	Lêvedo de cerveja, carne de fígado, carne de boi ou de vaca, pão de trigo integral, cogumelos.	50-200mg para homens e mulheres. Taxa irregular de insulina e intolerância à glicose; arteriosclerose.
Cobre	Essencial para a formação dos glóbulos vermelhos, síntese da hemoglobina.	Carne de fígado, produtos feitos de grãos integrais, amêndoa, verduras com folhas verdes, legumes e frutos do mar.	1,5-3mg para homens e mulheres. Fraqueza geral; respiração deficiente, problemas de pele.
Iodo	Regula a glândula tireóide e a produção dos hormônios da tireóide; promove o crescimento.	Frutos do mar (vegetais e animais), cogumelo, musgo-da-irlanda, kelp (alga marinha).	150mcg para homens e mulheres. Falta de vitalidade, aumento da tireóide; metabolismo lento, bócio.
Ferro	Previne a anemia; necessário para a formação da hemoglobina; transporta o oxigênio através do corpo; estimula o crescimento.	Carne de fígado e de coração, ostra, verduras com folhas verdes, grãos integrais, legumes.	10mg para os homens e 15mg para as mulheres. Anemia (poucos glóbulos vermelhos); baixa vitalidade, palidez.
Magnésio	Essencial para regular o batimento cardíaco e para a transmissão nervosa; componente de ossos e dentes.	Verduras cruas com folhas verdes, soja, leite, milho e maçã.	350mg para os homens e 280mg para as mulheres. Sistema nervoso debilitado e descontrole muscular.
Manganês	Necessário para a formação dos ossos, para a produção de energia e para o metabolismo da proteína.	Cereais de grão integral, gema de ovo, nozes, sementes, verduras com folhas verdes.	2,5mg para homens e mulheres. Tontura; ossos frágeis.

SAIS MINERAIS	FUNÇÃO NO CORPO	ALIMENTOS QUE O CONTÊM	DOSE DIÁRIA RECOMENDADA E RESULTADOS DA DEFICIÊNCIA
Fósforo	Atua sobre o cálcio para manter ossos e dentes fortes; necessário para as funções musculares e nervosas.	Carne, peixe, ovo, aves domésticas, sementes, nozes.	800mg para homens e mulheres. Pouco apetite e perda de peso, hemorragia nas gengivas.
Potássio	Eletrólito necessário para manter o equilíbrio dos fluidos e o ritmo cardíaco; fortalece o sistema nervoso.	Todos os vegetais, laranja, banana, grãos integrais, sementes de girassol, folhas de hortelã.	2.000mg para homens e mulheres. Dores de cabeça, falta de reflexos.
Selênio	Protege a vitamina E; preserva a elasticidade dos tecidos.	Lêvedo de cerveja, carne de órgãos e músculos; peixes e crustáceos; grãos, cereais e laticínios.	70mcg para os homens e 55mcg para as mulheres. Envelhecimento precoce.
Sódio	Mantém os sistemas nervoso, muscular e linfático fortes; ajuda o potássio a regular o equilíbrio da água.	Frutos do mar, cenoura, beterraba, aves domésticas, carne e kelp (alga marinha).	500mg para homens e mulheres.
Enxofre	Necessário para a formação dos tecidos do corpo.	Carne, peixe, legumes, nozes, ovo, repolho, feijão desidratado e couve-de-bruxelas.	Não há indicações de dosagem.
Zinco	Componente da insulina; necessário para o controle do açúcar no sangue; ajuda na digestão; importante para a cicatrização e na ativação das enzimas.	Carnes, aves, peixes, produtos de grãos integrais, lêvedo de cerveja, farelo de trigo, semente de abóbora.	15mg para os homens e 12mg para as mulheres. Recuperação lenta.

Gorduras

Conhecidas como lipídeos, as gorduras são classificadas como saturadas (na maioria de fontes animais) e insaturadas (fontes vegetais). Como os carboidratos são a primeira fonte de energia do corpo, as gorduras são armazenadas por longos períodos antes de serem usadas como energia. Portanto, refeições ricas em gorduras acumulam-se no corpo, mas não ajudam a queimar calorias. As gorduras envolvem os ossos e os órgãos internos, e armazenam energia a longo prazo, isolam contra o frio e levam as vitaminas A, D, E e K, lipossolúveis, através do sangue. As gorduras são necessárias em pequenas quantidades e, se a pessoa consumir mais calorias (medidas pelo conteúdo de gordura) do que o necessário, haverá aumento de peso. As gorduras estão presentes na carne, no queijo, na manteiga, na nata, nos produtos derivados do leite integral, nas nozes, na azeitona, no abacate e na soja.

Proteína

A proteína, vital para o crescimento e o desenvolvimento dos tecidos, proporciona calor e energia, e é a maior fonte para a formação de músculos, do sangue, da pele, do cabelo, das unhas e dos órgãos internos. A deficiência de proteína pode prejudicar o crescimento, o desenvolvimento dos tecidos e a vitalidade. Além disso, pode ser um fator de depressão e da cicatrização lenta de feridas e queimaduras. Durante a digestão, as proteínas são transformadas em aminoácidos. Para o corpo sintetizar a proteína de modo apropriado, são necessários os aminoácidos. De vinte e oito ácidos, oito são conhecidos como aminoácidos essenciais e têm de ser obtidos dos alimentos. Os outros quatorze são produzidos pelo corpo. Alimentos ricos em proteína que contêm aminoácidos: peixe, aves, carne, ovo, leite, feijão, queijo, ervilhas secas e grãos integrais. A pessoa vegetariana pode obter a quantidade apropriada de proteínas consumindo uma combinação correta de grãos e vegetais. Embora as proteínas sejam a principal fonte de materiais de construção, o excesso se transforma em gordura e pode ser armazenado para gerar energia futuramente.

Carboidratos

Obtemos os carboidratos, a fonte mais imediata de energia do corpo, dos açúcares, dos amidos e da celulose (fibra). Especialmente ricos são os carboidratos complexos, entre os quais estão o arroz, o macarrão, os cereais, a batata, os pães de trigo integral e algumas frutas e nozes. Embora os carboidratos complexos queimem rapidamente as calorias, uma abundância de carboidratos refinados como farinha de trigo branca, açúcar refinado e arroz branco devem ser consumidos em quantidades mínimas, visto que lhes falta complexo de vitaminas B e fibras.

Fibra

Ao falarmos em fibras ou alimentos com substâncias indigeríveis, nos referimos à porção indigerível dos grãos, frutas e vegetais, chamada celulose, que ajuda os alimentos e suas toxinas a se moverem através dos intestinos, levando água para o trato digestivo e ajudando no processo da eliminação. Por diminuir o tempo em que as fezes ficam no intestino, a fibra é um fator importante para reduzir o risco de uma série de doenças, inclusive câncer do cólon, problemas cardíacos e diabete. Pães de grãos integrais, cereais, frutas e vegetais são ricos em fibras.

Medicina Ayurvédica

A medicina ayurvédica ou ayurveda ("ciência da vida", em sânscrito) é um antigo método de cura proveniente da Índia, que categoriza os seres humanos em três tipos de personalidade, ou doshas ("temperamento", em sânscrito) — Vata, Pitta e Kapha —, que abrangem nossa saúde física e mental. Vata é irritável, intolerante e aprecia alimentos que aumentam a formação de gases. Kapha é lento, depressivo e tende a ganhar peso, especialmente por causa da ingestão excessiva de açúcar, trigo e frituras. Pitta é muito rápido, nervoso e mal-humorado, devido a uma afinidade com a cafeína e os alimentos quentes, picantes. Os médicos ayurvédicos concordam que a maioria das doenças físicas é causada e agravada pelo que comemos, pelo exercício ou pela falta dele, pelos nossos hábitos e padrões adquiridos, inclusive pelo clima em que vivemos.

Cada temperamento é atraído e agravado por uma ou mais das seis categorias em que os alimentos são divididos — picantes, amargos, ácidos, adstringentes, doces e salgados. Os alimentos associados a cada uma dessas categorias são:

1. *Doces* — açúcar, mel, arroz, leite, creme e manteiga
2. *Salgados* — queijo, alimentos processados, alimentos ricos em sódio
3. *Ácidos* — limão, queijo, iogurte, tomate, uva, ameixa, vinagre
4. *Amargos* — verduras amargas (endívia, chicória, alface romana), água tônica, espinafre
5. *Picantes* — pimenta-caiena, *chili*, cebola, alho, rabanete, gengibre, especiarias, curry
6. *Adstringentes* — feijão, lentilha, maçã, pêra, repolho, brócoli, couve-flor, batata[13]

Quando esses alimentos são consumidos em excesso, as doenças associadas a esses doshas são agravadas. Para aliviar os sintomas e recuperar o equilíbrio e a moderação, recomendam-se exercícios, mudanças de clima, ajustes na personalidade e uma dieta tranqüilizante, constituída de alimentos relacionados a outro dosha. Como outros praticantes de métodos holísticos, os médicos ayurvédicos observam o tipo físico, entrevistam o paciente e analisam as respostas a uma série de perguntas relativas aos hábitos, preferências, aversões, etc., para fazer um diagnóstico correto. Algumas pessoas podem ser exclusivamente de um tipo, mas a maioria é uma combinação de dois ou três. Por exemplo, você pode ter um corpo Kapha, isto é, preguiçoso e pesado, com um metabolismo lento e, no entanto, ter uma mente Pitta, isto é, agitada, agressiva e mentalmente alerta.

Além dos signos zodiacais, cada planeta está associado a um dosha em particular, como segue:

PLANETAS VATA: Mercúrio, Saturno e Urano
PLANETAS PITTA: Marte, Sol e Plutão
PLANETAS KAPHA: Vênus, Lua, Júpiter e Netuno

Conhecer o dosha associado ao seu signo solar, lunar e ascendente pode ajudá-lo a descobrir seu tipo físico ayurvédico. Se você tiver uma cópia do seu mapa, saiba que os planetas localizados nos ângulos do mapa (veja o Capítulo 1) também ajudarão você a identificar esse tipo físico.

REMÉDIOS FITOTERÁPICOS

Quando pensamos em ervas, o que nos vem à mente são os temperos (plantas, especiarias e condimentos) que acentuam o sabor natural dos alimentos, ou os chás aromáticos, calmantes. Além do seu uso culinário, as ervas frescas ou desidratadas são usadas em compressas ou para vaporizar o rosto. Os óleos extraídos das plantas são ótimos para massagem, banhos e inalação.

As ervas silvestres têm sido usadas na cosmética e na medicina há séculos, pelas culturas desenvolvidas nos locais onde elas crescem. Algumas ervas são nativas de certas partes do mundo e podem ser difíceis de obter, ao passo que outras foram importadas, cultivadas e podem ser plantadas no seu jardim. Os nativos norte-americanos, por exemplo, sempre usaram o hidraste e a equinácea, para promover curas "milagrosas" para resfriados comuns e gripes, o que as pessoas estão começando a descobrir. Até mesmo o alho e o gengibre, que são rotineiramente usados como tempero e que fizeram parte da culinária chinesa durante séculos, supostamente têm propriedades que promovem a eliminação das impurezas do organismo. A camomila, em geral usada em chás ou para vaporização facial, era usada para combater inflamações, para acalmar os nervos e para eliminar as toxinas. Você pode tomar chá de confrei, amora-preta e sena, mas com parcimônia, visto que são ervas fortes, cujo excesso pode causar prejuízos.

Um dos livros mais conhecidos que descreve as propriedades medicinais das plantas e ervas é o de Nicholas Culpeper, *The Complete Herbal*, publicado originalmente na Inglaterra em 1649 e que ainda é usado como obra de referência. Herborista famoso, Culpeper descreve as propriedades de várias ervas e plantas para tratar doenças. Visto que para ele e seus contemporâneos era comum usar a astrologia como um meio de entender a vida, Culpeper também relacionou cada planta a um signo e a um planeta. Na verdade, na Inglaterra do século XVII, a astrologia não era só ensinada nas universidades, mas também usada por fazendeiros e horticultores, que observaram que as mudanças das estações e as posições dos luminares definitivamente afetavam o crescimento das plantas.

Como Culpeper, alguns astrólogos/herboristas recomendam que as pessoas nascidas sob certos signos zodiacais incluam determinadas ervas em sua alimentação. Essas correlações foram feitas com base na observação de que as propriedades de uma determinada erva podiam aliviar doenças físicas e mentais das pessoas que haviam nascido sob determinado signo. Outras plantas têm qualidades semelhantes às dos signos do zodíaco ou dos planetas. Um caso óbvio é o da camomila, erva tranqüilizante, recomendada para os nativos de Gêmeos e Aquário, que tendem a ser nervosos e tensos.

AROMATERAPIA E ÓLEOS ESSENCIAIS

A aromaterapia é o termo-chave para a prevenção, o tratamento e a cura definitiva de certas doenças mentais e físicas, por meio do uso dos óleos essenciais, que são extraídos das raízes, do caule, das flores, das folhas, dos frutos de uma planta. A aromaterapia está passando por um renascimento; a maioria das culturas antigas, inclusive a egípcia, a grega e a romana, usava óleos extraídos de ervas e de plantas nativas, com fins tanto cosméticos quanto terapêuticos. Sabe-se que os óleos essenciais exercem um efeito profundo no sistema nervoso, no metabolismo, nos órgãos vitais e no sistema endócrino e são usados hoje para reduzir o *stress* e a tensão, pois acalmam os nervos. Esses extratos podem deixar um banho relaxante mais gostoso ainda, perfumar os ambientes, ser usados como inaladores ou ser esfregados no corpo.

Você já entrou numa sala e imediatamente reagiu positiva ou negativamente a um aroma forte? Em poucas palavras, é assim que a aromaterapia funciona, visto que aromas fortes afetam diretamente o hipotálamo, órgão que regula a temperatura do corpo, a sede e a fome. Experimente pingar dez gotas de um óleo aromático na água quente ou acenda uma vela aromática na hora de dormir, tendo o cuidado de eliminar qualquer outro estímulo. E inspire o aroma que invade o aposento.

Como é necessária uma grande quantidade de plantas para extrair uma quantidade mínima de óleo, certos óleos essenciais são extremamente caros e outros são mais baratos. O óleo de lavanda tem um preço razoável porque essa erva cresce rápido e tem um grande número de flores. O óleo de rosas, pelo contrário, é muito caro porque as rosas não produzem uma grande quantidade de óleo.

Alguns óleos essenciais servem para curar certas doenças, enquanto outros podem ser usados para aliviar o *stress* e abrandar outros tipos de personalidade. Óleos essenciais usados para todos os fins:

Eucalipto — o óleo de eucalipto é extraído pela destilação a vapor das folhas da árvore do eucalipto, nativo da Austrália e da Tasmânia. Usado por massagistas e como inalante em casos de problemas pulmonares e resfriados, por aliviar a congestão e também por abrir as vias nasais; seu aroma é facilmente reconhecível.

Jasmim — além de ser usado habitualmente em incensos, perfumes e sachês, o chá de jasmim tem um sabor maravilhoso e relaxante. Essa flor é um tranqüilizante para todos os fins devido ao seu aroma marcante. Se você estiver extremamente nervoso, estressado ou ansioso, use jasmim em qualquer forma. Na forma de óleo, seu preço pode ser elevado. O jasmim é um remédio perfeito para a exaustão nervosa e para as cólicas menstruais.

Junípero — Nativo do Canadá e da Europa, os bagos do arbusto do junípero são usados para aromatizar o gim, mas precisam ser secos e então destilados para se tornar um óleo essencial. Suas propriedades desinfetantes fazem do junípero um ótimo remédio para eliminar a cistite, a dor abdominal, as cólicas menstruais, a acne e a ansiedade.

Lavanda — Se não souber que óleo essencial usar, saiba que a lavanda, extraída de plantas inglesas e francesas por destilação, é um remédio para todos os males. Ela é um ótimo antídoto para a hiperatividade e para a insônia, e seus efeitos tranqüilizantes são mais fortes se usada como óleo de banho.

Limão — O limão é um dos melhores óleos essenciais que se pode usar para todos os fins, visto que pode ser usado como óleo ou espremendo-se seu suco nas feridas, nas queimaduras e/ou nas partes do corpo que requeiram atenção especial. Massagear o rosto, a garganta e o pescoço com limão pode melhorar a circulação nessas áreas.

Ao longo de todo este livro, os óleos essenciais usados no tratamento de doenças físicas ou emocionais foram analisados no capítulo referente ao signo zodiacal relacionado à doença em questão; na aromaterapia, o óleo é um instrumento muito útil nos casos de fraqueza.

Acupuntura e Acupressura

A acupuntura é baseada na teoria tradicional chinesa de que o corpo é composto de meridianos — caminhos energéticos que levam uma força vital chamada *chi* a áreas e órgãos do corpo. Com a aplicação de agulhas muito finas nos pontos ao longo dos meridianos em que o chi está bloqueado, a dor é aliviada e a energia passa a fluir novamente nesses pontos. Na acupressura, pressionam-se os pontos do meridiano com os dedos e polegares, em vez de se usar agulhas. Embora a acupuntura exija um profissional, a acupressura pode ser feita por nós mesmos, se soubermos que pontos correspondem à parte do corpo que está dolorida, machucada ou frágil. Embora elas não sejam uma panacéia, a acupuntura e a acupressura podem aliviar bastante as dores causadas pela artrite (uma doença que resulta da inflamação das articulações), as enxaquecas e outras doenças incômodas e estressantes. Se a dor nas costas ou de cabeça for causada pela falta do fluxo de chi nessa parte do corpo, a dor não só será aliviada, ao se usar essas técnicas, como pode desaparecer definitivamente.

Quiroprática

A medicina quiroprática, ou manipulação da coluna, é baseada na premissa de que muitos desequilíbrios, desconfortos e dores crônicas se relacionam com a postura e sua relação com o sistema nervoso. Os quiropráticos buscam restabelecer o equilíbrio do corpo através da manipulação manual da coluna, das articulações e dos músculos, permitindo que o sistema neuromusculoesqueletal funcione perfeitamente. Embora durante muitos anos tenha sido vista como charlatanismo pela medicina ortodoxa, muitos planos de saúde agora incluem a quiroprática.

Controle do *Stress* e Técnicas de Relaxamento

O melhor modo de fortalecer o sistema imunológico é aprender a lidar com o *stress*, isto é, ficar sereno, calmo e concentrado mesmo em meio a um furacão emocional. Na maioria dos casos, aprender a relaxar o corpo e a mente antes de um ataque de ansiedade é o meio mais básico de se livrar do *stress*. Canalizar a ansiedade para o exercício, a criatividade e o trabalho é mais produtivo do que ficar com raiva, comer demais ou abusar do álcool ou das drogas; isso só servirá para perpetuar, em vez de eliminar o *stress*. As técnicas de relaxamento incluem massagem, respiração profunda, yoga, meditação, visualização, imaginação orientada e *biofeedback*.

Técnicas de Massagem

A massagem envolve uma série de terapias direcionadas para os tecidos moles e estimula o corpo a usar os próprios poderes de cura. Trata-se de um procedimento que ajuda a limpar a mente do *stress*, trata das lesões nos músculos, reduz o inchaço e alivia a dor. A massagem é vista como um excelente instrumento no controle do *stress*, visto que muitas doenças são causadas ou exacerbadas pela tensão nervosa. Além disso, ela também pode ser usada para eliminar nossos bloqueios de energia, que levam à atrofia, à tensão ou à completa rigidez. A massagem é especialmente útil para personalidades tensas, rígidas, cujas doenças resultaram desse estado mental. Existem diferentes tipos de massagem:

1. *Massagem sueca* — Uma das formas mais comuns de massagear, a massagem sueca envolve a manipulação delicada dos músculos, trabalhando-se a camada exterior da pele. É usada principalmente para proporcionar o relaxamento, aliviar a tensão muscular e melhorar a circulação.
2. *Massagem dos tecidos profundos* — Imprimindo uma pressão mais forte para alcançar as camadas mais profundas do músculo, essa massagem é terapêutica bem como relaxante. Se você vive sob tensão constante, tem um pescoço rígido ou dores crônicas nas costas, a massagem dos tecidos profundos pode ser adequada para você. Conquanto a massagem sueca possa ser feita por seu parceiro, a massagem de tecidos profundos tem de ser feita por um massagista experiente. Se for aplicada pressão em demasia, ou se as áreas erradas forem massageadas, ela pode fazer mais mal do que bem.
3. *Acupressura* — Usando os mesmos meridianos e pontos usados no tratamento da acupuntura, a acupressura é simplesmente acupuntura sem agulhas. Em vez das agulhas, a pressão é firmemente aplicada com os dedos, de modo que a energia *chi* seja ativada e a tensão liberada.
4. *Shiatsu* — O shiatsu é o equivalente japonês da acupressura. A diferença é que só usa os polegares. A pressão é aplicada nos pontos dos meridianos para equilibrar o *chi*, o termo japonês para energia. Como a acupressura, ela alivia os bloqueios de energia, promove a boa saúde e restaura a vitalidade.

Visualização Criativa e Imaginação Orientada

Esses exercícios propõem a visão de uma imagem ou de uma série de imagens para levá-lo numa jornada imaginária a um lugar onde você ficará inteiramente relaxado. De olhos fechados e com o corpo numa posição confortável, você será capaz de recriar uma experiência trazendo-a à memória junto com percepções sensoriais. Esses exercícios abrangem técnicas de imaginação orientada, sob a supervisão de um orientador que falará com você, repassando uma série de eventos, quer numa sessão particular ou em grupo.

Se, para você, tomar banho de sol numa praia é o modo ideal de relaxar, feche os olhos, respire fundo e imagine que está cercado de sol, areia e mar. Lembre-se da última vez em que esteve na praia, e tente mais uma vez sentir a areia, o calor do sol nas costas e o gosto da água salgada na boca. Fique nessa posição por alguns minutos, abra os olhos devagar e retome lentamente suas atividades. Você não só se sentirá inteiramente relaxado, mas também poderá aprender a lidar com o *stress* se invocar esse sentimento sempre que ficar ansioso.

BIOFEEDBACK

O *biofeedback* é uma técnica mais científica de relaxamento e exige que você seja ligado a uma máquina que monitora seu pulso e ritmo cardíaco, a pressão sangüínea e o aumento da transpiração — reações físicas ao *stress*. Aprendendo a reconhecer os sintomas antes que eles resultem numa doença como um ataque cardíaco, um acesso de asma, de enxaqueca ou outras doenças exacerbadas pelo *stress*, você pode controlar as funções corporais como a pressão do sangue, a velocidade do coração, a temperatura, a tensão muscular e as ondas cerebrais. O *biofeedback* pode ser praticado em casa com um monitor portátil, mas o objetivo principal é reconhecer o sintoma antes que ele ocorra, sem a ajuda da máquina. Assim que esses sinais são identificados, pode-se usar técnicas de relaxamento (isto é, a respiração profunda, a visualização, a yoga e a meditação), para aquietar a mente e o corpo, aliviando os sintomas de *stress*.

YOGA E MEDITAÇÃO

A yoga, que em sânscrito significa "união do corpo e da mente", abrange uma série de exercícios de respiração e posturas físicas chamados ásanas que, se praticados regularmente, alongam, tonificam e acalmam a mente. Registrada nos Vedas, livros indianos de conhecimento antigo, há mais de dois mil anos, a filosofia yóguica reza que, quando o corpo está mais leve, a energia flui mais livremente, ativando diferentes áreas da anatomia. Além disso, uma mente tranqüila, livre de impulsos negativos, livrará o corpo do *stress*, fortalecendo assim o sistema imunológico. Em todo este livro, foram descritos vários ásanas que ajudam a parte do corpo regida por um determinado signo zodiacal.

Combinados com a meditação (um método de esvaziar a mente de pensamentos negativos indesejados), os exercícios de yoga ajudam você a se tornar mais pacífico, relaxado e livre de tensão. As técnicas de meditação que também são feitas isoladamente para atingir esse objetivo vão desde a respiração profunda, a repetição de um mantra (série de sons) ou a prática de não pensar, até cozinhar ou fazer limpeza. Os métodos podem ser diferentes, mas a serenidade e a libertação do *stress* são resultados que se pode alcançar com qualquer um deles.

Essências Florais

Os Remédios Florais de Bach são tinturas preparadas homeopaticamente de trinta e oito essências florais diferentes, categorizadas segundo as doenças psicológicas (como o medo, a ansiedade, a introversão, etc.) que ajudam a eliminar. Descobertas em 1930 pelo dr. Edward Bach, um médico inglês, essas trinta e oito variedades são extraídas de ervas comuns como *chicory, vervain, water chestnut, agrimony* e *vine*, que, segundo alguns praticantes, têm um efeito sutil mas poderoso sobre o nosso estado psicológico. Há muitos outros grupos de essências florais, como, por exemplo, as essências da Califórnia e do Alaska, que também são usadas para fins medicinais.

Sugestão de Leituras*

Ajaya, Swami, *Psychotherapy, East and West: A Unifying Paradigm*. Honesdale: Himalayan International Institute of Yoga, Science, and Philosophy of the U.S.A., 1983.

American Heart Association, *The American Heart Association Cookbook*. Nova York, Ballantine Books, 1991.

Avery, Jeanne, *Astrology and Your Health*. Nova York, Simon & Schuster, 1991.

Beattie, Melody, *Codependent No More*. Nova York, Harper/Hazelden, 1987.

Boston Womens's Health Book Collective, *The New Our Bodies, Ourselves: A Book by and for Women*. Nova York, Simon & Schuster, 1984.

Carter e Weber, *Body Reflexology*. Nova York, Reward Books, 1995.

Chopra, dr. Deepak, *Perfect Health*. Nova York: Harmony Books, 1990.

Chopra, dr. Deepak, *Quantum Healing*. Nova York: Bantam Books, 1990.

Culpeper, Nicholas, *Culpeper's Color Herbal* (editado por David Potterton). Nova York: Sterling Publishing Co. Inc., 1983.

Cunningham, Donna, *An Astrological Guide to Self-Awareness*. York Beach. Samuel Weiser, Inc., 1986.

Cunningham, Donna, *Flower Remedies Handbook*. Nova York: Sterling Publishing Co., 1992.

Doress-Worters, Paula B. e Diana Laskin Siegal, em cooperação com a Boston Women's Health Book Collective, *The New Ourselves, Growing Older: Women Aging with Knowledge and Power*. Nova York: Simon & Schuster, 1994.

Dreyer, Ronnie Gale, *Vedic Astrology*. York Beach, ME: Samuel Weiser, Inc., 1997.

Dreyer, Ronnie Gale, *Venus*. Wellingborough, Inglaterra: Aquarian Press, 1994.

---

* Existem inúmeros livros sobre astrologia ou sobre os tratamentos e remédios citados neste livro. No entanto, menciono aqui apenas alguns que, a meu ver, são de extrema utilidade.

Frawley e David, *Ayurveda and the Mind*. Silverlake, WI: Lotus Light Publications, 1997.

Gawain, Shakti, *Meditations: Creative Visualization and Meditation Exercices to Enrich Your Life*. Novato, CA: New World Library, 1991. [*Meditações*, publicado pela Editora Pensamento, 1992.]

Geddes, Sheila, *Astrology and Health*. Wellingborough, CA: Aquarian Press, 1982.

George, Demetra e Bloch, Douglas. *Astrology for Yourself*. Berkeley, Inglaterra: Wingbow Press, 1987.

Gorbach, dr. Sherwood, Zimmerman, David R., e Woods, Margo, *The Doctor's Anti-Breast Cancer Diet*. Nova York: McGraw-Hill Publishing, 1984.

Grace, Kendra, *Aromatheraphy Pocketbook*. St. Paul, MN: Llewellyn Publications, 1999.

Grinberg, Avi, *Foot Analysis: The Foot Path to Self-Discovery*. York Beach, ME: Samuel Weiser, Inc., 1993.

Hittelman, Richard, *Yoga – 28 Day Exercise Plan*. Nova York: Bantam Books, 1973.

Iyengar, B.K.S., *Light on Yoga*. Nova York: Schocken Books, 1966.

Jarmey, Chris e Tindall, John, *Acupressure for Common Ailments*. Nova York: Simon & Schuster, l991.

Jensen, dr. Bernard, *Foods That Heal*. Garden City, NY: Avery Publishing Group, 1988.

Kloss, Jethro, *Back to Eden*. Loma Linda, CA: Back to Eden Press, 1995.

Knutson, Gunilla, *Book of Massage*. Nova York: St. Martin's Press, 1972.

Leibowitz, Judith, *The Alexander Technique*. Nova York: Harper & Row, 1990.

Love, Susan M., *Dr. Susan Love's Breast Book*, Malibu, CA: Perseus Press, 1995.

Love, Susan M., *Dr. Susan Love's Hormone Book: Making Informed Choices About Menopause*. Nova York: Random House, 1998.

McFarlane, Stewart, *The Complete Book of Tai Chi*. Londres, Nova York: Dorling Kindersley, 1997.

Mayo, Jeff, *The Astrologer's Astronomical Handbook*, Essex, Inglaterra: L. N. Fowler & Co Ltd., 1982.

Michaels, Jennifer, *What's Your Diet Sign?* Nova York: McGraw-Hill Publishing Co., 1985.

Mishra, Rammurti, *Fundamentals of Yoga*. Londres. Lyrebird Press Ltd., 1972.

Nutrition Search, Inc., *Nutrition Almanac*. Nova York: McGraw-Hill Publishing Co., 1996.

Pascarelli, Emil e Quilter, Deborah, *Repetitive Strain Injury. A Computer User's Guide*. Nova York: John Wiley & Sons, 1994.

Peck, M. Scott, *The Road Less Traveled*. Nova York: Simon & Schuster, 1979.

Polunin, Miriam e Robbins, Christopher, *The Natural Pharmacy*. Londres: Dorling Kindersley, 1992.

Prevention editores da revista, *The Doctor's Book of Home Remedies*. Nova York: Bantam Books, 1991.

Ridder Patrick, Jane, *A Handbook of Medical Astrology*. Londres: Penguin Arkana, 1990.

Rogers-Gallagher, Kim, *Astrology for the Light Side of the Brain*. San Diego: ACS Publications, 1996.

Rogers-Gallagher, Kim, *Transits for the Light Side of the Future*. San Diego: ACS Publications, 1998.

Sadler, Julie, *Aromatherapy*. Londres: Ward Lock Villiers House, 1994.

Schwartz, dr. Jack, *Food Power*. Nova York: McGraw-Hill Publishing Co., 1979.

Seymour, Percy, *Astrology: The Evidence of Science*. Luton, Inglaterra: Lennard Publishing, 1988.

Soffer, Shirley, *The Astrology Sourcebook*, Los Angeles: Lowell House, 1998.

Star, Gloria, *Woman to Woman*. St. Paul, MN: Llewellyn Publications, 1999.

Star, Gloria, org. *Astrology for Women: Roles and Relationships*. St. Paul, MN : Llewellyn Publications, 1997.

Tannen, Deborah, *You Just Don't Understand: Women and Men in Conversation*. Nova York: William Morrow, 1990.

Tyl, Noel, *Astrological Timing of Critical Illness*. St. Paul, MN: Llewellyn Publications, 1998.

Williams, Jude C., *Jude's Herbal Home Remedies*. St. Paul, MN: Llewellyn Publications, 1992.

Williamson, Marianne, *A Return to Love: Reflections on the Principles of a Course in Miracles*. NovaYork: HarperPerennial, 1996.

Notas Bibliográficas

1. *The Evidence of Science*, dr. Percy Seymour, p. 12.
2. *Perfect Health*, *Deepak Chopra*, p. 300.
3. *Perfect Health*, Deepak Chopra, p. 41.
4. *Repetitive Strain Injury. A Computer User's Guide.* Emil Pascarelli e Deborah Quilter, p. 31.
5. *Repetitive Strain Injury: A Computer User's Guide.* Emil Pascarelli e Deborah Quilter, pp. 26, 160 e 170.
6. *Consumer Guide to Alternative Medicine: In Consultation with the American Association of Naturopathic Physicians*, p. 406.
7. *Acupressure for Common Ailments*, Chris Jarmey e John Tindall, p. 25.
8. *Aromatheraphy*, Julie Sadler, pp. 56-57.
9. *The Doctors Book of Home Remedies.* Prevention Editors, Bantam, p. 377.
10. *The Doctors Book of Home Remedies.* Prevention Editors, Bantam, p. 217.
11. *Aromatherapy*, Julie Sadler, p. 41.
12. *Body Reflexology*, Carter e Weber, Reward Books, p. 1.
13. *Perfect Health*, Deepak Chopra, pp. 236-41.